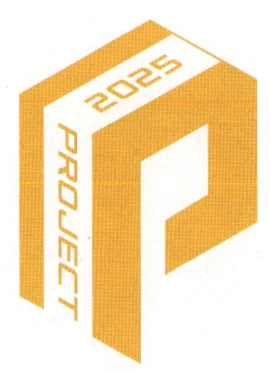

한국어교육능력 검정시험
교안작성연습

시대에듀

2025 시대에듀 한국어교육능력검정시험 교안작성연습

Always **with you**

사람의 인연은 길에서 우연하게 만나거나 함께 살아가는 것만을 의미하지는 않습니다.
책을 펴내는 출판사와 그 책을 읽는 독자의 만남도 소중한 인연입니다.
시대에듀는 항상 독자의 마음을 헤아리기 위해 노력하고 있습니다. 늘 독자와 함께하겠습니다.

자격증 • 공무원 • 금융/보험 • 면허증 • 언어/외국어 • 검정고시/독학사 • 기업체/취업
이 시대의 모든 합격! 시대에듀에서 합격하세요!
www.youtube.com ➜ 시대에듀 ➜ 구독

PREFACE

머리말

교사들에게 교안(수업 계획서)은 전쟁터에 나가는 병사들에게 필요한 무기와 같다. 더구나 외국인 학습자에게 낯설기 그지없는 한국어 수업을 설계하는 교사들에게는 교안이 곧 실제 수업을 위한 '모의실험(Simulation)'이라고도 할 수 있다. 그러나 한국어교육능력검정시험을 준비하는 예비 한국어 교사들과 수업 경험이 없거나 부족한 교사들에게 교안작성은 그리 만만한 일이 아니어서, 시험이나 수업을 준비하면서 교안을 작성해야 할 때 애를 먹게 된다. 이 책은 그러한 예비 교사들의 교안작성 연습에 도움을 주고자 만들어졌다.

이 책을 펴냄에 있어 다음에 중점을 두었다.

- 한국어교육능력검정시험에서는 교안작성이 주관식 문항으로 제시되므로, 이를 대비하는 데 지침이 되도록 하였다.
- 초급부터 중급 전반에서 다루는 문법과 문형들 중 사용 빈도와 난이도를 고려하여 주요한 문법 항목만 뽑아 연습할 수 있도록 하였다.
- 목표 문법 또는 문형에 대한 정보와 지도상의 유의점 등 실제 교안작성 시 요구되는 것보다 더 풍부한 내용을 실어, 시험을 준비하는 예비 교사뿐만 아니라 현직 교사도 수업을 준비하고 교안을 작성하는 데 도움을 받을 수 있도록 하였다.

한국어교육능력검정시험의 주관식 문항은 특정한 주제와 관련된 목표 문법에 대해 20분 분량의 교안을 작성하게 되어 있다. 교안작성 문항은 2회 시험부터 출제되었는데, 9회까지 총 8번의 시험에서는 모두 초급 수준에 해당하는 문법만 다루어지다가 10회부터 중급 수준에 해당하는 문법도 다루어지기 시작하였다.

주관식 교안작성 문항은 객관식 문항과 달리 일정한 틀을 유지하고 있기는 하지만 문법이 워낙 방대하다 보니 오히려 출제 방향을 예상하기 힘든 문항이기도 하다. 그러나 이 책을 참고로 교안작성의 기본 개념부터 세부적인 기술에 이르기까지, 각 문법에 대한 정확한 지식을 바탕으로 꾸준히 공부해 나간다면 분명 좋은 결과가 있을 것이다.

편저자 씀

한국어교육능력검정시험 안내 INFORMATION

❖ 개요
한국어교육능력검정시험(TOTKA)은 「국어기본법」 제19조에 근거하여 재외동포나 외국인을 대상으로 한국어를 가르치고자 하는 자에게 자격을 부여하기 위하여 문화체육관광부장관이 실시한다.

❖ 취득 방법
재외동포나 외국인을 대상으로 한국어를 가르치고자 하는 자가 한국어교원 양성 과정을 먼저 이수하고, 동 시험에 합격하면 소정의 심사를 거쳐 한국어교원 자격 3급을 부여한다.

❖ 활용 정보
한국어교원 자격증 취득자는 국내외 대학 및 부설 기관, 외국어로서의 한국어 수업이 개설된 국내외 초·중·고등학교, 외국어로서의 한국어를 가르치는 국내외 정부 기관, 다문화가족지원센터, 외국인근로자지원센터, 사회통합프로그램 운영 기관 등에 취업할 수 있다. 또한 해외 진출 기업체, 국내외 일반 사설 학원 등에도 진출할 수 있다. 최근에는 국립국어원이 한국어 교사들을 외국으로 파견하여 한국어 전문가 교육을 진행하고 있으며 일본, 중국 등지에서 외국어로서의 한국어 교육이 활발히 진행되고 있어 해외취업의 기회도 점차 확대되고 있다.

❖ 응시 자격
응시 자격에는 제한이 없다. 연령, 학력, 경력, 성별, 지역 등에 제한을 두지 않는다. 단, 한국어교원 자격 3급을 취득하고자 하는 경우에는 한국어교원 양성 과정을 이수하고 동 시험에 합격해야 한다.

❖ 외국 국적자의 자격 취득
- 외국 국적자도 학위 과정이나 양성 과정 등을 통해 내국인과 동일한 방법으로 한국어교원 자격증을 취득할 수 있다.
- 단, 학위 과정(전공/복수전공 또는 부전공)으로 2급 또는 3급 자격을 취득하기 위해서는 한국어능력시험(TOPIK) 6급 성적증명서*가 필요하다.
  * 한국어능력시험(TOPIK) 6급 유효기간: 2년 이내

❖ 관련 부처 및 시행 기관

- 문화체육관광부(국어정책과)
- 한국산업인력공단 ⋯ 한국어교육능력검정시험 시행
- 국립국어원(한국어진흥과) ⋯ 교원 자격 심사 및 자격증 발급

❖ 영역별 필수 이수 학점 및 이수 시간

영역	과목		학사 학위 취득자		석·박사 학위 취득자 2급	양성 과정 이수자
			전공 (복수전공) 2급	부전공 3급		
한국어학	국어학개론 한국어문법론 한국어의미론 한국어사	한국어음운론 한국어어휘론 한국어화용론 한국어문규범 등	6학점	3학점	3~4학점	30시간
일반언어학 및 응용언어학	응용언어학 대조언어학 외국어습득론	언어학개론 사회언어학 심리언어학 등	6학점	3학점		12시간
외국어로서의 한국어교육론	한국어교육개론 한국어평가론 한국어표현교육법 (말하기, 쓰기) 한국어발음교육론 한국어어휘교육론 한국문화교육론 한국어교육정책론	한국어교육과정론 언어교수이론 한국어이해교육법 (듣기, 읽기) 한국어문법교육론 한국어교재론 한국어한자교육론 한국어번역론 등	24학점	9학점	9~10학점	46시간
한국 문화	한국민속학 한국의 전통문화 전통문화현장실습 현대한국사회	한국의 현대문화 한국문학개론 한국현대문화비평 한국문학의 이해 등	6학점	3학점	2~3학점	12시간
한국어교육실습	강의 참관 강의 실습 등	모의 수업	3학점	3학점	2~3학점	20시간
합계			45학점	21학점	18학점	120시간

한국어교육능력검정시험 안내 INFORMATION

❖ 합격률 및 합격자 통계

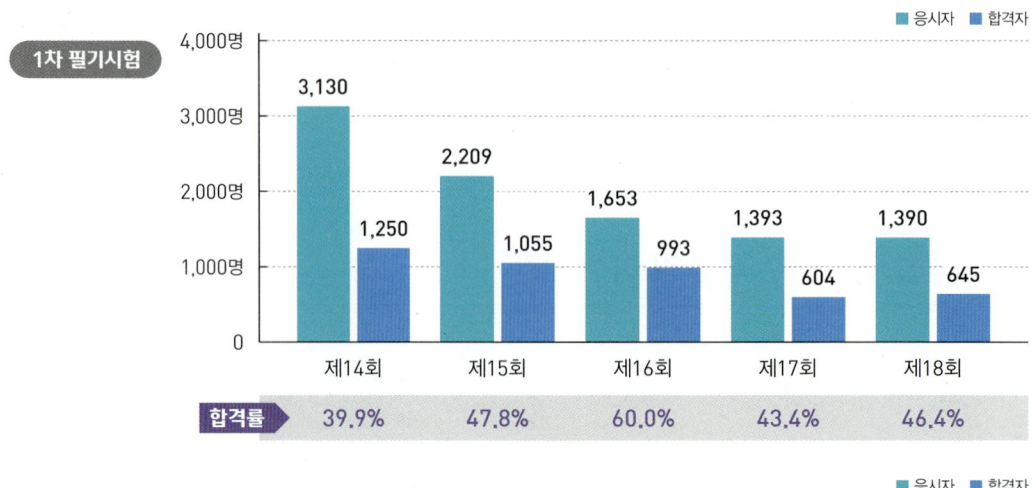

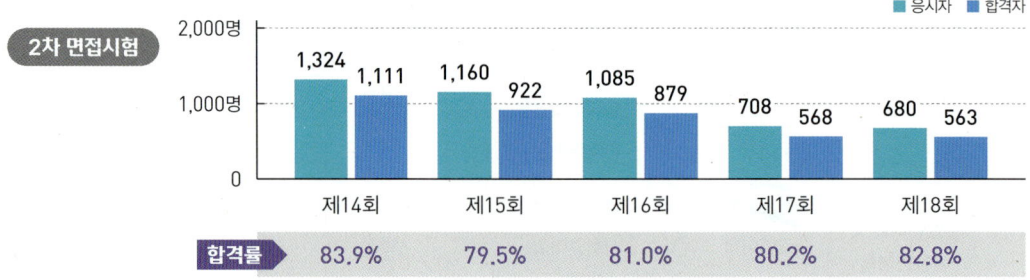

❖ 시험 구성

❶ 1차 필기시험

교시	영역	입실 완료 시간	시험 시간	배점 및 문항 수	유형
1교시	한국어학	09:00	09:30~11:10 (100분)	90점, 60문항	4지 선다형
	일반언어학 및 응용언어학			30점, 20문항	
휴식 시간 11:10~12:00(50분)					
2교시	한국 문화	12:00	12:30~15:00 (150분)	30점, 20문항	4지 선다형
	외국어로서의 한국어교육론			150점, 93문항	4지 선다형, 주관식(1문항)

❷ 2차 면접시험

시간	1인당 10분 내외
평가 항목	1. 전문 지식의 응용 능력 2. 한국어 능력 3. 교사의 적성 및 교직관 4. 인격 및 소양

❖ 합격 기준

종류	합격자
1차 필기시험	각 영역의 40퍼센트 이상, 전 영역 총점(300점)의 60퍼센트(180점) 이상 득점한 자를 합격자로 결정한다.
2차 면접시험	면접관별 점수의 합계를 100점 만점으로 환산하여 60점 이상 득점한 자를 합격자로 결정한다.

※ 면제 대상자: 필기시험에 합격한 자는 합격한 해의 다음 회 시험에 한하여 필기시험을 면제합니다.
※ 시험 관련 정보는 변경될 수 있으므로 Q-net 한국어교육능력검정시험 홈페이지(q-net.or.kr/site/koreanedu)를 참고하시기 바랍니다.

❖ 한국어교원 자격 심사 신청 절차 흐름도

자격 심사 종류

- **학위 취득자**: '외국어로서의 한국어 교육' 전공(복수전공), 부전공 등으로 졸업
- **양성 과정 이수자**: 120시간 양성 과정 이수 후 한국어교육능력검정시험 합격
- **경력 요건자**: 승급 대상자 및 시행령 시행 이전 한국어 교육 경력 800시간 이상 대상자 (경력 관련 요건 참조)

↓

국립국어원 한국어교원 홈페이지에서 한국어교원 자격 심사 신청(온라인 접수)

↓

제출 서류 발송

- 학위 취득자:
  ① 심사신청서(직접 출력)
  ② 성적증명서
  ③ 졸업(학위)증명서
  ④ 한국어능력시험(TOPIK) 6급 성적증명서*(2년 이내)
  * 외국 국적자에 한함
- 양성 과정 이수자:
  ① 심사신청서(직접 출력)
  ② 이수증명서
  ③ 한국어교육능력검정시험 합격확인서(필기, 면접)
- 경력 요건자:
  ① 심사신청서(직접 출력)
  ② 경력증명서

↓

한국어교원 자격 심사

↓

합격자 발표

↓

한국어교원 자격증 발송

※ 교원 자격과 관련된 정보는 변경될 수 있으므로 국립국어원 한국어교원 홈페이지(kteacher.korean.go.kr)를 참고하시기 바랍니다.

한국어교육능력검정시험 안내 INFORMATION

❖ 한국어교원 자격 등급 과정

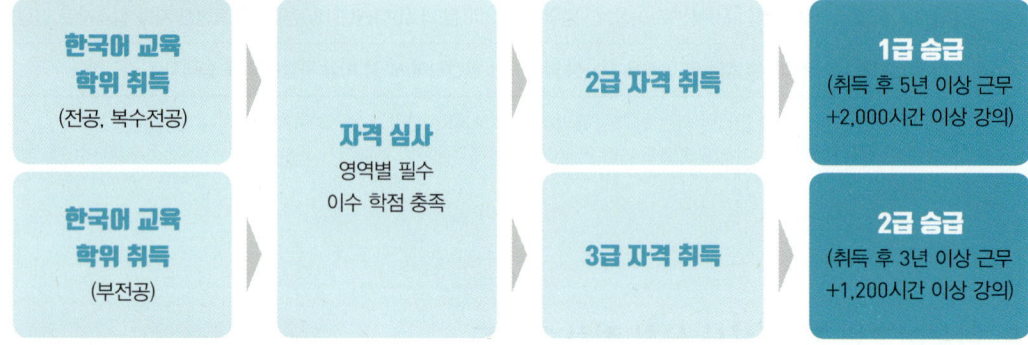

※ 강의 기간 1년은 한 해 100시간 이상 또는 15주 이상 강의를 기준으로 합니다.

❖ 한국어교원 자격 제도와 관련한 기관

국립국어원 한국어교원 홈페이지 kteacher.korean.go.kr
- 한국어교원 자격 제도에 대한 설명 및 심사 신청에 관한 안내를 볼 수 있다.
- 기관 심사를 받은 교육 기관 목록을 확인할 수 있다.
- 한국어교원 자격 제도와 관련하여 궁금한 사항을 질의할 수 있다.

세종학당재단 홈페이지 sejonghakdang.org
- 세종학당 한국어교원 양성, 교육 및 파견 지원에 관한 내용을 볼 수 있다.
- 한국어 학습과 관련된 자료를 볼 수 있다.

Q-net 한국어교육능력검정시험 홈페이지 q-net.or.kr/site/koreanedu
- 한국어교육능력검정시험에 관한 안내 및 시험 일정을 확인할 수 있다.
- 한국어교육능력검정시험 기출문제를 확인할 수 있다.

한국어 교육 기관 대표자 협의회 홈페이지 klic.or.kr
- 한국어 교육 기관의 교육 시스템을 공유하고, 교육 정책 및 현안을 논의할 수 있다.

시대에듀 합격프로젝트 이모저모

❖ 다음은 한국어교육능력검정시험에 대해 자주 하는 질문들입니다.

Q 한국어교육능력검정시험에 합격한 이후에 양성 과정을 이수해도 되나요?

A 안 됩니다. 「국어기본법 시행령」 제13조에 따라 한국어교육능력검정시험 1차 필기시험일 이전에 한국어교원 양성 과정을 이수해야 합니다. 한국어교육능력검정시험 합격 이후에 한국어교원 양성 과정을 이수한다고 하더라도 심사 시엔 불합격됨을 유의하시기 바랍니다.

Q 양성 과정 이수 후 한국어교육능력검정시험에 합격하면 한국어교원 자격증이 자동으로 발급되나요?

A 아닙니다. 시험에 합격하신 후 국립국어원에 한국어교원 자격 심사 신청을 해야 합니다. 자격 심사에서는 신청자들이 양성 과정을 통해 '한국어교원 자격 취득에 필요한 영역별 필수 이수 시간'을 이수했는지 여부를 판단하게 됩니다. 이러한 과정을 거친 후 심사에 합격한 분들에게 자격증을 발급해 드립니다.

Q 양성 과정 이수 후 한국어교육능력검정시험에 합격하여 자격증을 취득했는데도 자격증에 '무시험 검정'이라고 기재되어 있습니다. 무슨 의미입니까?

A 한국어교원 자격 심사는 신청자들이 제출한 서류를 토대로 심사가 이루어지므로 심사 단계에서는 시험이 없습니다. 따라서 한국어교원 자격증에 '무시험 검정'이라고 기재됩니다.

Q 양성 과정 수료 후 2년 안에 한국어교육능력검정시험에 합격해야 하나요?

A 아닙니다. 양성 과정 수료 후 한국어교육능력검정시험에 합격 기간은 따로 제한을 두고 있지 않으므로 양성 과정 수료 후 언제든지 시험에 합격하면 됩니다. 단, 오랜 시일이 지난 후 한국어교육능력검정시험에 합격하신 경우, 양성 과정을 수료한 기관에서 '[별지 제2호 서식] 한국어교원 양성 과정 이수증명서'를 발급 받지 못하신다면 자격증을 취득하실 수 없으므로, 이수증명서 발급 가능 여부를 확인하신 후 시험에 응시해 주시기 바랍니다.

Q 심사 신청 후 합격자 발표까지는 얼마나 걸리나요?

A 심사 접수 기간은 보통 열흘이며, 접수 후 약 4~5주 후에 한국어교원 자격심사위원회가 열립니다. 그리고 심사위원회가 열린 후 약 1~2주 후에 합격자 발표를 합니다. 따라서 심사 신청 마감일로부터 합격자 발표까지 약 한 달 반에서 두 달의 기간이 소요됩니다.

Q 초·중등 정교사 자격증 소지자도 별도의 한국어교원 자격 심사를 거쳐야 하나요?

A 네, 그렇습니다. 초등학교 정교사, 중등학교 정교사 자격증 소지자라고 하더라도 국어기본법령에서 정하고 있는 과정(학위 및 비학위 과정)을 거쳐서 한국어교원 자격증을 취득해야 합니다.

이 책의 구성과 특징 STRUCTURES

1 교안작성법

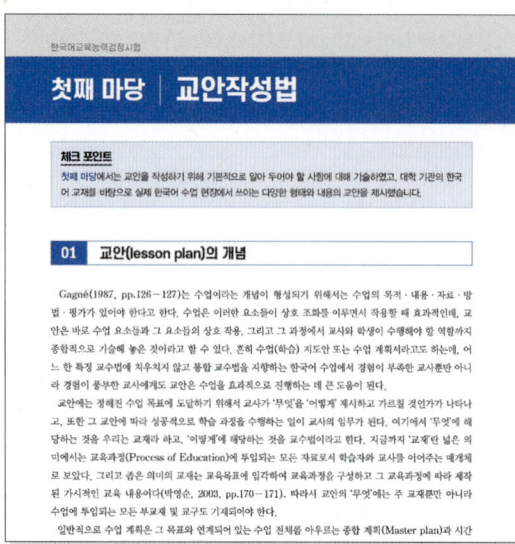
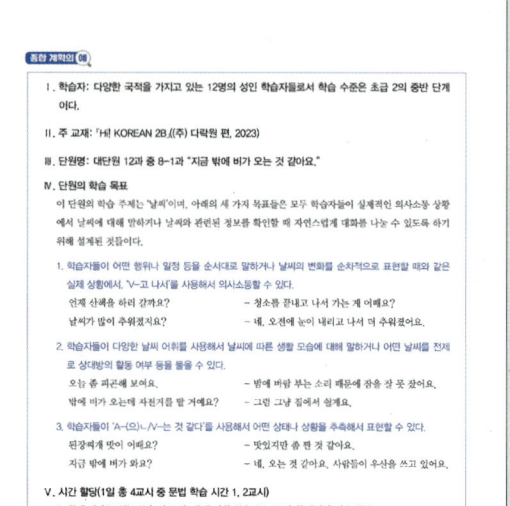

교안을 작성하기 전 알아 두면 좋은 기본 개념과 교안작성의 원칙·단계·요소 등을 제시하였습니다. 또한 실제 대학 기관에서 쓰이는 한국어 교재를 활용해 다양한 형태의 교안을 작성하여 보다 현장감 있는 교안을 볼 수 있습니다.

2 교안작성의 실제

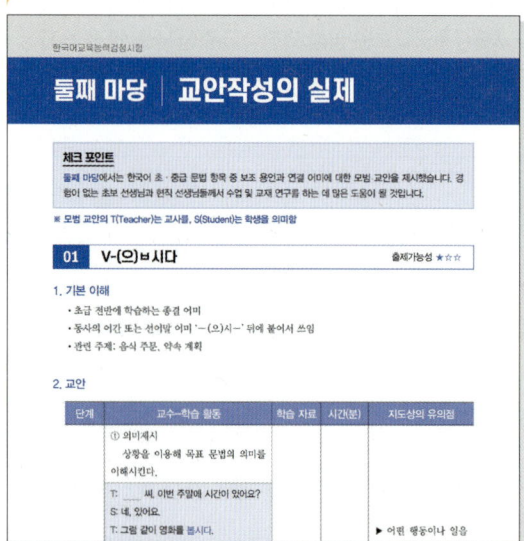

한국어 교육 과정을 바탕으로 작성한 모범 교안입니다. 초·중급 전반의 문법 중 사용 빈도와 난이도 측면에서 출제 가능성이 높은 문법 항목만 선별·수록하였습니다.

3 교안작성연습

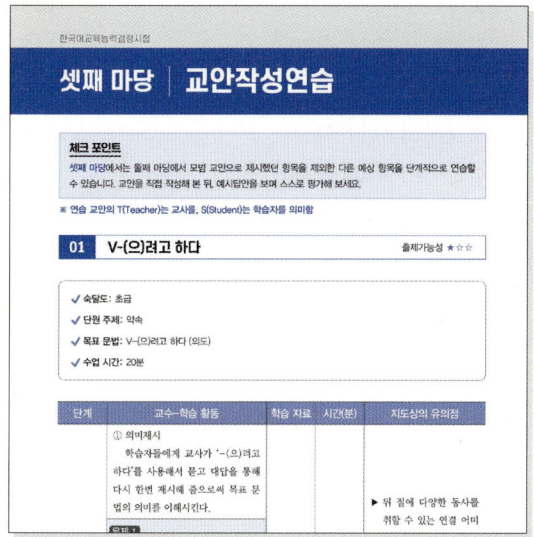
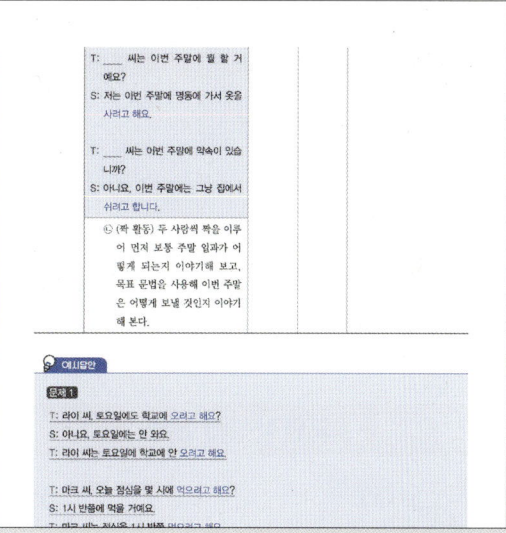

학습자 스스로 교안을 작성하고 평가해 볼 수 있는 연습 단계입니다. 실제 시험처럼 연습할 수 있도록 구성하였습니다.

4 기출문제 해설

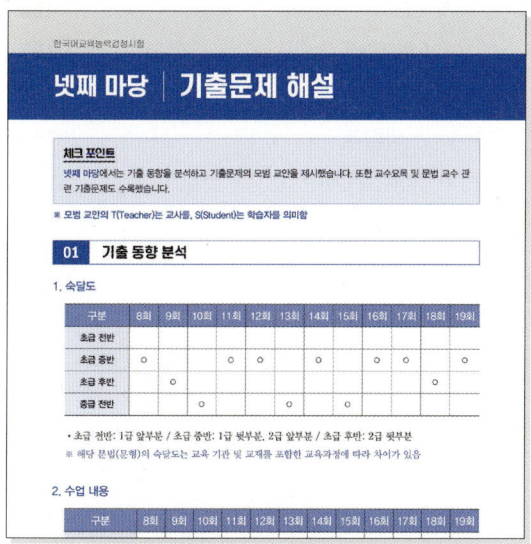
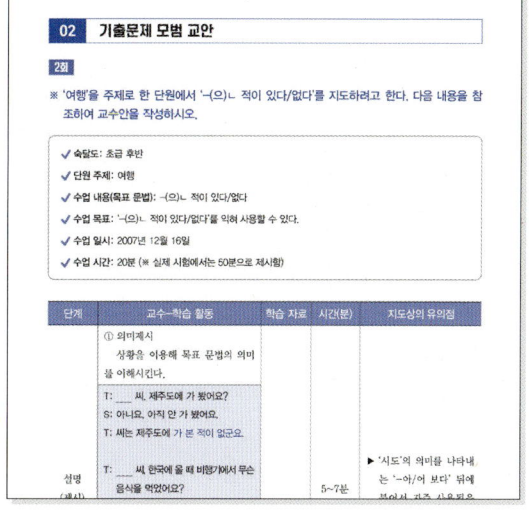

최신 기출문제를 모아 출제 동향을 분석하고, 기출문제의 모범 교안을 제시하였습니다. 또한 필기시험 문항 중 교안작성과 관련된 문항을 함께 수록하여 학습자가 유기적으로 학습하는 데 도움이 되도록 하였습니다.

이 책의 차례 CONTENTS

평가 영역 및 내용   1

첫째 마당 | 교안작성법

1. 교안(lesson plan)의 개념   11
2. 교안작성의 원칙   13
3. 교안의 단계   15
4. 교안의 기본 요소   20
5. 한국어 교안의 유형   23

둘째 마당 | 교안작성의 실제

1. V-(으)ㅂ시다   37
2. A/V-고   40
3. A/V-지만   43
4. A/V-아/어서   46
5. A/V-(으)니까   49
6. A/V-(으)면   52
7. V-기 전(에)   55
8. V-아/어야 하다/되다   58
9. A/V-지요?   61
10. A/V-(으)ㄹ까요?   64
11. V-(으)ㄹ게요   67
12. V-고 있다   70
13. V-(으)ㄹ 줄 알다/모르다   73
14. A/V-(으)ㄴ/ㄹ/는 것 같다   76
15. V-기로 하다   79
16. V-게 되다   82
17. V-도록 하다   85
18. V-아/어 있다   88
19. A/V-ㄴ/는다고 하다   91
20. V-아/어 버리다   94
21. A/V-(으)ㄴ/는데   97
22. A/V-(으)ㄹ 테니까   100
23. V-다가   103
24. V-는 대신(에)   106
25. V-자마자   109
26. A/V-(으)ㄴ/는 편이다   112
27. A/V-거든(요)   115
28. V-(으)ㄹ까 하다   118
29. V-(으)ㄹ 걸 (그랬다)   121
30. V-(으)ㄹ 뻔하다   124
31. V-느라(고)   127

셋째 마당 | 교안작성연습

1. V-(으)려고 하다   133
2. A/V-(으)ㄹ 거예요   136
3. V-아/어 보다   139
4. V-아/어서   142
5. N처럼   145
6. V-(으)라고 하다   148
7. A/V-기 때문(에)   151
8. A/V-(으)ㄴ/는데   154
9. V-기 위해(서)   157
10. V-는 대로   160
11. V-는 바람에   163
12. V-(으)ㄴ 후(에)   166
13. A/V-(으)ㄹ 때   169
14. A/V-거나   173
15. A/V-잖아(요)   177

넷째 마당 | 기출문제 해설

1. 기출 동향 분석   183
2. 기출문제 모범 교안   185
3. 교안 관련 기출문제   223

한국어교육능력검정시험 평가 영역 및 내용

1. 한국어학

국어학개론, 한국어 음운론, 한국어 어휘론, 한국어 문법론, 한국어 의미론, 한국어 화용론, 한국어사, 한국어 어문 규범 등

1) 국어학개론
① 한국어 음운론: 한국어의 음운 체계 / 한국어의 음절 / 한국어의 음운 변동 / 어감의 분화
② 한국어 어휘론: 형태소 / 단어 형성법 / 품사론
③ 한국어 문법론: 문법단위와 문장구조 / 문장성분 / 문장의 확대 / 문법요소의 기능과 의미 / 조사의 기능적 특성과 용법
④ 한국어 의미론: 의미론의 기본 개념 / 의미의 계열 관계 / 의미의 결합 / 어휘와 의미 / 의미의 변화 / 문장의 의미
⑤ 한국어 화용론: 화용론의 범위 및 개념 / 담화의 구성 / 담화의 종류 및 기능 / 대화의 구조 / 발화행위(화행) / 담화와 장면
⑥ 한국어사: 한국어의 시대구분 / 음운과 표기법의 변천 / 어휘의 변천 / 문법의 변천
⑦ 한국어 어문 규범: 한글 맞춤법 / 표준어 규정 / 표준 발음법 / 외래어 표기법 / 로마자 표기법 / 표준화법과 예절 / 오용 사례

2) 한국어 음운론
① 한국어의 음운 체계: 자음 체계 / 모음 체계 / 초분절 음운
② 한국어의 음절: 음절의 개념과 특성 / 음절구조 / 음소배열의 제약 / 재음절화
③ 한국어의 음운 변동: 음절과 관련된 음운 변동 / 동화와 관련된 음운 변동 / 탈락과 관련된 음운 변동 / 첨가와 관련된 음운 변동 / 축약과 관련된 음운 변동 / 불규칙 활용과 관련된 음운 변동 / 불규칙적인 음운 변동
④ 어감의 분화: 자음에 의한 어감 분화 / 모음에 의한 어감 분화

3) 한국어 어휘론
① 형태소: 단어와 형태소 / 형태소와 이형태 / 형태소의 종류
② 단어 형성법: 파생법 / 합성법 / 굴곡법(활용)
③ 품사론: 품사 분류의 기준 및 종류 / 명사 / 대명사 / 수사 / 동사 / 형용사 / 관형사 / 부사 / 감탄사 / 조사

4) 한국어 문법론
① 문법단위와 문장구조: 문법단위 / 문장유형 / 어순
② 문장성분: 문장성분의 개념과 종류, 특성 / 문장성분의 형성 / 문장성분의 분류 / 주성분의 생략
③ 문장의 확대: 단문과 복문에 따른 문장의 분류 / 문장 속의 문장 / 이어진 문장
④ 문법요소의 기능과 의미: 어미의 갈래 / 문장의 종결 / 높임 표현 / 시간 표현 / 피동과 사동 표현 / 부정 표현 / 보조용언
⑤ 조사의 기능적 특성과 용법: 격조사의 기능적 특성과 생략 / 부사격조사의 기능적 특성과 용법에 따른 분류 / 보조사의 용법과 특성 / 접속조사의 용법과 특성

5) 한국어 의미론
① 의미론의 기본 개념: 의미의 의미 / 의미의 유형 / 의미장 / 의미의 성분분석
② 의미의 계열 관계: 유의 관계 / 대립 관계 / 상하 관계
③ 의미의 결합: 의미의 합성 / 의미의 융합 / 의미의 결합
④ 어휘와 의미: 다의어와 단의어 / 동음어 / 중의성
⑤ 의미의 변화: 의미 변화의 원인 / 의미 변화의 유형
⑥ 문장의 의미: 문장의 유형에 따른 의미 / 문장 간의 의미 / 문장의 중의성

6) 한국어 화용론
① 화용론의 범위 및 개념: 화용론의 연구 목적 / 화용론의 기본 개념
② 담화의 구성: 담화의 구성 요소 / 담화의 구성 원리 / 담화의 결속 장치
③ 담화의 종류 및 기능: 담화의 특성 / 담화의 종류와 기능
④ 대화의 구조: 대화의 기본적 구조 / 예비 순서 / 대화의 원리
⑤ 발화행위(화행): 발화행위의 종류 / 발화 수반 행위의 종류 / 간접 발화행위
⑥ 담화와 장면: 장면에 따른 표현 / 장면에 따른 이해

7) 한국어사
① 한국어의 시대 구분: 한국어의 시대 구분
② 음운과 표기법의 변천: 음운의 변천 / 표기법의 변천
③ 어휘의 변천: 형태의 변화 / 의미의 변화 / 형태와 의미의 변화
④ 문법의 변천: 주격조사 / 의문법 / 선어말 어미 '-오-' / 객체높임법 / 피동과 사동

8) 한국어 어문 규범
① 한글 맞춤법: 총칙 / 한글 자모의 순서와 이름, 사전에서의 순서 / 소리에 관한 원리 / 형태에 관한 원리 / 띄어쓰기에 관한 원리 / 기타
② 표준어 규정: 발음 변화에 따른 표준어 규정 / 어휘 선택의 변화에 따른 표준어 규정
③ 표준 발음법: 자음과 모음 / 음의 길이 / 받침의 발음 / 음의 동화 / 경음화 / 음의 첨가
④ 외래어 표기법: 외래어 표기법의 기본원칙 / 외래어 표기법의 기본적인 표기 세칙 / 인명과 지명 표기의 원칙
⑤ 로마자 표기법: 로마자 표기법의 기본원칙 / 자음과 모음의 로마자 표기 / 음운변화가 일어나는 경우 / 고유명사의 로마자 표기 / 행정구역 단위의 로마자 표기 / 기타
⑥ 표준화법과 예절: 호칭 / 축하와 위로의 표현
⑦ 오용 사례: 조사와 어미 / 문장성분 사이의 호응 및 생략 / 문장구조 / 수식어 / 관형화와 명사화 / 중의문 / 외국어 / 번역체 문장

2. 일반언어학 및 응용언어학
언어학개론, 응용언어학, 대조언어학, 심리언어학, 사회언어학, 외국어습득론 등

1) 언어학개론
① 언어와 언어학: 언어의 특징과 기능 / 언어의 기원 / 언어학의 개념과 하위 분야 / 공시언어학과 통시언어학
② 음운론: 음성학의 기본 개념 및 특징 / 음운론의 기본 개념 및 특징
③ 형태론: 형태론의 기본 개념 및 특징 / 굴절법
④ 문법론: 문법론의 기본 개념 및 특징 / 문장의 구성성분 / 문장의 생성과 변형 / 문장의 유형
⑤ 의미론: 어휘 의미론 / 문장 의미론
⑥ 화용론: 화용론의 기본 개념 및 특징 / 화용론의 의미 해석
⑦ 역사·비교 언어학: 역사·비교 언어학의 기본 개념 및 특징 / 언어 변화 / 비교 언어학 / 언어의 분류

2) 응용언어학
① 응용언어학의 개념: 응용언어학의 기본 개념 및 특징
② 언어의 실제 적용: 통·번역 / 사전 편찬 / 말뭉치언어(코퍼스) / 언어치료 / 언어교육론 / 맞춤법 및 정서법 / 대조언어학 / 언어정책

3) 대조언어학
① 대조언어학의 개념: 대조언어학의 기본 개념 및 특징
② 외국어교육과의 관계: 외국어교육과 대조언어학의 관계 / 대조언어학에서 한국어의 특징

4) 심리언어학
① 심리언어학의 개념: 심리언어학의 기본 개념 및 특징
② 언어와 심리: 언어와 심리의 관계 / 언어 습득

5) 사회언어학
① 사회언어학의 개념: 사회언어학의 기본 개념 및 특징
② 언어 변이 현상: 언어와 진리 / 언어와 대화 환경 / 언어와 성

6) 외국어습득론
① 언어습득가설: 심리학적 접근 / 언어학적 접근
② 외국어습득가설: 대조분석가설 / 오류분석가설 / 중간언어가설 / Krashen의 가설 / 보편문법과 외국어습득 / 문화변용이론 / 주의집중 · 처리모형 / 상호 작용가설

3. 외국어로서의 한국어교육론

한국어교육(학)개론, 한국어발음교육론, 한국어문법교육론, 한국어어휘교육론, 한국어말하기교육론, 한국어듣기교육론, 한국어읽기교육론, 한국어쓰기교육론, 한국문화교육론, 한국어교수법, 한국어교육과정론, 한국어교재론, 한국어평가론 등

1) 한국어교육(학)개론
① 외국어로서의 한국어교육학의 영역: 한국어발음교육론 / 한국어문법교육론 / 한국어어휘교육론 / 한국어말하기교육론 / 한국어듣기교육론 / 한국어읽기교육론 / 한국어쓰기교육론 / 한국문화교육론 / 한국어한자교육론 / 언어교수이론 / 한국어교육과정론 / 한국어교재론 / 한국어평가론 / 한국어교육정책론 / 한국어번역론
② 한국어 교육의 정체성: 한국어 교육의 개념과 목표 / 한국어 교육과 국어 교육의 공통점과 차이점 / 학습 목적별 한국어 교육 / 학습 대상별 한국어 교육
③ 한국어 교사론: 교사의 역할과 자질 / 교사의 능력 / 유능한 교사의 요건 / 효과적 수업 운영 방안
④ 한국어 학습자론: 학습자 변인 / 학습자의 태도 / 학습자의 유형
⑤ 한국어교육정책론: 재외동포 한국어교육정책 / 귀국자녀 한국어교육정책 / 해외입양인 한국어교육정책 / 이주노동자 한국어교육정책 / 중도입국자녀 한국어교육정책 / 다문화 가정 한국어교육정책

2) 한국어발음교육론
① 발음 교육론 개괄: 발음 교육의 필요성과 목표 / 언어교육이론과 발음 교육
② 발음 교육의 원리와 방법: 발음 교육의 원리 / 발음 습득의 변인 / 발음 교육 항목에 따른 발음 교육의 내용 / 발음 교육 항목의 선정 / 발음 교육의 모형 / 발음 교육의 활동 유형 / 발음 교육을 위한 수업 자료 / 주요 언어권별 발음 교육 방법 / 발음 교정 방법

3) 한국어문법교육론
① 문법 교육론 개괄: 국어 교육용 문법과 한국어 교육용 문법의 공통점과 차이점 / 문법 교육의 필요성과 목표 / 언어교육이론과 문법 교육
② 문법 교육의 원리와 방법: 문법 교육의 원리 / 문법 교육 항목에 따른 문법 교육의 내용 / 교육용 문법 항목의 선정과 배열 / 문법 교육의 모형 / 문법 교육의 활동 유형 / 문법 교육의 쟁점

4) 한국어어휘교육론
① 어휘 교육론 개괄: 어휘 교육의 필요성과 목표 / 언어교육이론과 어휘 교육
② 어휘 교육의 원리와 방법: 어휘 교육의 원리 / 어휘 교육 항목에 따른 어휘 교육의 내용 / 교육용 어휘 항목의 선정과 배열 / 어휘 제시 방법 / 기능 교육과 어휘 교육 / 어휘 교육의 활동 유형

5) 한국어말하기교육론
① 말하기 교육론 개괄: 말하기의 정의와 특징 / 말하기 교육의 목표 / 언어교육이론과 말하기 교육
② 말하기 교육의 내용: 문법적인 발화 / 한국어 구어 담화의 특성에 맞는 발화 / 화용적 특성에 맞는 발화 / 비언어적 의사소통의 적절한 활용
③ 말하기 교육의 원리와 방법: 교실에서의 상호 작용 / 말하기 과제의 유형 / 말하기 의사소통 전략 / 말하기 교육의 실제 / 타 언어 기술과의 통합 교육

6) 한국어듣기교육론
① 듣기 교육론 개괄: 듣기의 정의와 특징 / 듣기 교육의 목표 / 언어교육이론과 듣기 교육
② 듣기 교육의 내용: 듣기 자료의 언어적 특성 / 듣기 자료의 분류
③ 듣기 교육의 원리와 방법: 듣기 이해 처리 과정 / 듣기 과제의 유형 / 듣기 전략 / 과정 중심적 듣기 교육의 실제 / 타 언어 기술과의 통합 교육

7) 한국어읽기교육론
① 읽기 교육론 개괄: 읽기의 정의와 특징 / 읽기 교육의 목표 및 내용 / 언어교육이론과 읽기 교육
② 읽기 교육의 내용: 읽기 과제 / 읽기 자료 / 읽기 활동 유형 / 읽기 전략
③ 읽기 교육의 원리와 방법: 과제 중심의 읽기 교육 / 과정 중심의 읽기 교육 / 텍스트 특성을 활용한 읽기 교육 / 학습자 중심의 읽기 교육 / 타 언어 기술과의 통합 교육

8) 한국어쓰기교육론
① 쓰기 교육론 개괄: 쓰기의 정의와 범위 / 쓰기 교육의 필요성 / 쓰기 교육의 목표 / 언어교육이론과 쓰기 교육
② 쓰기 교육의 내용: 쓰기 내용의 영역 / 쓰기 과제 / 쓰기 전략
③ 쓰기 교육의 원리와 방법: 과제 중심의 쓰기 교육 / 과정 중심의 쓰기 교육 / 민족지학적 관점의 쓰기 교육 / 독자를 염두에 둔 쓰기 교육 / 학습자 중심의 쓰기 교육 / 타 언어 기술과의 통합 교육

9) 한국문화교육론
① 문화 교육론 개괄: 한국 문화 교육의 개념과 의의 / 한국 문화 교육의 기능과 역할
② 문화 교육의 원리와 방법: 문화의 개념과 특징 / 한국 문화 교육을 위한 교수요목의 개발 절차 / 교육 내용 및 교재를 통한 간접 교육 방법 / 문화와 접촉하는(문화에 노출시키는) 방법에 의한 직접 교육 방법 / 한국어 속의 한국 문화 요소의 이해 / 문학 작품과 한국어 교육과의 관계 이해

10) 한국어교수법
① 문법 번역식 교수법
② 직접식 교수법
③ 청각구두식 교수법
④ 침묵식 교수법
⑤ 공동체언어학습법
⑥ 전신반응 교수법
⑦ 암시적 교수법
⑧ 자연적 접근법
⑨ 인지주의적 접근법
⑩ 의사소통적 접근법
⑪ 내용 중심 교수법
⑫ 과제 중심 교수법
※ 각 교수법의 기본 원리, 특징, 주요 교수 기법

11) 한국어교육과정론
① 한국어교육과정: 교육과정의 개념 및 필요성 / 교육 목적과 교육과정 / 교육 대상과 한국어교육과정 / 숙달도와 한국어교육과정
② 한국어교수요목: 교수요목의 개념 및 필요성 / 교수요목의 종류와 특징
③ 한국어교육과정과 교수요목의 설계: 설계 절차 / 설계 원리 및 방법

12) 한국어교재론
① 한국어교재론 개괄: 학습, 학습자, 교사 / 교재의 기능과 종류 / 교수요목 / 목적별 교재 구성
② 한국어교재의 선택과 평가: 교재 선택의 절차 / 교재의 평가
③ 한국어교재의 개발과 개작: 교재의 개발 / 교재의 개작

13) 한국어평가론
① 평가의 기능 및 요건: 평가의 기능 / 평가의 요건
② 평가의 종류 및 유형: 평가의 종류 / 평가의 유형
③ 평가 내용: 평가 내용 및 범주 / 숙달도별 평가 내용 / 기술별 평가 내용
④ 평가 문항 작성 및 채점: 평가 문항 작성 / 채점
⑤ 한국어능력평가: 한국어능력평가의 현황 / 한국어능력평가의 종류

4. 한국 문화

일상문화, 예술문화, 한국문학, 한국역사 등

1) 일상문화
① 한국 전통사회: 전통사회의 의식주 / 전통사회의 경제, 기술 체계 / 전통사회의 친족 관계 / 전통사회의 교육 체계 / 전통사회의 정치 체계 / 전통사회의 일상생활 관련 의식 체계 / 전통사회의 의사소통 체계 / 전통사회의 교통 체계
② 한국 현대사회: 현대사회의 의식주 / 현대사회의 경제, 기술 체계 / 현대사회의 친족 관계 / 현대사회의 교육 체계 / 현대사회의 정치 체계 / 현대사회의 일상생활 관련 의식 체계 / 현대사회의 의사소통 체계 / 현대사회의 교통 체계

2) 예술문화
① 전통 예술문화: 전통 예술 개괄 / 전통 사상 및 종교 / 전통 음악(국악) / 전통 미술 / 전통 무용 / 전통 건축 / 전통 공예
② 현대 예술문화: 현대 예술 개괄 / 현대 사상 및 종교 / 현대 음악 / 현대 미술 / 현대 무용 / 현대 건축 / 현대 공예 / 매체 문화

3) 한국문학
① 한국문학 개론: 한국문학사 / 시대별 문학의 흐름 / 장르별 문학의 흐름
② 한국문학의 이해: 한국문학의 장르 / 한국문학의 주제 / 한국문학의 정체성 / 한국문학의 작품 및 작가

4) 한국역사
① 한국역사 개론: 한국통사 / 시대사 / 지역 및 집단별 역사
② 한국역사의 이해: 사건 / 시기 및 시대 / 인물 및 단체 / 특성 및 정체성

행운이란
100%의 노력 뒤에 남는 것이다.

− 랭스턴 콜먼 −

첫째 마당

교안작성법

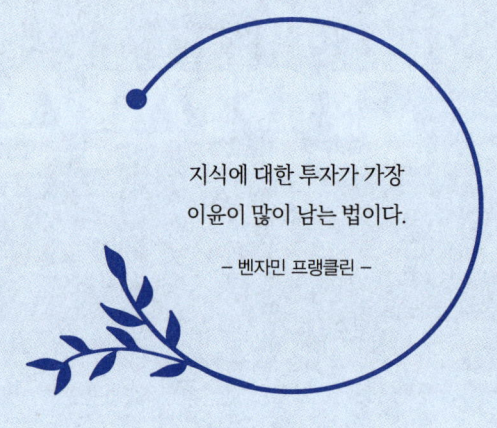

지식에 대한 투자가 가장
이윤이 많이 남는 법이다.

― 벤자민 프랭클린 ―

첫째 마당 | 교안작성법

> **체크 포인트**
> **첫째 마당**에서는 교안을 작성하기 위해 기본적으로 알아 두어야 할 사항에 대해 기술하였고, 대학 기관의 한국어 교재를 바탕으로 실제 한국어 수업 현장에서 쓰이는 다양한 형태와 내용의 교안을 제시했습니다.

01 교안(lesson plan)의 개념

Gagné(1987, pp.126-127)는 수업이라는 개념이 형성되기 위해서는 수업의 목적·내용·자료·방법·평가가 있어야 한다고 한다. 수업은 이러한 요소들이 상호 조화를 이루면서 작용할 때 효과적인데, 교안은 바로 수업 요소들과 그 요소들의 상호 작용, 그리고 그 과정에서 교사와 학생이 수행해야 할 역할까지 종합적으로 기술해 놓은 것이라고 할 수 있다. 흔히 수업(학습) 지도안 또는 수업 계획서라고도 하는데, 어느 한 특정 교수법에 치우치지 않고 통합 교수법을 지향하는 한국어 수업에서 경험이 부족한 교사뿐만 아니라 경험이 풍부한 교사에게도 교안은 수업을 효과적으로 진행하는 데 큰 도움이 된다.

교안에는 정해진 수업 목표에 도달하기 위해서 교사가 '무엇'을 '어떻게' 제시하고 가르칠 것인가 나타나고, 또한 그 교안에 따라 성공적으로 학습 과정을 수행하는 일이 교사의 임무가 된다. 여기에서 '무엇'에 해당하는 것을 우리는 교재라 하고, '어떻게'에 해당하는 것을 교수법이라고 한다. 지금까지 '교재'란 넓은 의미에서는 교육과정(Process of Education)에 투입되는 모든 자료로서 학습자와 교사를 이어주는 매개체로 보았다. 그리고 좁은 의미의 교재는 교육목표에 입각하여 교육과정을 구성하고 그 교육과정에 따라 제작된 가시적인 교육 내용이다(박영순, 2003, pp.170-171). 따라서 교안의 '무엇'에는 주 교재뿐만 아니라 수업에 투입되는 모든 부교재 및 교구도 기재되어야 한다.

일반적으로 수업 계획은 그 목표와 연계되어 있는 수업 전체를 아우르는 종합 계획(Master plan)과 시간별로 세분화되어 있는 하위 계획(Sub plan)들로 구성되는데, 교재는 수업 목표와 함께 종합 계획에서 제시된다.

종합 계획의 예

Ⅰ. 학습자: 다양한 국적을 가지고 있는 12명의 성인 학습자들로서 학습 수준은 초급 2의 중반 단계이다.

Ⅱ. 주 교재: 『Hi! KOREAN 2B』[(주) 다락원 편, 2023]

Ⅲ. 단원명: 대단원 12과 중 8-1과 "지금 밖에 비가 오는 것 같아요."

Ⅳ. 단원의 학습 목표

이 단원의 학습 주제는 '날씨'이며, 아래의 세 가지 목표들은 모두 학습자들이 실제적인 의사소통 상황에서 날씨에 대해 말하거나 날씨와 관련된 정보를 확인할 때 자연스럽게 대화를 나눌 수 있도록 하기 위해 설계된 것들이다.

1. 학습자들이 어떤 행위나 일정 등을 순서대로 말하거나 날씨의 변화를 순차적으로 표현할 때와 같은 실제 상황에서, 'V-고 나서'를 사용해서 의사소통할 수 있다.

   언제 산책을 하러 갈까요?　　　　　　－ 청소를 끝내고 나서 가는 게 어때요?
   날씨가 많이 추워졌지요?　　　　　　－ 네, 오전에 눈이 내리고 나서 더 추워졌어요.

2. 학습자들이 다양한 날씨 어휘를 사용해서 날씨에 따른 생활 모습에 대해 말하거나 어떤 날씨를 전제로 상대방의 활동 여부 등을 물을 수 있다.

   오늘 좀 피곤해 보여요.　　　　　　　－ 밤에 바람 부는 소리 때문에 잠을 잘 못 잤어요.
   밖에 비가 오는데 자전거를 탈 거예요?　－ 그럼 그냥 집에서 쉴게요.

3. 학습자들이 'A-(으)ㄴ/V-는 것 같다'를 사용해서 어떤 상태나 상황을 추측해서 표현할 수 있다.

   된장찌개 맛이 어때요?　　　　　　　－ 맛있지만 좀 짠 것 같아요.
   지금 밖에 비가 와요?　　　　　　　　－ 네, 오는 것 같아요. 사람들이 우산을 쓰고 있어요.

Ⅴ. 시간 할당(1일 총 4교시 중 문법 학습 시간 1, 2교시)

1. 첫째 시간(50분): 복습 및 도입, 주제 어휘 학습, 'V-고 나서' 제시와 연습 활동
   (Student's Book pp.60-63)
2. 둘째 시간(50분): 'A-(으)ㄴ/V-는 것 같다' 제시와 연습 활동, 대화 낭독 및 구성 연습
   (Student's Book pp.64-67)

Ⅵ. 학습 보조 자료

날씨 그림 카드, 동사 단어 카드, 듣기 파일

02 교안작성의 원칙

1. 학습자의 상황(정서, 흥미, 동기, 수준) 분석

교안이 교육과정의 형식적인 구성물이 되어서는 안 된다. 물론 교안은 교사를 위한 준비 계획이지만, 수업에서 살아 있는 계획서로서 영향을 미치려면 무엇보다 학습자들의 상황을 우선적으로 고려해야 한다.

2. 앞뒤 단원과의 연계성 확보

특히 언어 교육은 교육의 선후 관계가 긴밀하게 연계되어 있어야 한다. 즉 새로운 언어 요소의 제시는 앞서 배운 요소의 사용을 바탕으로 이루어져야 하며, 제시된 요소는 기계적인 연습과 유의적인 연습을 거쳐 활용 단계에 이르게 된다. 그리고 그 활용 결과는 다음 시간에 다시 복습의 형식을 거쳐서 재확인된다.

연계성 확보의 예

『Hi! KOREAN 2B』	목표 문법	[7-3과] V-는 게 어때요?
		[8-1과] A-(으)ㄴ/V-는 것 같다
		[8-2과] V-(으)려고

▶ [8-1과] 도입 단계의 대화

※ 대화의 T(Teacher)는 교사를, S(Student)는 학생을 의미함

T: 오늘 점심은 뭘 먹을 거예요?
S: 라면을 먹을 거예요.
T: 어제도 라면을 먹었지요? 오늘은 다른 걸 먹는 게 어때요?
S: 오늘도 라면이 먹고 싶어요.
T: 첸 씨는 라면을 아주 좋아하는 것 같아요.

▶ [8-2과] 문법 제시 단계의 예문

가: 서준 씨, 요즘 많이 바쁜 것 같아요.
나: 네, 방학에 여행을 가려고 아르바이트를 해서 좀 바빠요.

가: 레나 씨는 정말 한국어 공부를 열심히 하는 것 같아요.
나: 한국 대학교에 입학하려고 열심히 하고 있어요.

3. 교육 상황에 대한 고려

교안을 작성하는 데 있어서 꼭 염두에 두어야 할 것 중 하나는 교육 상황을 고려하는 일이다. 교실의 크기, 교실의 상태, 교실에 설치된 교육용 기자재와 컴퓨터실 및 어학 실습실의 가용 여부 등이 고려의 대상이 된다.

4. 교안에 대한 평가

모든 교안은 수업에서 다루어진 후 정밀한 평가가 뒤따라야 한다. 이러한 평가는 교안 자체를 개선하기 위해서는 물론이고, 교재와 교수법을 개선하기 위해서도 꼭 필요한 과정이다. 따라서 교안에는 수업에 대한 평가와는 별도로 교안 자체에 대한 평가 결과를 기재할 수 있는 곳을 마련해 두는 것이 좋다.

교안 평가 항목의 예

1. 개요 측면
   1) 수업의 목표가 정확하게 기술되었는가?
   2) 단계별로 시간이 적절하게 할당되었는가?

2. 구성 측면
   1) 수업에 필요한 모든 단계를 포함하고 있는가?
   2) 전후 단계가 유기적으로 구성되어 있는가?

03 교안의 단계

통합 교수가 이루어지는 일반적인 한국어 수업에서 교안은 '도입-설명(제시)-연습-과제 수행-마무리'의 다섯 단계로 구성된다. 여기에서는 교재 『Hi! KOREAN 2B』[(주)다락원 편, 2023]의 8-1과, 1차시(50분)을 대상으로 교안의 각 단계 및 단계별 실례를 살펴보기로 한다.

1. 도입 단계

도입은 학습자들에게 지난 수업에서 학습한 내용을 상기시키고, 이번 수업에서 학습할 내용에 대한 흥미와 동기를 가지도록 하는 단계이므로 유기적이고 치밀하게 계획되어야 한다. 도입을 그저 형식적인 과정으로 생각하여 시간만 채우려 해서는 안 되며, 도입으로 학습자들에게 학습 목표를 이해시키고, 학습자들이 수업을 들을 수 있도록 심리적인 환경이 잘 조성되어야 한다.

도입의 예

1. 도입 (p.60) (5분)

1) 교재에 제시된 사진과 질문을 이용해 수업의 주제와 목표를 제시한다.

주제 제시

T: 이 사람은 지금 뭘 보고 있어요?

S: 날씨 뉴스를 보고 있어요.

T: 네, 이 사람은 지금 날씨 뉴스, 일기예보를 보고 있어요. 여러분은 언제 일기예보를 봐요?

S: 날씨를 알고 싶을 때 일기예보를 봐요.

T: 그래요. 우리는 보통 날씨를 알고 싶을 때, 날씨를 확인하고 싶을 때 일기예보를 봐요.

목표 문법 제시

T: 오늘은 날씨가 어때요?

S: 날씨가 따뜻해요.

T: 레나 씨의 고향도 요즘 따뜻해요?

S: 아니요. 아마 좀 추워요.

T: 네, 레나 씨의 고향은 아마 좀 추울 거예요. 좀 추울 것 같아요.

2. 설명(제시) 단계

설명(제시) 단계에서는 학습할 어휘와 문법(문형)에 대한 제시와 설명이 이루어지고, 학습 주제와 관련된 내용의 이해 과정도 진행된다. 이 단계에서는 교사가 다음과 같은 사항에 유의하여 미리 철저히 준비해야 한다.

- 주제 어휘나 목표 문법의 용법을 분명하게 보여줄 대표성이 있는 예문을 선별해서 제시함
- 설명이 논리적이고 구체적이어서 학습자들이 한국어로 이해할 수 있도록 해야 함
- 중요도에 따라 제시 내용을 적절하게 배열해야 함
- 설명에 도움이 될 수 있도록 학습자들 수준에서 이해 가능한 비교 또는 비유 등을 준비함
- 수업 중 수시로 질문을 통해 학습자들의 이해도를 확인하고 적절한 피드백을 제공함
- 판서로 제시할 것과 구두로만 제시할 것을 구분하여 염두에 두어야 함
- 보조 자료 사용에 대해 미리 계획해 두어야 함

설명(제시)의 예

2. 설명(제시) (pp.61-62) (25분)

주제 어휘 학습 (10분)

교재에 제시된 그림을 이용해 날씨 관련 어휘들을 학습하도록 한다.

1) 그림을 보고 어휘의 의미를 확인한 뒤, 교사의 질문에 대답해 보도록 한다.

　T1: 오늘은 날씨가 어때요? 어제보다 기온이 떨어졌어요?

　T2: 빈 씨, 베트남에도 영하의 날씨가 있어요?

　T3: 저는 번개가 치면 좀 무서워요. 여러분도 무서운 날씨가 있어요?

2) 그림 아래에 제시된 빈칸 채우기 연습을 이용해 문장 속에서 어휘의 쓰임을 익히도록 한다.

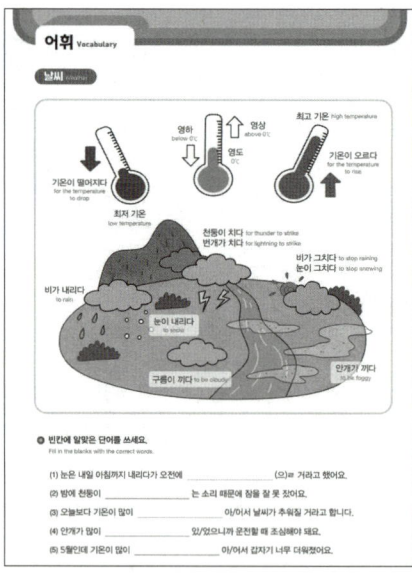

문법 학습 1 (V-고 나서) (15분)

1) 특정한 상황을 소재로 한 대화를 이용해 목표 문법의 의미를 이해시킨다.

    T: 아침에 일어나서 제일 먼저 무엇을 해요?

    S: 제일 먼저 세수를 해요.

    T: 세수를 한 후에 뭘 해요?

    S: 보통 아침을 먹어요.

    T: 네, 세수를 하고 나서 아침을 먹어요.

    T: 점심 먹은 후에 커피를 마실 거예요?

    S: 네, 마실 거예요.

    T: 그럼 점심 먹고 나서 같이 커피를 마셔요.

2) 교재에 제시된 'V-고 나서'의 형태와 예문들을 판서를 통해 보여 주고 목표 문법의 의미와 쓰임을 설명한다.

※ 어떤 행위를 끝낸 다음에 다른 행위를 하거나 어떤 상황이 일어나게 됨을 나타낸다.

※ 1급에서 배운 'V-(으)ㄴ 후에'와 의미상 큰 차이 없이 바꾸어 쓸 수 있다.

3. 연습 단계

머리로 이해한 규칙을 다양한 수준의 반복 연습으로 내재화하는 단계이다. 기계적(형태적) · 유의적 연습들이 순차적으로 이루어지도록 해야 한다.

연습의 예

3. 연습 (pp.62-63) (20분)

기계적 연습

교재에 제시된 연습에 답을 쓰고 말해 보면서 실제 발화 문장에서 목표 문법을 사용해 보도록 한다.

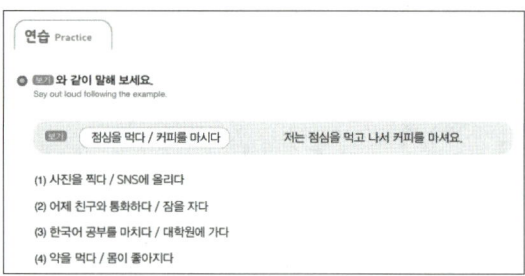

유의적 연습

교재에 제시된 활동을 통해 다양한 맥락에서 목표 문법을 사용해 보도록 한다.

1) 활동 1
   - 두 명의 학생이 짝이 되어 질문과 대답의 역할을 바꾸어 가며 주어진 상황과 그림으로 대화를 나눠 보도록 한다.
   - 위의 질문에 대해 실제 자신의 상황에 맞게 다시 대답을 해 보도록 한다.

2) 활동 2
   제시된 말들을 의미에 맞게 연결해서 말해 본 뒤, 다시 앞 문장과 뒤 문장을 실제 자신의 상황에 맞게 바꾸어서 말해 보도록 한다.

4. 과제 수행 단계

　주어진 상황에서 말하기, 듣기, 읽기, 쓰기의 4가지 기능을 적절히 활용하여 실제적인 과제를 수행해 보는 단계이다. 앞서 연습 단계에서는 학습자들을 유도하여 교사가 의도하는 바대로 계획된 발화 상황이 전개되지만, 과제 단계에서는 학습자들에게 자율성이 부여되기 때문에 이를 잘 활용하는 학습자와 그렇지 못한 학습자 사이에 격차가 발생하게 된다. 따라서 과제를 마무리할 때에는 학습자의 오류나 사용 능력에 대한 개별적인 피드백이 제공해야 한다. 또한 교육적 과제 활동(Pedagogic Task)에만 머물러서는 안 되며, 실생활적 과제 활동(Real-world Task)으로까지 나아갈 수 있어야 한다. 아래에 제시된 예는 학습자들이 위의 연습 단계까지 해서 1차시를 마치고 2차시에서 또 다른 목표 문법인 'A-(으)ㄴ/V-는 것 같다'까지 배운 후 3차시에서 수행하게 되는 통합적인 과제이다.

과제 수행의 예

> **4. 과제 수행 (20분)**
> 두 명의 학생이 짝이 되어 다음 질문에 해당하는 내용들을 정리해 가면서 여행 계획을 세운 뒤, 정리한 내용들을 나누어 발표해 보게 한다.
> - 언제, 어디로 여행을 갈 거예요?
> - 왜 그곳으로 여행을 가려고 해요? (A-(으)ㄴ/V-는 것 같다)
> - 그곳의 날씨가 어때요?
> - 여행 가서 뭘 할 예정이에요? (V-고 나서)
>
> ※ 학생들에게 별도의 활동지를 나누어 주고 작성하게 하거나, 질문지만을 배부한 뒤 과제를 수행하게 한다.

5. 마무리 단계

　마무리는 수업 목표에 대한 학습자의 이해도 및 사용 능력을 확인하는 단계로서, 교사의 질문이나 퀴즈 또는 간단한 게임 등을 통해 이전 단계에서 학습한 내용들을 요약하고 정리하는 활동이 이루어진다. 또한 숙제를 부과하고 다음 수업에 대한 안내 및 제시를 하는 단계이기도 하다.

마무리의 예

> **5. 마무리 (5분)**
> 교사가 '-(으)ㄴ/는/(으)ㄹ 것 같다'를 이용해서 상황을 제시하고, 학습자들로 하여금 '-고 나서'를 이용해서 그 상황에 대해 제안을 하는 문장을 말해 보도록 한다.
> T: 운동을 하고 싶지만 지금 밖이 많이 더운 것 같아요.
> S: 그럼 저녁을 먹고 나서 운동을 하세요.

04 교안의 기본 요소

여기에서는 문장을 연결하는 'A-(으)ㄴ데/V-는데'와 'A-(으)ㄴ N'의 관형형을 목표 문법으로 초급 1의 수업을 대상으로 하는 교안의 기본 형식 및 실례를 살펴보기로 한다.

1. 단원명(Title of Lesson)
필수적인 요소로서 단원명과 학습 주제를 밝혀 적어야 하고, 필요에 따라 과목명(Subject)도 기재한다.

단원명의 예

단원명	머리는 아픈데 열은 없어요.
학습 주제	병원과 약국

2. 학습 목표(Goals, Aims, Objectives)

1) 목표의 유형
   ① **문법적 목표**: 수업에서 학습하게 될 한국어 문법 및 문형의 항목들을 제시한다.
   ② **기능적 목표**: 목표 문법이 지니는 의미 자질과 관련하여 그 문법의 사용을 통해 수행할 수 있는 기능을 제시한다.
   ③ **의사소통적 목표**: 결과적으로 학습자들이 발화를 통해 최종적으로 도달해야 할 의사소통의 목표를 제시한다.

2) 목표의 기술
   ① 학습자 중심으로 기술한다.
      ㉠ ~을/를 쓰게 한다. (×)
      ㉡ ~을/를 쓴다. (○)
   ② 학습 결과를 기술한다.
      ㉠ 간접화법이 무엇인지 말할 수 있다. (×)
      ㉡ 다른 사람을 통해 들은 말을 전달할 수 있다. (○)

학습 목표의 예

학습 목표	▶ 문법적 목표: A-(으)ㄴ데/V-는데, A-(으)ㄴ N ▶ 기능적 목표: 상반되는 상황 설명하기, 수식하는 말하기 ▶ 의사소통적 목표: 병원이나 약국에 가서 증상을 말하고 필요한 처방을 받거나 약을 구입할 수 있다.

3. 교재(Materials)

교재는 크게 2가지, 그날 학습할 교육 내용(Teaching Materials)과 수업 중에 사용할 교육 보조 자료(Teaching Aids)로 나뉜다. 교육 내용은 주로 주 교재를 비롯해서 교사의 발화나 판서로 제시되고, 보조 자료는 유인물이나 카드 등의 형태로 제시된다.

교재의 예

〈판서〉

A-(으)ㄴ N

1. 따뜻한 물을 많이 드세요.　　　　　　　　많은 사람이 학교에 있습니다.
　　물(이) 따뜻하다.　　　　　　　　　　　　사람(이) 많다.
2. 가방(이) 크다. → 큰 가방
　　음식(이) 맵다. → 매운 음식
　　영화(가) 재미있다. → 재미있는 영화

〈동사, 형용사 카드〉

A-(으)ㄴ데/V-는데

| (머리가) 아프다 | (기분이) 좋다 | (기침이) 나다 | (열이) 있다 |

4. 동기 유발(Motivation Techniques)

수업의 도입에서 학습자들로 하여금 학습 목표에 흥미를 느끼고 자발적인 동기를 불러일으킬 수 있는 여러 가지 교육 심리 기법을 사용한다.

동기 유발의 예

1. 교사가 교실에 들어와서 학생들한테 인사를 하고, 오늘 한국 노래를 한 곡 듣고 수업을 하는 게 어떤지 학습자들에게 동의를 구한다.

2. 학습자들에게 요즘 유행하는 한국 노래의 일부를 들려주고, 다음과 같은 대화를 통해 동기와 흥미를 유발한다.
　　T: 이 노래를 들어 봤어요?
　　S: 네, 들어 봤어요. (좋아해요.)
　　T: 그래요? 무슨 노래예요?
　　S: ○○○의 ○○예요.
　　T: 맞아요. 이 노래를 요즘 한국에서 많이 불러요. 유행이에요.
　　　 또 한국에서는 무엇이 유행일까요?
　　　 (유행하고 있는 옷, 신발, 음식 그리고 감기에 걸린 사람 등의 사진을 제시함) 이야기해 보세요.

5. 진행(Procedures, Activities)

　교안의 주된 요소로서, 여기에서는 무엇을 어떻게 가르칠 것이며 또한 유도하고자 하는 학습자들의 반응은 무엇인지를 꼼꼼하게 계획한다. 수업의 목적이나 교사의 능력과 경험 정도에 따라서 또는 교육 환경에 따라서 다양한 형식으로 구성할 수 있다.

6. 숙제(Homework)

　숙제는 학습한 문법 항목에 대한 복습 형식부터 의사소통적인 과제에 이르기까지 다양한 형태로 줄 수 있는데, 이번 시간에 학습한 것을 정리하거나 또는 다음 수업을 위한 예습을 할 수 있도록 하는 등의 유의미한 것으로 계획한다. 또한 분량이나 수준에 있어 학습자들이 혼자서 수행하기에 적절한 것을 제시해야 한다. 숙제가 필요 없을 경우이거나 위의 '진행 단계'에서 제시할 수 있는 경우에는 숙제를 따로 기술할 필요가 없다.

숙제의 예

▶ 학습자들에게 오늘 배운 목표 문법을 사용해서 요즘 자기 나라에서 유행하고 있는 상품이나 음악, 패션 등을 소개하는 글을 써 오게 한다.

05 한국어 교안의 유형

교안은 학습 목표를 효율적으로 달성하기 위한 수업 계획안이기 때문에 학습자가 단지 학습 내용을 이해하고 언어 지식을 습득하는 것만으로 학습 활동을 끝내서는 안 된다. 특히 통합 교수법을 지향하는 한국어 수업은 다양한 언어 훈련으로 언어 기능의 모든 영역이 골고루 발전할 수 있도록 세심한 주의가 필요하다. 따라서 교안에는 구체적이고 현실적인 학습 활동 계획이 포함되어 있어야 한다. 마치 우리가 드라마 대본(시나리오)을 보고 하나하나의 장면이 그려지는 것처럼 교안도 생생하게 작성되어야 한다.

이러한 측면에서 볼 때 교사의 제시에 초점이 맞춰져 있는 전통적인 교안의 형태는 한국어 교육을 위한 수업 계획으로서 부족한 부분이 있다. 그래서 최근 한국어 수업 현장에서는 전통적인 형태의 교안과 함께 다양한 형태의 교안이 활용되고 있는데, 이제 그 몇 가지 유형을 살펴보기로 한다.

1. 전통적(기본적) 교안

▶ 학습 목표
  • 문법적 목표: V-(으)ㄹ 줄 알다/모르다
  • 의사소통적 목표: 어떤 일에 대한 능력의 유무를 말할 수 있다.

▶ 수업 절차/진행 (50분)

단계	활동 내용		시간 (분)	학습 자료 / 지도상의 유의점
	교사	학생		
도입	▶ 교재의 사진(그림)을 이용해 묻고 대답하게 한다. T1: 이 사람은 무엇을 하고 있어요? T2: __ 씨도 요리를 해요? 요리를 할 줄 알아요?	▶ 사진(그림)을 보고 교사의 질문에 대답한다. S1: (그 사람은) 요리를 하고 있어요. S2: 네, 저도 요리를 해요. 할 줄 알아요.	5분	
설명 (제시)	▶ 예문을 통해 'V-(으)ㄹ 알다/모르다'가 어떤 일을 할 능력이 있음을 의미한다는 것을 설명한다. • 저는 한글을 쓸 줄 알아요. • 동생도 운전을 할 줄 알아요. ▶ 활용을 위해 동사 어간 뒤에 사용된다는 것을 칠판에 판서를 통해 보여 준다.	▶ 교사의 설명을 듣고 목표 문법의 의미와 쓰임을 이해한다. ▶ 교사가 판서를 통해 제시하는 예들을 보고 형태를 익힌다.	30분	

단계			시간	자료 및 유의점
설명 (제시)	〈판서〉 타다/수영하다/만들다 + -ㄹ 줄 알다/모르다 신다/읽다/찾다 + -을 줄 알다/모르다 ▶ 질문을 통해 'V-(으)ㄹ 줄 알다/모르다'의 의미를 이해시킨다. T1: (한자 카드를 보여 주며) 리밍 씨, 이것을 읽을 수 있어요? T1: 네, 리밍 씨는 한자를 읽을 줄 알아요. T2: 마크 씨, 자전거를 탈 수 있어요? T2: 네, 마크 씨는 자전거를 탈 줄 몰라요. T3: 라이 씨, 수영을 할 줄 알아요?	▶ 한자 카드를 보며 교사의 질문에 대답한다. S1: 네, 읽을 수 있어요. S2: 아니요, 탈 수 없어요. S3: 네, 저는 수영을 할 줄 알아요.	30분	▶ 한자 카드 ▶ 1급에서 학습한 'V-(으)ㄹ 수 있다/없다'를 매개로 목표 문법의 의미를 제시하고, 'V-(으)ㄹ 줄 알다/모르다'는 '가능'의 의미는 없고 그 행위에 대한 '능력'이 있고 없음만을 나타낸다는 것을 설명한다.
연습	▶ 기계적 연습 1) 교재에 제시된 문장을 목표 문법을 사용해 바꾸도록 한다. 2) 교재에 제시된 질문에 목표 문법을 사용해 대답해 보도록 한다. ▶ 유의적 연습 'V-(으)ㄹ 줄 알다/모르다'를 사용해서 학습자들과 질문과 대답의 역할을 바꾸어 가며, 자신이 가지고 있는 능력에 대해 이야기해 본다. T: 무슨 운동을 할 줄 알아요?	▶ 1) 주어진 문장을 목표 문법을 사용해 바꿔 보면서 의미와 쓰임을 익히도록 한다. 2) 주어진 질문에 목표 문법을 사용해 대답하고 써 보면서 문법을 활용해 보도록 한다. ▶ 교사와 질문과 대답의 역할을 바꾸어 가며, 목표 문법을 사용해 말해 본다. S: 저는 축구를 할 줄 알아요.	15분	

2. 활동 중심 교안 1

▶ 학습 목표
- 문법적 목표: N(으)로(방향)
- 의사소통적 목표: 다른 사람에게 길을 묻거나 어떤 곳의 위치를 말할 수 있다.

▶ 수업 절차/진행

1차시 50분

1. 도입 (5분)

1) 교재의 사진(그림)을 활용한 질문과 대답
   ① 두 사람은 지금 무엇을 해요?
      ㉠ 아저씨한테 길을 물어요./질문해요./물어봐요.
   ② 두 사람은 아저씨한테 어떻게 질문할까요?
      ㉡ 여기에서 극장까지 어떻게 가요?/극장은 어디에 있어요?

2. 새 어휘 학습 (10분)

1) 학습자는 교사를 따라 교재에 제시된 새 어휘들을 같이 읽고, 예문을 통해 의미를 확인한다. 그리고 주요 어휘에 대해서는 스스로 문장을 만들어 다시 한번 그 의미와 쓰임을 익힌다.
2) 교사는 '출구/입구, 이쪽/저쪽/그쪽/오른쪽/왼쪽, 곧장/똑바로, 사거리/삼거리, 정문/후문, 나가다/들어오다'를 묶어서 제시하고 설명해 준다.

3. 문법 학습 (35분)

1) 본문 대화를 활용한 설명(제시)

> 〈판서〉
> 1. 가: 홍익 극장에 어떻게 갑니까?
>   나: 2번 출구로 나가세요.
>   　　 2번 출구로 나가서 오른쪽으로 쭉 가면 극장이 있습니다.
>
> 2. 가: 학생증은 어디에서 만들어요?
>   나: 사무실에서 만들어요. 사무실로 오세요.

① 비교적 간단한 문법이므로 1번 예문의 의미와 쓰임을 제시하고, 이해하지 못하는 학생이 있을 경우에는 '방향(方向, Direction)'이라는 용어를 주고 이해시킨다. 또한 '(으)로' 뒤에는 '이동'의 의미를 지니는 '가다, 오다' 류의 동사만이 사용될 수 있음을 설명한다.
② 이미 배운 것이지만 2번 예문을 통해 'ㄹ' 받침 뒤에는 '으로'가 아니라, '로'가 온다는 사실을 학습자들에게 상기시켜 준다.

③ 교재에 제시된 예문을 학습자가 낭독하게 하고, 교사가 다시 읽어 주며 의미를 확인할 수 있게 한다.

2) 기계적 연습

① 교재에 제시되어 있는 문제는 목표 문법을 사용해 하나의 문장이 되도록 연결해 본다. (책에 답 쓰고 말해 보기)

② 교재의 연습 문제에 답을 쓰고 말해 본다. 연습 문제가 그림을 보고 대답하는 유형일 경우, 대답의 구체성에 차이가 날 수 있음을 감안하여 한 질문에 대해 여러 명의 학습자가 대답해 보도록 유도한다.

3) 유의적 연습

학습자들에게 'N(으)로'를 사용해서 다음의 질문에 대답해 보도록 한다.
- 국제언어교육원에서 학교 정문까지 어떻게 가요?
- 학교 정문에서 지하철역까지 어떻게 가요?
- 화장실은 어디에 있어요?

3. 활동 중심 교안 2(대본식 교안)

수업 장면이 한 편의 대본(시나리오)과 같이 기술된 교안은 교사로 하여금 실제 수업과 유사한 학습 현장을 미리 경험해 보게 할 수 있다는 장점을 지닌다. 또한 대본 형태의 교안은 수업 경험이 없는 예비 교사들이나 경험이 부족한 교사들에게 훌륭한 지침서가 될 수 있으므로, 작성하는 데 필요한 노고를 감안하더라도 매우 유용하다고 할 수 있다. 여기에서는 앞서 '교안의 기본 요소'를 설명하기 위해 간단히 다루었던 문법 항목을 대상으로 보다 구체적인 대본식 교안의 예를 살펴보고자 한다.

단원명	머리는 아픈데 열은 없어요.
학습 목표	• 문법적 목표: A-(으)ㄴ데/V-는데 • 기능적 목표: 상반되는 상황 설명하기, 수식하는 말하기 • 의사소통적 목표: 병원이나 약국에 가서 증상을 말하고 필요한 처방을 받거나 약을 구입할 수 있다.
학습 자료	한국 노래, 동사·형용사 카드, 사진 자료, 그림 카드

1차시 50분

1. 도입 (5분)

1) 교사가 교실에 들어와서 학생들한테 인사를 하고, (준비해 온 가수의 노래를 들려주며) 학습자들에게 다음과 같이 묻고 동의를 구한다.

> T: 여러분, 이 노래를 알아요?
> 저는 요즘 이 노래를 자주 들어요.
> 여러분한테 소개하고 싶어요.
> 한번 같이 들어 볼까요?

2) 학습자들에게 요즘 유행하는 한국 노래의 일부를 들려주고, 다음과 같은 대화로 동기와 흥미를 유발한다.

> T: 이 노래를 들어 봤어요?
> S: 네, 들어 봤어요. (좋아해요.)
> T: 그래요? 무슨 노래예요?
> S: ○○○의 ○○예요.
> T: 맞아요. 이 노래를 요즘 한국에서 많이 불러요. 유행이에요.
> 또 한국에서는 무엇이 유행일까요?
> (유행하고 있는 옷, 신발, 음식 그리고 감기에 걸린 사람 등의 사진을 보여 주며) 이 사진을 보고 이야기해 보세요.

Check Point

의사소통적 접근법(Communicative Approach)에 근거를 둔 수업에서 학습자들의 내재적·자발적인 동기 유발은 필수적이라 할 수 있다. 따라서 앞으로 이 수업에서 다루게 될 유행에 관한 이야기나 감기와 같은 병에 관련된 이야기에 학습자들이 자연스럽게 흥미를 가질 수 있도록 구성하였다.

2. 설명(제시) (30분)

1) 어휘 학습 (10분)

다음과 같은 그림 카드를 칠판에 붙인 뒤 학습자들에게 질문하고 대답을 유도한다.

㉠ 머리가 아픈 그림	㉡ 목이 아픈 그림	㉢ 기침을 하는 그림	㉣ 열이 나는 그림	㉤ 콧물이 나는 그림

> T: 감기에 걸리면 어때요? 몇 번하고 같아요?
> S: ㉢하고 같아요.
> T: 네, 감기에 걸리면 기침을 해요.
> (칠판에 단어를 쓰고) 여러분 따라하세요. "기침을 해요."
> 또 어때요? (같은 방식으로 감기 증상을 나타내는 5개의 말을 제시한다.)

Check Point

교사가 감기 증상과 관련된 어휘를 말해 주면서 가능하면 그 증상을 표현하는 행동이나 표정 등을 함께 보여 주어, 학습자들이 자신의 개별적인 경험과 연관 지어 자연스럽게 어휘의 의미를 이해할 수 있도록 한다.

2) 문법 제시(설명) (20분)

① 본문 대화를 활용한 설명(제시)

〈판서〉

A-(으)ㄴ데/V-는데

1. 머리는 아파요. 열은 없어요.
  → 머리는 아프지만 열은 없어요.
  → 머리는 아픈데 열은 없어요.

2. 저는 김치를 먹어요. 동생은 못 먹어요.
  → 저는 김치를 먹지만 동생은 못 먹어요.
  → 저는 김치를 먹는데 동생은 못 먹어요.

3. 가: 한국 음식이 맛있지요?
  나: 네, 한국 음식이 맛있는데 좀 매워요.

있다/없다+-는데

㉠ 1, 2와 같이 학습자들이 이미 알고 있는 '-지만'을 이용해 '-(으)ㄴ데/-는데'의 의미와 쓰임을 이해하도록 한다.

T: 여러분, 우리는 '-지만'을 배웠어요. "방은 크지만 화장실은 작아요." 알지요?
'-(으)ㄴ데/-는데'는 여러 가지 의미가 있어요. (칠판을 가리키며) 여기 '-(으)ㄴ데/-는데'는 '-지만'하고 의미가 같아요.

㉡ '있다, 없다'는 동사와 형용사로의 쓰임을 모두 가지고 있으므로, 품사를 알려주기보다는 3과 같이 '있다, 없다' 구성의 단어는 '-는데'와 결합하는 것으로 제시하고 설명한다.

㉢ 교재에 제시된 예문을 학습자가 낭독하게 하고, 교사가 다시 읽어 주며 의미를 확인할 수 있게 한다.

Check Point

판서를 통해 예문을 제시하고 읽어 주는 것은 목표 문법의 용법을 설명하는 것일 뿐만 아니라 교사가 다음에 이어질 활동에 대해 일종의 시범(Presentation)을 보이는 것으로서, 앞 단원에서 학습한 '못 V'나 '-지만'을 함께 사용하여 대화를 구성하면 선후 학습이 연계성을 가질 수 있어서 효과적이다.

3) 연습 및 활용 (20분)

① 기계적 연습
  ㉠ 교재에 제시되어 있는 말들을 목표 문법을 사용해 하나의 문장이 되도록 연결해 본다.
  ㉡ 교재 연습 문제에 답을 쓰고 말해 본다. 그림을 보고 대답하는 유형일 경우, 대답의 구체성에 차이가 날 수 있음을 감안하여 한 질문에 대해 여러 명의 학습자가 대답해 보도록 유도한다.

T: 사라 씨, 1번의 대답은 뭐예요?
S: 한국은 따뜻한데 러시아는 좀 추워요.
T: 그래요. 좋아요. 또 다른 대답도 있어요?
S: 한국은 눈이 안 오는데 러시아는 눈이 와요. (같은 방식으로 4번까지 말해 본다.)

② 유의적 연습

㉠ 학습자들끼리 두 명씩 짝을 이루어 상대방에게 한국 생활에 대해 묻고 목표 문법을 사용해서 대답하는 방식으로 다음의 표를 완성하도록 한다.

질문 \ 대답	해요/있어요/좋아요	안 해요/없어요/안 좋아요
〈보기〉 한국에서 아프면 병원에 가요?	약을 먹어요.	병원에 안 가요.
1. 한국 음식이 좀 맵지요?		
2. 한국어 공부가 많이 어려워요?		
3. 한국의 지하철은 어때요?		
4. 지금 어디에 살아요? 그곳은 어때요?		
5. _____?		

㉡ 학습자들이 표를 다 채우고 나면 한 팀씩 다음과 같은 문장으로 친구의 대답을 소개하도록 한다.

S: 마크 씨는 한국에서 아프면 약은 먹는데 병원에(는) 안 가요.

Check Point

게임은 의사소통 접근법에 기초한 수업에서 자주 사용된다. Morror(1981)에 따르면 의사소통에 진정으로 도움이 되는 게임은 의사소통의 3가지 특성들(정보 결여, 선택, 피드백)을 갖는데, 이 연습(활동)도 그러한 특성을 바탕으로 구성하였다.

4. 언어 기능별 교안

통합 교수를 지향하는 한국어 수업의 관점에서 보면, 교안은 어떤 단원을 대상으로 언어의 4가지 기능, 즉 말하기, 듣기, 읽기, 쓰기를 모두 아우르는 형태로 구성된다. 그러나 최근 한국어 학습 현장에서는 학습자들의 학습 동기와 요구에 따라 4가지 기능 중 특정한 1가지에 초점을 맞추어 수업을 진행하는 경우도 많아지고 있다. 따라서 여기에서는 듣기와 말하기 수업을 중심으로 언어 기능별 교안의 예를 살펴보고자 한다.

1) 듣기 수업 교안

통합 수업을 대상으로 하는 교안에 비해 언어 기능별 수업을 대상으로 하는 교안은 그 기능의 개발 원리에 보다 면밀한 검토와 이해가 필요하다. 듣기 수업을 설계하는 데 있어서 고려해야 할 듣기 기술의 개발 원리로서 Brown(1994, pp.244-246)은 다음과 같이 제시하였다.

① 듣기의 중요도를 부각시킨다.
② 내재적 동기화를 유도한다(학습자들의 문화적 배경이나 배경지식을 고려해야 함).
③ 실제적 자료로 구성한다.
④ 청자의 이해 정도를 주의 깊게 관찰한다(학생들의 반응 양식을 잘 고려함).
⑤ 듣기 전략의 개발을 촉진한다(학습자 스스로 전략을 개발할 수 있도록 자극을 줌).
⑥ 상향식(Bottom-up)과 하향식(Top-down) 과정을 모두 포함한다.

이러한 듣기 기술의 개발 원리들을 고려하여, Underwood(1989, pp.30-78)가 제안한 듣기 수업의 3단계를 구체화시키면 다음과 같다. '듣기 전 단계'에서는 들으려는 동기와 흥미를 유발하고, '듣기 단계'에서는 주어진 과제를 수행하며 '들은 후 단계'에서는 과제 수행 결과를 확인하고 말하기, 읽기, 쓰기와 통합하여 사용을 확장한다.

| 듣기 전 단계
(Pre-listening) | ▶ 들을 내용을 예측해 볼 수 있는 질문을 주고 그와 관련된 배경지식을 활성화시킬 수 있도록 한다.
▶ 시청각 자료를 이용해 주제를 제시하고, 들을 내용에 흥미를 갖게 한다.
▶ 들을 내용이나 주제에 대해 미리 이야기해 보게 함으로써 학습 동기를 유발한다.
▶ 듣기 활동에 대한 지시를 구체적이고 명확하게 한다. |

| 듣기 단계
(While-listening) | ▶ 듣기 활동 자체가 중심이 되는 단계로서, 다른 단계에 비해 말하기, 읽기, 쓰기 등과의 통합을 줄이고 듣는 것 자체에 집중하도록 한다.
▶ 듣기 과제는 듣기만 잘하면 다른 기능(쓰기)은 잘 못해도 쉽게는 할 수 있어야 한다. 그러므로 정확한 문장을 쓰게 하는 것보다 ✓표나 ○표 또는 ×표, 매우 간단한 단답형 등으로 답을 하게 한다. |

| 들은 후 단계
(Post-listening) | ▶ 실제적인 듣기 활동이 끝나고 행해지는 모든 활동을 말한다.
▶ 질문을 통해 들은 내용의 이해 여부를 확인하고 피드백을 준다.
▶ 다른 언어 기능(말하기, 읽기, 쓰기)으로 전이시켜 사용을 확장하는 것이 바람직하다. |

교안의 실제

▶ 학습 수준: 고급 전반(5급)
▶ 수업 시간: 100분
▶ 기능적 목표: 이야기 듣기(Listening to stories), 토의하기
▶ 학습 주제: 현대 가족의 문제(노부모 부양, 치매)

1. 듣기 전 단계

1) 현대의 노인성 질환 중 한국 사회에서 해결책이 모색되지 않고 가정 내의 심각한 고민거리로만 인식되고 있는 노인성 치매 문제와 이 병을 앓았던 미국의 레이건 전 대통령의 얘기를 꺼내면서 학습자들이 관심을 가질 수 있도록 유도한다.
2) 치매에 걸린 부모님을 극진히 봉양한 사례와 그 반대의 사례에 관련된 짤막한 신문기사들을 학습자들에게 나누어 주고 함께 읽어 본다.
3) 읽은 내용들을 바탕으로 주변에 그와 관련된 사례나 경험한 바가 있으면 학습자들이 자유롭게 발표한다.

2. 듣기 단계

1) 치매를 앓게 된 어머니의 부양 문제를 놓고 갈등을 벌이는 가족들의 얘기를 다룬 짧은 드라마(50분) 한 편을 함께 시청한다.
2) 드라마를 보기 전에 각 등장인물의 대략적인 얼굴 모습의 그림이나 사진, 가족 내에서의 위치 및 이름 등이 적혀 있는 가계도(a Family Tree)를 학습자들에게 나누어 주고, 드라마를 보면서 자신의 생각에 비추어 치매 문제에 대해 가장 바람직한 태도를 보이고 있는 인물에는 ○표를, 그 반대의 인물에는 ×표를 하게 한다.
3) 드라마를 끝까지 보여 주지 않고, 치매에 걸린 노부모를 어떻게 할 것인지 결말이 나오기 전에 시청을 중단시킨다.

3. 들은 후 단계

1) 학습자들을 몇 개의 소그룹으로 나눈 뒤, 그룹별로 각자 표시한 가계도를 꺼내 놓고 바람직하거나 또는 그렇지 않은 인물로 선택된 등장인물들에 대해 토의해 보도록 한다.
2) 토의가 끝난 후 원하는 학습자들에게 각 등장인물들의 역할을 하나씩 주고, 그 인물의 입장이 되어 각자의 생각을 표현하게 한다.
3) 끝으로 학습자들이 본 부분까지의 드라마의 줄거리를 간단히 요약해 주고, 숙제로 그 나머지 결말 부분의 이야기를 예측하여 써 오게 한다.

2) 말하기 수업 교안

한국어 말하기 수업 설계에 앞서 고려해야 할 말하기 기술의 개발 원리로는 아래와 같다.

① 영어 말하기 지도에서는 영어 노래와 찬트(Chant) 그리고 운율 등을 듣고 따라하게 하면 학습자들에게 흥미를 줄 뿐만 아니라 영어의 소리를 익히는 데 도움을 준다. 영어는 의사소통 상황에서 억양, 강세, 운율 등 언어 요소들이 자연스럽게 나타난다는 언어학적 특성이 있기 때문인데, 이를 한국어 교육으로 가져와 적용한다면 무리가 있을 것이다. 왜냐하면 한국어 의사소통에서는 영어처럼 특징적인 억양이나 강세, 운율 등이 잘 나타나지 않기 때문이다. 따라서 한국어 말하기 교육에서는 위와 같은 요소들을 기르기 위한 목적으로 노래와 찬트를 이용하기보다는 각 언어 기능 및 요소들을 지도하는 데 있어 학습자들의 흥미를 높이기 위한 목적으로 가볍게 사용하는 것이 바람직하다.

② 한국어 학습자의 대다수가 한국 생활을 잘하기 위해 한국어를 배우는 성인이라는 가정 하에, 기본적이고 빈도수가 높은 의사소통 기능을 수행하기 위한 말하기 학습은 다양한 과제 수행으로 자연스럽게 이루어져야 한다. 즉, 특정한 기능 수행에 쓰이는 몇몇의 전형적인 문형들을 반복적으로 암기하게 하거나 교실 내에서 시각적으로 자주 노출시키기보다는 실제적인 상황에서 학습자들이 자발적으로 뛰어들어 필요한 과제를 수행하여 학습 내용을 내재화할 수 있도록 해야 한다.

③ 대부분의 의사소통 말하기는 일대일 또는 일대 다수의 대화 형식으로 이루어지며, 특히 화용적 측면이 강한 한국어는 대화 시 1·2인칭의 호칭과 문장 성분의 생략이 많아 이를 지도할 때는 완전한 문장 형태를 갖추어 가르치기보다는 발화 상황이나 대화 참가자들의 감정, 기분에 따라 다르게 나타나는 어조나 의도 및 표정 등도 함께 고려할 수 있도록 가르쳐야 한다.

④ 말하기 활동 중에는 학습자가 실수에 대한 부담감을 느끼지 않고 과제 수행 자체에 몰입하게 만드는 것이 중요하다. 따라서 말하기 활동 중에 발생하는 오류는 즉시 수정해 주지 말고, 과제 수행 결과나 숙제를 통해 수정해 주는 것이 바람직하다.

이러한 전략들을 고려하여 수업의 단계를 제시하면 다음과 같다.

도입/준비 단계 (Warm-up)	▶ 동기를 부여하고 한국어로 말할 준비를 하는 단계이다. ▶ 유의적인 문맥 속에서 학습 목표를 자연스럽게 드러낸다. ▶ 선수 학습된 내용과 연계성을 갖도록 제시한다.

제시 단계 (Presentation)	▶ 실제적인 문맥 속에서 그날의 학습 목표를 제시한다. ▶ 목표와 주제는 단순한 대화문으로 제시한다. ▶ 연습 단계(Practice)에서 사용될 단어 및 표현을 제시한다.

연습 단계 (Practice)	▶ 의사소통으로 나아갈 준비를 하는 단계이다. ▶ 언어의 정확성(Accuracy)에 중점을 두고 목표 문법에 집중하도록 한다. ▶ 선수 학습된 문법 요소와 통합된 연습이 이루어지도록 한다.

활용 단계 (Use)	▶ 과제(Tasks)를 수행한다. ▶ 실제 의사소통의 단계이다. ▶ 언어의 유창성(Fluency)에 중점을 둔다.

마무리 단계 (Follow-up)	▶ 부족한 요소를 보완하고 강화하는 단계이다. ▶ 수업 내용을 정리하고 숙제를 부과한다. ▶ 다음 수업에서 학습할 내용에 대해 안내한다.

교안의 실제

▶ 학습 수준: 초급 전반(1급)
▶ 수업 시간: 50분
▶ 기능적 목표: 가능·불가능에 대해 말하기, 능력 표현하기
▶ 문법적 목표: V-(으)ㄹ 수 있다/없다
▶ 학습 주제: 건강

1. 통제(Controlled) 연습

1) 교사가 교실에 들어와서 출석을 확인한 뒤, 어제 결석한 학생들에게 결석 이유를 묻고 대답해 보게 한다.

   T: 어제 왜 안 왔어요? 어디 아팠어요?
   S: 배가 아팠어요. 화장실에도 자주 갔어요.
   T: 배탈이 났어요? 오늘은 괜찮아요? 공부할 수 있어요?
   S: 네, 약을 먹어서 오늘은 괜찮아요.
   T: 그럼 아침은 먹었어요? 밥을 먹을 수 있어요?
   S: 아니요. 지금 밥을 못 먹어요.
   T: 맞아요. 배탈이 나면 밥도 먹을 수 없어서 힘들 거예요.

2) 위와 같은 식으로 몇 가지 추측할 수 있는 일들에 대해 학생들과 대화를 반복한 뒤, 오늘 공부할 말하기의 문형을 판서해 보여 준다.

2. 유도(Guided) 연습

1) 교사가 머리가 아픈 사람, 눈이 아픈 사람, 다리를 다친 사람 등의 그림이나 사진을 차례로 보여주면서 학습자들에게 그 사람이 할 수 있는 것과 할 수 없는 것에 대해 목표 문형을 사용해서 대답하게 한다.

2) 학생들로 하여금 제시된 표에서 자신이 할 수 있는 일에 표시를 하게 하고 다음과 같은 대화를 이끌어 낸다.

여러분은 무엇을 할 수 있어요?		
한글	읽다	✓
피아노		
수영		
스케이트		
한국 음식		

T: 카린 씨, 한글을 읽을 수 있어요?
S: 네, 읽을 수 있어요.
T: 그럼 피아노를 칠 수 있어요?
S: 아니요. 피아노를 칠 수 없어요.

T: 빈 씨는 여기에서 뭘 할 수 있어요?
S: 저는 수영을 할 수 있어요.
T: 빈 씨는 운동을 좋아하지요? 그럼 스케이트도 탈 수 있어요?
S: 네, 탈 수 있지만 잘 타지 못해요.

3) 위와 같은 대화를 몇몇 학생들과 반복한 뒤, 옆 사람과 짝을 지어 해 보게 한다. 이때 교사는 교실을 돌아다니며 학생들의 짝 활동에서 빈번히 발생하는 오류가 있으면 기억해 두었다가, 활동이 다 끝나면 학생들과의 대화를 통해 그 오류를 자연스럽게 수정해 준다.

3. 의사소통 활동

1) 두 명의 학생이 관심 분야를 정해 그 분야에서 상대방이 실제로 할 수 있는 것과 할 수 없는 것에 대해 질문하고, 그 이유와 함께 목표 문법을 사용해서 대답해 보도록 한다.

S1: 한국 노래를 부를 수 있어요?
S2: 네, 부를 수 있어요. 저는 한국 가수를 아주 좋아해요.
S1: 그럼 콘서트에도 갔어요?
S2: 네, 저는 한국에 살아서 콘서트에 자주 갈 수 있어요.

2) 활동이 끝나면 두 사람이 주고받은 이야기를 정리해서 숙제로 대화를 나눈 친구를 소개하는 글을 써 오도록 한다.

둘째 마당

교안작성의 실제

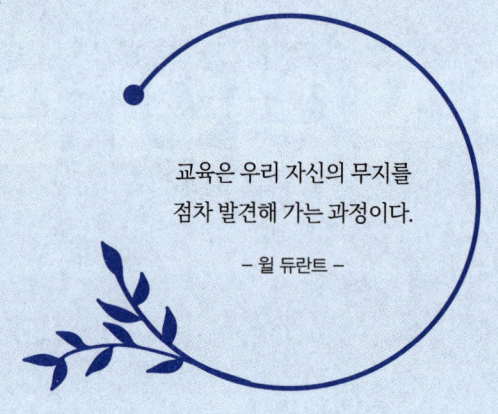

교육은 우리 자신의 무지를
점차 발견해 가는 과정이다.

- 월 듀란트 -

둘째 마당 | 교안작성의 실제

> **체크 포인트**
> **둘째 마당**에서는 한국어 초·중급 문법 항목 중 보조 용언과 연결 어미에 대한 모범 교안을 제시했습니다. 경험이 없는 초보 선생님과 현직 선생님들께서 수업 및 교재 연구를 하는 데 많은 도움이 될 것입니다.

※ 모범 교안의 T(Teacher)는 교사를, S(Student)는 학생을 의미함

01   V-(으)ㅂ시다   출제가능성 ★☆☆

1. 기본 이해
- 초급 전반에 학습하는 종결 어미
- 동사의 어간 또는 선어말 어미 '-(으)시-' 뒤에 붙어서 쓰임
- 관련 주제: 음식 주문, 약속 계획

2. 교안

단계	교수-학습 활동	학습 자료	시간(분)	지도상의 유의점
설명 (제시)	① 의미제시 　상황을 이용해 목표 문법의 의미를 이해시킨다. T: ___ 씨, 이번 주말에 시간이 있어요? S: 네, 있어요. T: 그럼 같이 영화를 봅시다. T: ___ 씨, 오늘 점심을 같이 먹을까요? S: 네, 같이 먹읍시다. T: ___ 씨, 오후에 도서관에서 공부합시다. S: 미안해요. 저는 오후에 약속이 있어요. 내일 함께 합시다. 위의 예문을 통해 학생이 이해한 것을 바탕으로 '-(으)ㅂ시다'가 어떤 행동이나 일을 함께 할 것을 상대에게 제안하거나 권유하는 의미를 나타낸다는 것을 설명한다.		5~7분	▶ 어떤 행동이나 일을 함께 하도록 상대방에게 제안을 하거나 의사를 물을 때 사용되는 종결 어미 '-(으)ㄹ까요?'도 대화에서 함께 연습한다.

	② 형태제시 　동사 뒤에 사용된다는 것을 설명하고, 자음으로 끝나는 동사의 어간 뒤에서는 '-읍시다'가, 모음이나 'ㄹ'로 끝나는 동사의 어간 뒤에서는 '-ㅂ시다'가 사용된다는 것을 판서를 통해 보여 준다.		▶ '-(으)ㅂ시다'는 일반적으로 높임의 상대에게는 사용하지 않으며, 일상적인 대화에서 격식 있고 딱딱하게 사용되는 말임을 설명한다.
	〈판서〉 먹다/읽다/앉다 + -읍시다 가다/쓰다/이야기하다 + -ㅂ시다 • 잠깐 여기 앉읍시다. • 조금만 서둘러서 움직입시다!		
연습	① 기계적 연습 　㉠ 동사 카드를 이용하여 목표 문법을 사용해 말해 본다. 　㉡ ㉠에서 만든 말이 대답에 사용되도록 대화 문장을 만들고 대답하게 한다. T: 토요일에 어디에서 만날까요? S: 학교 앞에서 만납시다. ② 유의적 연습 　㉠ 교사가 구체적인 상황을 제시하여 학생들이 목표 문법을 사용한 대답을 하도록 유도한다. T: ___ 씨의 생일에 무엇을 살까요? S: 꽃하고 케이크를 삽시다. 　㉡ (짝 활동) 두 명씩 짝을 이루어 상대방에게 함께 할 것을 제안하거나 권하고 싶은 것을 말하고 대답해 본다.	동사 카드 13~15분	▶ 교사의 동일한 질문에 학생들이 자신의 생각대로 각각 다른 대답을 하도록 유도한다.

3. 더 활용 가능한 예문

- (같이) 여행을 갑시다.
- (함께) 커피를 마십시다.
- 책 앞에 이름을 씁시다.
- 바지를 입읍시다.
- 도서관에서 그 책을 찾읍시다.
- 가: 무엇을 배울까요?

  나: 컴퓨터를 배웁시다.
- 가: 어디에 앉을까요?

  나: 저기에 앉읍시다.
- 가: 사무실에서 선생님을 기다립시다.

  나: 네, 좋아요.

02 A/V-고

1. 기본 이해

- 초급 전반에 학습하는 연결 어미
- 용언이나 '이다'의 어간 또는 선어말 어미 '-(으)시-, -았/었-, -겠-' 뒤에 붙어서 쓰임
- 관련 주제: 시간과 요일, 음식 주문, 날씨

2. 교안

단계	교수-학습 활동	학습 자료	시간(분)	지도상의 유의점
설명 (제시)	① 의미제시 　학생들에게 다음과 같이 물은 뒤, 교사가 '-고'를 사용해서 대답해 줌으로써 목표 문법의 의미를 이해시킨다. T: 뚜이 씨의 형도 학생입니까? S: 아니요, 형은 회사에 다닙니다. T: 네, 뚜이 씨는 학교에 다니고 형은 회사에 다닙니다. T: 사라 씨는 일요일에 무엇을 해요? S: 저는 청소를 해요. 친구도 만나요. T: 네, 사라 씨는 청소도 하고 친구도 만나요. 오전에 청소를 해요? S: 아니요, 오전에 친구를 만나요. 오후에 청소를 해요. T: 아, 그럼 일요일에 친구를 만나고 청소를 해요. 위의 대화를 통해 학생이 이해한 것을 바탕으로, '-고'가 둘 이상의 행동이나 사실을 순서에 관계없이 또는 순차적으로 나열할 때 사용된다는 것을 설명한다. ② 형태제시 　용언이나 '이다'의 어간 뒤에 쓰인다는 것을 판서를 통해 보여 준다.		5~7분	▶ 둘 이상의 사실을 순서에 관계없이 대등하게 나열하는 경우와 일어난 시점에 따라 순차적으로 나열하는 경우를 구분해서 제시한다.

	⟨판서⟩ 사다/먹다/예쁘다/있다 학생이다/책상이다/교실이다 + -고 • 밥을 먹고 설거지를 합니다. • 리키 씨는 숙제를 하고 형식 씨는 청소를 해요.			
연습	① 기계적 연습 　㉠ 동사, 형용사 카드 중 두 장씩 골라서 목표 문법을 사용해 말해 본다. 　㉡ 두 동작의 주체가 다른 그림과 두 동작이 이루어진 시간이 표시되어 있는 그림, 그리고 두 개의 형용사로 표현할 수 있는 그림들을 제시하고 학생들에게 문장을 만들어 말하게 한다.	동사, 형용사 카드 그림 카드	13~15분	▶ 전체 학생을 대상으로 연습을 한 후 개별 학생을 대상으로 확인한다.
	• 저는 아침에 밥을 먹고 커피를 마십니다. • 이 가방은 예쁘고 싸요.			
	② 유의적 연습 　㉠ 교사가 구체적인 상황을 제시하여 학생들이 목표 문법을 사용한 대답을 하도록 유도한다.			
	T: ___ 씨는 수업이 끝나고 무엇을 해요? S: ① 저는 수업이 끝나고 집에 가요. 　② 저는 수업이 끝나고 점심을 먹어요. T: 우리 반 학생들은 지금 무엇을 합니까? S: 아키코 씨는 책을 읽고 마크 씨는 사전을 봅니다.			
	㉡ (개별 활동) 목표 문법을 사용해 평일과 주말의 하루 일과를 쓰고 이야기해 본다.			

3. 더 활용 가능한 예문

- 토요일에는 집에서 음악도 듣고 텔레비전도 봅니다.
- 학생들은 교실에서 공부도 하고 이야기도 해요.
- 오후에는 친구와 같이 점심을 먹고 도서관에 가요.
- 빅토르 씨는 사진을 찍고 라이 씨는 커피를 마십니다.
- 저는 학생이고 언니는 회사원입니다.
- 가: 아침에는 무엇을 먹습니까?
  나: 아침에는 보통 빵을 먹고 우유를 마십니다.
- 가: 1급 교실이 큽니까?
  나: 네, 1급 교실은 크고 깨끗합니다.
- 가: 언제 운동을 해요?
  나: 아침 7시부터 8시까지 운동을 하고 학교에 와요.

03 A/V-지만

출제가능성 ★☆☆

1. 기본 이해

- 초급 전반에 학습하는 연결 어미
- 용언이나 '이다'의 어간 또는 선어말 어미 '-(으)시-, -았/었-, -겠-' 뒤에 붙어서 쓰임
- 관련 주제: 한국어 공부, 한국 생활, 약국

2. 교안

단계	교수-학습 활동	학습 자료	시간(분)	지도상의 유의점
설명 (제시)	① 의미제시 　학생들에게 다음과 같이 묻고 대답을 유도한 뒤, 교사가 '-지만'을 사용해서 다시 한번 이야기해 줌으로써 목표 문법의 의미를 이해시킨다. T: ___ 씨, 한국어 공부가 어때요? S: 좀 어려워요. T: 그럼 재미없어요? S: 아니요, 재미있어요. T: 네, 한국어 공부가 어렵지만 재미있어요. T: 라이 씨, 학교에서 집이 가까워요? S: 아니요, 좀 멀어요. T: 마크 씨는 어때요? S: 저는 학교에서 가까워요. T: 라이 씨는 집이 멀지만 마크 씨는 집이 가까워요. 　위의 대화를 통해 학생이 이해한 것을 바탕으로, '-지만'이 앞뒤 절에 서로 상반되는 사실이 이어짐을 나타낸다는 것을 설명한다. ② 형태제시 　용언이나 '이다'의 어간 뒤에 쓰인다는 것을 판서를 통해 보여 준다.		5~7분	▶ 앞서 배운 연결 어미 '-고'의 의미 범주가 매우 넓어서 '-지만'의 용법과 중첩되는 부분이 있으므로, 앞뒤의 사실이 매우 확연히 상반되는 경우가 아닐 때는 '-고'와 '-지만' 사이에서 적절한 것을 학생들이 선택해서 사용할 수 있도록 지도한다.

	〈판서〉 가다/보다/조용하다/없다 여름이다/남자이다/한국 음식이다 + -지만 • 낮에는 덥지만 아침저녁으로는 시원해요. • 나이는 들었지만 마음만은 젊습니다.		

연습	① 기계적 연습
	  ㉠ 동사, 형용사 카드 중 두 장씩 골라서 목표 문법을 사용해 말해 본다.
	  ㉡ 상반된 두 동작이나 상태를 나타내는 그림들을 보고 목표 문법을 사용해 문장을 만들어 말해 본다.
	• 한국은 여름이지만 호주는 겨울입니다.
	• 학교 근처는 시끄럽지만 집 근처는 조용해요.
	② 유의적 연습
	  ㉠ 교사가 앞 문장을 제시하면 학생들은 목표 문법을 사용해서 뒤 문장을 연결하는 방식으로 말해 본다.
	T: 저는 한국 음식을 잘 먹어요.
	S: ① 저는 한국 음식을 잘 먹지만 친구는 잘 못 먹어요.
	    ② 저는 한국 음식을 잘 먹지만 김치는 아직 잘 못 먹어요.
	T: 백화점은 비쌉니다.
	S: ① 백화점은 비싸지만 물건이 많습니다.
	    ② 백화점은 비싸지만 판매원들이 친절합니다.
	  ㉡ (짝 활동) 두 명씩 짝을 이루어 상대의 집, 방, 한국 생활, 공부 등에 대해 질문하고 목표 문법을 사용해 대답해 본다.
		동사, 형용사 카드
		
		그림 카드
		
		13~15분
			▶ 교사가 제시하는 동일한 선행절에 여러 명의 학생들이 각기 다른 후행절을 만들어서 말하도록 한다.
			
			▶ 짝 활동 시 자기 나라에 있을 때와 한국에 온 후를 대조적으로 말하며 '-았/었지만'도 사용해 볼 수 있다.

3. 더 활용 가능한 예문

- 1급에 중국 학생은 많지만 일본 학생은 적어요.
- 형은 키가 크지만 동생은 키가 작습니다.
- 한국 생활은 재미있지만 좀 힘들어요.
- 저는 한국 노래를 좋아하지만 잘 부르지 못합니다.
- 어제는 비가 왔지만 오늘은 비가 안 와요.
- 가: 리밍 씨, 주말에 사라 씨하고 같이 만날까요?

  나: 저는 주말에 시간이 있지만 사라 씨는 바빠요.
- 가: 한국 음식이 어떻습니까?

  나: 한국 음식은 좀 맵지만 맛있습니다.
- 가: 이번 생일에 선물을 많이 받았어요?

  나: 아니요, 지난 생일에는 선물을 많이 받았지만 이번 생일에는 못 받았어요.

04 A/V-아/어서 출제가능성 ★★★

1. 기본 이해
- 초급 전반에 학습하는 연결 어미
- 용언의 어간 또는 선어말 어미 '-(으)시-' 뒤에 붙어서 쓰임
- 관련 주제: 병원, 날씨, 약속

2. 교안

단계	교수-학습 활동	학습 자료	시간(분)	지도상의 유의점
설명 (제시)	① 의미제시 　학생들에게 다음과 같이 묻고 대답을 유도한 뒤, 교사가 '-아/어서'를 사용해서 다시 한번 이야기해 줌으로써 목표 문법의 의미를 이해시킨다. T: ___씨, 왜 한국에 왔어요? S: 저는 한국 가수를 좋아해요. T: 네, 한국 가수를 좋아해서 한국에 왔어요. T: ___씨는 어떻게 한국말을 잘해요? S: 저는 한국 친구가 많아요. T: 네, 한국 친구가 많아서 한국말을 잘해요. 　교사의 제시 속에서 학생이 이해한 것을 바탕으로, '-아/어서'가 앞 절이 뒤 절의 이유나 근거가 됨을 나타낸다는 것을 설명한다. ② 형태제시 　용언의 어간 뒤에 쓰인다는 것을 판서를 통해 보여 준다.		5~7분	▶ '-아/어서' 앞에는 '-았/었-, -겠-' 등을 사용할 수 없다는 것을 설명한다.

	〈판서〉 사다/오다/받다/놀다 + -아서 열다/주다/입다/듣다 + -어서 공부하다/일하다/청소하다 → -해서 • 배가 아파서 병원에 갔습니다. • 이어폰을 잃어버려서 새로 샀습니다. • 저는 피곤해서 집에 갈래요.			
연습	① 기계적 연습 　㉠ 동사, 형용사 카드를 보고 목표 문법을 사용해 바꾼 뒤, 결과가 되는 뒤 문장을 연결해 말해 본다. 　㉡ 그림을 보고 그림 속의 상황을 원인 또는 결과로 하는 문장을 만들어 말해 본다. • 머리가 아파서 학교에 못 갔습니다. • 길이 막혀서 좀 늦었어요. ② 유의적 연습 　㉠ 교사가 구체적인 상황을 제시하여 학생들이 목표 문법을 사용한 대답을 하도록 유도한다. T: 한국 음식을 자주 먹습니까? S: 아니요, 자주 먹지 않습니다. T: 왜 자주 먹지 않습니까? S: 한국 음식이 매워서 자주 안 먹습니다. T: 한국에서 병원에 갔어요? S: 네, 한 번 갔어요. T: 왜 병원에 갔어요? S: 감기에 걸려서 병원에 갔어요.	동사, 형용사 카드 그림 카드	13~15분	▶ 학생들이 다양한 문장을 발화하는 과정에서 '-(으)ㄹ까요?, -(으)ㅂ시다, -(으)세요'를 사용하게 되면, '-아/어서'가 그러한 종결 어미들과 함께 쓰일 수 없음을 설명한다.

| | ⓒ (3~4인 소그룹 활동) 그룹원 중에 한 사람이 먼저 첫 문장을 만들고, 다른 사람들이 순서대로 돌아가면서 앞 사람의 결과를 다시 이유로 하는 문장을 만들고 말해 본다. | | |

3. 더 활용 가능한 예문

- 공부를 안 해서 시험을 못 봤어요.
- 바람이 많이 불어서 날씨가 좀 춥습니다.
- 집이 가까워서 학교에 일찍 옵니다.
- 친구가 계속 전화를 안 받아서 걱정이에요.
- 약국이 문을 닫아서 약을 못 샀어요.
- 가: 오늘 왜 늦었어요?

  나: 아침에 늦게 일어나서 늦었어요.
- 가: 왜 이렇게 방이 깨끗해요?

  나: 어제 청소를 해서 방이 깨끗해요.
- 가: 어디가 아프세요?

  나: 어제 밤부터 배가 너무 아파서 잠을 못 잤어요.

05 A/V-(으)니까   출제가능성 ★☆☆

1. 기본 이해

- 초급 중반에 학습하는 연결 어미
- 용언이나 '이다'의 어간 또는 선어말 어미 '-(으)시-, -았/었-' 뒤에 붙어서 쓰임
- 관련 주제: 쇼핑, 날씨, 미용실, 약속

2. 교안

단계	교수-학습 활동	학습 자료	시간(분)	지도상의 유의점
설명 (제시)	① 의미제시 　학생들에게 다음과 같이 묻고 대답을 유도한 뒤, 교사가 '-(으)니까'를 사용해서 다시 한번 이야기해 줌으로써 목표 문법의 의미를 이해시킨다. T: 밖이 시끄러워요. 창문을 닫을까요? S: 네, 좋아요. T: 그래요. 시끄러우니까 창문을 닫읍시다. T: 아키코 씨, 오늘 점심을 같이 먹을까요? S: 죄송합니다. 오늘 점심에 약속이 있어요. T: 그래요? 그럼 오늘은 아키코 씨가 약속이 있으니까 다음에 같이 먹읍시다. 　교사의 제시 속에서 학생이 이해한 것을 바탕으로, '-(으)니까'가 앞 절이 뒤 절에 대한 이유나 원인이 됨을 나타내는 말이라는 것을 설명한다. ② 형태제시 　용언의 어간 뒤에 쓰인다는 것을 판서를 통해 보여 준다.		5~7분	▶ '-(으)니까'는 이유나 원인을 나타내는 '-아/어서'와 동일한 문장에서 쓰이기도 하지만, 의미 범주가 일치하지는 않아서 모든 문장에서 자유롭게 사용하게 하면 '-아/어서'와의 사이에서 선택을 해야 하는 때가 많다. 따라서 지금 단계에서는 '-(으)니까'만 쓰일 수 있는 '-(으)ㄹ까요?, -(으)ㅂ시다, -(으)세요' 문장 정도로 한정하여 제시한다.

	〈판서〉 만나다/오다/바쁘다/싸다 + -니까 읽다/듣다/많다/없다/덥다 + -으니까 • 비가 오니까 우산을 준비하세요. • 손님, 더우니까 머리를 짧게 자를까요?		
연습	① 기계적 연습 　㉠ 동사, 형용사 카드를 보고 목표 문법을 사용해 바꾼 뒤, 결과가 되는 뒤 문장을 연결해 말해 본다. 　㉡ 그림을 보고 그림 속의 상황을 원인 또는 결과로 하는 문장을 만들고 말해 본다.	동사, 형용사 카드 그림 카드	
	• 뚜이 씨는 책을 많이 읽으니까 책을 선물합시다. • 이 옷은 너무 비싸니까 사람들이 안 살 거예요.		
	② 유의적 연습 　㉠ 교사가 구체적인 상황을 제시하여 학생들이 목표 문법을 사용한 대답을 하도록 유도한다.	13~15분	▶ 연습 단계에서는 설명(제시) 단계에서 주었던 문장 외에 '-아/어서'로도 바꿔 쓸 수 있는 문장도 함께 연습하게 하고 그 쓰임을 설명한다.
	T: 오늘 저녁에 같이 불고기를 먹을까요? S: 저는 고기를 안 먹으니까 다른 음식을 먹어요. T: 이번 주말에 명동에 가려고 해요. 주말에는 아주 복잡하겠죠? S: 네, 주말에는 복잡하니까 조심하세요.		

ⓒ (학급 전체 활동) 모든 학생이 목표 문법을 사용해서 원인이나 이유가 되는 문장을 만들게 한다. 그리고 한 명씩 돌아가면서 그것을 말해 보고, 다른 학생들은 그 이유를 듣고 거기에 연결될 수 있는 결과를 다양하게 이야기해 본다.		

3. 더 활용 가능한 예문

- 길이 미끄러우니까 운전을 조심하세요.
- 날씨가 추우니까 옷을 많이 입으세요.
- 오늘은 시간이 없으니까 내일 만납시다.
- 잠을 많이 자니까 피곤하지 않아요.
- 그 사람은 한국 노래를 많이 들으니까 한국말을 잘할 거예요.
- 가: 내일 일찍 출발할까요?

  나: 네, 아침에 길이 막히니까 좀 일찍 출발합시다.
- 가: 손님, 이 치마는 어때요?

  나: 저는 치마를 자주 안 입으니까 바지로 보여 주세요.
- 가: 저는 머리가 아프니까 그냥 집에서 쉬겠어요.

  나: 알겠어요. 그럼 다음에 같이 가요.

06　A/V-(으)면　　　　　　　　　　출제가능성 ★★★

1. 기본 이해

- 초급 중반에 학습하는 연결 어미
- 용언이나 '이다'의 어간 또는 선어말 어미 '-(으)시-, -았/었-, -겠-' 뒤에 붙어서 쓰임
- 관련 주제: 한국 생활, 계획, 길 찾기

2. 교안

단계	교수-학습 활동	학습 자료	시간(분)	지도상의 유의점
설명 (제시)	① 의미제시 학생들에게 다음과 같이 물은 뒤, 교사가 '-(으)면'을 사용해서 대답해 줌으로써 목표 문법의 의미를 이해시킨다. T: ___ 씨는 부모님이 보고 싶어요. 어떻게 해요? S: 저는 부모님께 전화를 해요. T: 네, 부모님이 보고 싶으면 전화를 해요. T: ___ 씨는 배가 고프지만 밥이 없어요. 어떻게 해요? S: 저는 라면을 먹어요. T: 네, 밥이 없으면 라면을 먹어요. 위의 대화를 통해 학생이 이해한 것을 바탕으로, '-(으)면'이 앞 절의 사실을 뒤 절의 조건이나 가정으로 삼는다는 뜻을 나타낸다는 것을 설명한다. ② 형태제시 용언의 어간 뒤에 쓰인다는 것을 판서를 통해 보여 준다.		5~7분	▶ 일상적으로 겪고 있는 상황과 아직 경험해 보지 않은 상황을 골고루 제시하여 학생들이 조건과 가정의 쓰임을 모두 이해할 수 있도록 한다.

	⟨판서⟩ 끝나다/살다/크다/예쁘다 + -면 먹다/찾다/많다/좋다 + -으면 • 수업이 끝나면 점심을 먹어요. • 좋은 방을 찾으면 이사할 거예요.			
연습	① 기계적 연습 　㉠ 동사, 형용사 카드를 보고 목표 문법을 사용해 바꾼 뒤, 뒤 문장을 연결해 말해 본다. 　㉡ 조건이나 가정의 사실이 되는 상황과 그 뒤에 이어질 상황이 함께 담긴 그림 카드를 보고, 목표 문법을 사용해 문장을 만들어 말해 본다.	동사, 형용사 카드 그림 카드	13~15분	▶ '-(으)면'이 가정의 사실을 나타낼 때에는 뒤 절이 미래 시제나 추측을 나타내는 종결 어미 또는 문형으로 끝나는 경우가 많다는 것을 설명한다.
	• 그 식당의 음식이 맛있으면 다시 가요. • 부모님이 한국에 오시면 함께 여행을 하려고 합니다.			
	② 유의적 연습 　㉠ 교사가 구체적인 상황을 제시하여 학생들이 목표 문법을 사용한 대답을 하도록 유도한다.			
	T: ___씨는 노래방에 자주 가요? S: 네, 친구들을 만나면 보통 노래방에 가요. T: ___씨는 이번 방학에 뭘 할 거예요? S: 시간이 있으면 고향에 다녀오려고 해요.			
	㉡ (짝 활동) 두 사람씩 짝을 이루어 한국 생활 또는 방학이나 한국어 공부가 끝난 뒤의 계획 등과 관련해서, 목표 문법을 사용해 상대에게 궁금한 것을 묻고 대답해 본다.			

3. 더 활용 가능한 예문

- 밖이 시끄러우면 창문을 닫으세요.
- 비가 많이 오면 등산을 안 갈 거예요.
- 아침에 교실이 깨끗하면 학생들의 기분이 좋아요.
- 저는 저녁에 커피를 마시면 잠을 잘 못 잡니다.
- 그 사람하고 이야기하면 시간이 정말 빨리 가요.
- 가: 학교 근처에 극장이 어디에 있습니까?

  나: 학교 정문에서 오른쪽으로 가면 극장이 있습니다.
- 가: 이번 주말에 뭐 할 거예요?

  나: 날씨가 좋으면 한강에 가서 자전거를 탈 거예요.
- 가: 마크 씨, 아르바이트를 시작했어요? 안 힘들어요?

  나: 네, 많이 힘들면 한 달만 하려고 해요.

07　V-기 전(에)

1. 기본 이해

- 초급 중반에 학습하는 문형
- 동사의 어간이나 선어말 어미 '-(으)시-' 뒤에 붙어서 쓰임
- 관련 주제: 일과, 여행, 교통, 약국

2. 교안

단계	교수-학습 활동	학습 자료	시간(분)	지도상의 유의점
설명 (제시)	① 의미제시 　학생들에게 다음과 같이 묻고 대답을 유도한 뒤, 교사가 '-기 전(에)'를 사용해서 다시 한번 이야기해 줌으로써 목표 문법의 의미를 이해시킨다. T: 여행을 가려면 뭘 준비해야 해요? S: 여권을 준비하고 환전도 해야 해요. T: 네, 여행을 가기 전에 여권을 준비하고 환전도 해야 해요. T: ＿＿＿ 씨는 버스를 오랫동안 타야 하면 어떻게 해요? S: 저는 먼저 화장실에 가요. T: 네, 버스를 타기 전에 화장실에 가는군요. 위의 대화를 통해 학생이 이해한 것을 바탕으로, '-기 전(에)'가 그 동작 전에 뒤 절의 행위를 하는 것을 의미함을 설명한다. ② 형태제시 　동사의 어간 뒤에 쓰인다는 것을 판서를 통해 보여 준다.		5~7분	▶ '-기'가 동사를 명사로 만들어 주는 것임을 설명하고, 결국 '전(에)' 앞에는 명사가 온다는 것을 가르친다.

	〈판서〉 가다/보다/자다/공부하다 먹다/눕다/닫다/입다 + -기 전(에) • 자기 전에 이를 닦습니다. • 약국이 문을 닫기 전에 약을 사야 해요.			

연습	① 기계적 연습
	  ㉠ 동사 카드를 보고 목표 문법을 사용해 바꾼 뒤, 뒤 문장을 연결해 말해 본다.
	  ㉡ 제시된 그림 중 선행 동작이 될 수 있는 그림과 그 뒤에 이어질 수 있는 동작이 그려진 그림을 각각 한 장씩 골라, 목표 문법을 사용해 문장을 만들어 말해 본다.
	• 밥을 먹기 전에 이 약을 드세요.
	• 출발하기 전에 비행기표를 찾아야 해요.
	② 유의적 연습
	  ㉠ 교사가 구체적인 상황을 제시하여 학생들이 목표 문법을 사용한 대답을 하도록 유도한다.
	T: 학교에 오기 전에 뭘 해요?
	S: 학교에 오기 전에 아침을 먹어요.
	T: 아침을 먹기 전에 뭘 해요?
	S: 아침을 먹기 전에 세수해요.
	T: ___ 씨는 옷을 입고 화장을 해요?
	S: 아니요, 저는 옷을 입기 전에 화장을 해요.
	  ㉡ (짝 활동) 두 사람씩 짝을 이루어 함께 가고 싶은 여행에 대해 이야기해 본 뒤 계획표를 작성하게 하고, 한 팀씩 목표 문법을 사용해 여행 준비 과정과 계획에 대해 말해 본다.
		동사
		카드
		
		그림
		카드
		
		여행
		계획표
			13~15분	▶ 그림을 이용해 연습할 때 한 가지 선행 동작에 대해서 가능한 여러 후행 동작들을 연결해 보게 하여, 학생들이 다양한 문장을 연습해 볼 수 있다.

3. 더 활용 가능한 예문

- 수업 시작하기 전에 사무실로 오세요.
- 수영을 하기 전에 준비 운동을 해야 합니다.
- 청소하기 전에 창문을 엽시다.
- 저는 밥을 먹기 전에 물을 마십니다.
- 옷을 벗기 전에 양말부터 벗어요.
- 가: 비행기표를 예약했어요?

  나: 아니요, 비행기표를 예약하기 전에 여행사에 한번 가 보려고 해요.
- 가: 그 컴퓨터는 어디에서 샀어요?

  나: 한국에 오기 전에 중국에서 샀어요.
- 가: 아키코 씨, 침대에 눕기 전에 불을 좀 꺼 주세요.

  나: 네, 알겠어요.

08 V-아/어야 하다/되다   출제가능성 ★★☆

1. 기본 이해

- 초급 중반에 학습하는 문형
- 동사의 어간 뒤에 붙어 '하다' 또는 '되다'의 앞에 결합하여 쓰임
- 관련 주제: 교통, 시험

2. 교안

단계	교수-학습 활동	학습 자료	시간(분)	지도상의 유의점
설명 (제시)	① 의미제시 　학생들에게 다음과 같이 묻고 대답을 유도한 뒤, 교사가 '-아/어야 하다/되다'를 사용해서 다시 한번 이야기해 줌으로써 목표 문법의 의미를 이해시킨다. T: 시청에 가려고 해요. 지하철 몇 호선을 타요? S: 2호선을 타요. T: 어디에서 내려요? S: 시청역에서 내려요. T: 그래요. 시청에 가려면 지하철 2호선을 타야 해요. 그리고 시청역에서 내려야 해요. T: ___ 씨가 감기에 걸려서 머리가 많이 아파요. 어떻게 해요? S: ① 병원에 가야 해요. 　② 약을 먹어야 해요. T: ① 네, ___ 씨는 병원에 가야 해요. 　② 네, ___ 씨는 약을 먹어야 해요. 위의 예문을 통해 학생이 이해한 것을 바탕으로 '-아/어야 하다/되다'가 어떤 행동의 당위성, 즉 마땅히 그래야 함을 나타낸다는 것을 설명한다.		5~7분	▶ '하다'와 '되다'를 동시에 제시하는 경우, 한 대화에서 함께 사용하는 것보다는 '되다'가 '하다'에 비해 더 구어적 표현임을 설명해 주고 둘 중 하나를 선택하여 일관되게 사용하도록 지도한다.

	② 형태제시 　동사 뒤에 사용된다는 것을 설명하고, 끝음절의 모음이 'ㅏ, ㅗ'인 어간 뒤에는 '-아야'가, '하-' 뒤에는 '-여야'가, 그 밖의 경우에는 '-어야'가 결합된다는 것을 판서를 통해 보여 준다. 〈판서〉 사다/받다/오다/놓다 + -아야 하다/되다 쉬다/읽다/배우다/듣다 + -어야 하다/되다 하다/공부하다/일하다 → -해야 하다/되다 • 수술을 꼭 받아야 합니다. • 사람은 끊임없이 배워야 합니다. • 내일은 아침 일찍 출발해야 해.		▶ '하다/되다'를 과거형인 '했다/됐다'로 쓸 경우, 현재 또는 미래에 해야 할 '의무'보다는 어쩔 수 없이 처하게 된 그 상황 자체에 초점이 맞춰지게 되므로 학생들로 하여금 '하다/되다'를 현재형으로 쓸 수 있게 가르친다.
연습	① 기계적 연습 　㉠ 상황을 나타내는 그림 카드나 사진을 보고 목표 문법을 사용해 말해 본다. 　㉡ ㉠에서 만든 말 앞에 그 이유나 조건을 연결하여 어떤 상황에서 의무적으로 해야 하는 행동을 나타내는 문장을 쓰고 말해 본다. • 시험이 있어서 공부해야 해요. • 공항에 가려면 지하철 5호선을 타야 해요. ② 유의적 연습 　㉠ 지하철 노선도를 제시하고 교사의 질문에 학생들이 목표 문법을 사용한 대답을 하도록 유도한다. T: 여기에서 명동까지 어떻게 가야 해요? S: 신촌역에서 지하철 2호선을 타세요. 그리고 동대문역사문화공원역에서 4호선으로 갈아타야 해요.	그림 카드, 사진 자료 13~15분 지하철 노선도	▶ 전체 학급을 대상으로 연습을 한 뒤, 소그룹 활동 시간을 이용하여 개별 학생을 대상으로 이해도를 확인한다.

	ⓒ (2~3인 소그룹 활동) 그룹원끼리 서로의 집까지 어떻게 가는지 묻고 대답을 들은 뒤 말해 본다.		

3. 더 활용 가능한 예문

- 책을 많이 읽어야 합니다.
- 주말에는 친구하고 영화를 봐야 해요.
- 비가 오니까 우산을 준비해야 해요.
- 교실에서는 한국어로 이야기해야 합니다.
- 날씨가 추우면 옷을 많이 입어야 해요.
- 가: 여의도까지 어떻게 가요?
  나: 여의도에 가려면 여기에서 버스를 타야 해요.
- 가: 시험을 잘 보려면 어떻게 해야 해요?
  나: 시험을 잘 보려면 수업을 열심히 들어야 합니다.
- 가: 주말에도 만나서 같이 공부할까요?
  나: 미안해요. 주말에는 피곤해서 좀 쉬어야 해요.

09 A/V-지요?

출제가능성 ★★☆

1. 기본 이해

- 초급 중반에 학습하는 종결 어미
- 용언이나 '이다'의 어간 또는 선어말 어미 '-(으)시-, -았/었-, -겠-'의 뒤에 붙어서 쓰임
- 관련 주제: 날씨, 시간과 날짜, 약속

2. 교안

단계	교수-학습 활동	학습 자료	시간(분)	지도상의 유의점
설명 (제시)	① 의미제시 　학생들에게 다음과 같이 묻고 대답을 유도한 뒤, 학생들로 하여금 목표 문법인 '-지요?'의 쓰임을 이해시킨다. T: ___씨, 지금 호주는 더워요? S: 네, 더워요. T: ___씨, 뉴스에서 봤어요. 지금 러시아는 아주 춥지요? S: 네, 너무 추워요. T: 여러분, 우리는 토요일에 수업이 없지요? S: 네, 없어요. T: ___씨, 미국의 학교도 토요일에 수업이 없어요? S: 네, 미국의 학교도 토요일에는 수업이 없어요. 　위의 대화를 통해 학생이 이해한 것을 바탕으로, '-지요?'가 화자가 이미 알고 있는 사실을 청자에게 다시 확인할 의도로 물을 때 사용된다는 것을 설명한다. ② 형태제시 　용언 뒤에 사용되며, 체언 뒤에는 '(이)지요?'가 붙는다는 것을 판서를 통해 보여 준다.		5~7분	▶ 연결되는 대화에서 '-지요?'와 '-아/어요?'를 교대로 사용해서 학생들에게 두 질문의 차이를 이해시키고, '-지요?'에 대한 대답으로 '-지요'를 사용하지 않는다는 것을 설명한다.

	〈판서〉 가다/쉬다/배우다/먹다 크다/예쁘다/많다/좋다 + -지요? 중국사람/친구/회사원 + (이)지요? • 어제 비가 정말 많이 왔지요? • 프엉은 베트남 사람이지요?			▶ 종결 어미 '-지요?'의 의미와 쓰임이 다양한 만큼 학생들이 배우는 범위와 수준에서 벗어나지 않도록 예문을 잘 선별한다.

연습	① 기계적 연습
	  ㉠ 여러 가지 날씨를 나타내는 사진을 보고 목표 문법을 사용해 말해 본다.
	  ㉡ ㉠에서 말한 날씨들을 다시 이유로 하여 목표 문법을 사용한 문장을 만들어 본다.
	• 날씨가 더워서 물을 많이 마시지요?
		날씨
		사진
		자료		

	② 유의적 연습
	  ㉠ 한국, 학교, 수업, 한국어, 선생님, 친구 등과 관련하여 학생들이 이미 들어 본 적이 있거나 알고 있는 정보를 가지고 다양한 문장을 학생들에게 제시하고 '-지요?'를 사용해 질문을 만들고 대답하도록 유도한다.
	T: 한국어 수업은 1시에 끝나지요?
	S: 네, 1시에 끝나요.
	
	T: __ 씨는 생일에 선물을 많이 받았지요?
	S: 아니요, 많이 못 받았어요.
	  ㉡ (2~3인 소그룹 활동) 그룹원끼리 서로의 나라와 문화, 생활 등에 대해 묻고, 가지고 있는 정보를 확인하고, 그것을 정리해서 발표해 본다.
		다양한
		정보가
		담긴
		카드
			13~15분	▶ 학생들에게 서로 겹치지 않도록 정보를 주어, 다른 학생의 문장을 모방해서 말하기보다는 각자 주어진 정보로 다양한 문장을 말하도록 유도한다.

09 A/V-지요?

출제가능성 ★★☆

1. 기본 이해

- 초급 중반에 학습하는 종결 어미
- 용언이나 '이다'의 어간 또는 선어말 어미 '-(으)시-, -았/었-, -겠-'의 뒤에 붙어서 쓰임
- 관련 주제: 날씨, 시간과 날짜, 약속

2. 교안

단계	교수-학습 활동	학습 자료	시간(분)	지도상의 유의점

설명
(제시)
	① 의미제시
	  학생들에게 다음과 같이 묻고 대답을 유도한 뒤, 학생들로 하여금 목표 문법인 '-지요?'의 쓰임을 이해시킨다.
	
	T: ___씨, 지금 호주는 더워요?
	S: 네, 더워요.
	T: ___씨, 뉴스에서 봤어요. 지금 러시아는 아주 춥지요?
	S: 네, 너무 추워요.
	
	T: 여러분, 우리는 토요일에 수업이 없지요?
	S: 네, 없어요.
	T: ___씨, 미국의 학교도 토요일에 수업이 없어요?
	S: 네, 미국의 학교도 토요일에는 수업이 없어요.
	
	  위의 대화를 통해 학생이 이해한 것을 바탕으로, '-지요?'가 화자가 이미 알고 있는 사실을 청자에게 다시 확인할 의도로 물을 때 사용된다는 것을 설명한다.
	② 형태제시
	  용언 뒤에 사용되며, 체언 뒤에는 '(이)지요?'가 붙는다는 것을 판서를 통해 보여 준다.
			5~7분	▶ 연결되는 대화에서 '-지요?'와 '-아/어요?'를 교대로 사용해서 학생들에게 두 질문의 차이를 이해시키고, '-지요?'에 대한 대답으로 '-지요'를 사용하지 않는다는 것을 설명한다.

	〈판서〉 가다/쉬다/배우다/먹다 크다/예쁘다/많다/좋다 + -지요? 중국사람/친구/회사원 + (이)지요? • 어제 비가 정말 많이 왔지요? • 프엉은 베트남 사람이지요?		▶ 종결 어미 '-지요?'의 의미와 쓰임이 다양한 만큼 학생들이 배우는 범위와 수준에서 벗어나지 않도록 예문을 잘 선별한다.
연습	① 기계적 연습 　㉠ 여러 가지 날씨를 나타내는 사진을 보고 목표 문법을 사용해 말해 본다. 　㉡ ㉠에서 말한 날씨들을 다시 이유로 하여 목표 문법을 사용한 문장을 만들어 본다. • 날씨가 더워서 물을 많이 마시지요? ② 유의적 연습 　㉠ 한국, 학교, 수업, 한국어, 선생님, 친구 등과 관련하여 학생들이 이미 들어 본 적이 있거나 알고 있는 정보를 가지고 다양한 문장을 학생들에게 제시하고 '-지요?'를 사용해 질문을 만들고 대답하도록 유도한다. T: 한국어 수업은 1시에 끝나지요? S: 네, 1시에 끝나요. T: ___씨는 생일에 선물을 많이 받았지요? S: 아니요, 많이 못 받았어요. 　㉡ (2~3인 소그룹 활동) 그룹원끼리 서로의 나라와 문화, 생활 등에 대해 묻고, 가지고 있는 정보를 확인하고, 그것을 정리해서 발표해 본다.	날씨 사진 자료 다양한 정보가 담긴 카드 13~15분	▶ 학생들에게 서로 겹치지 않도록 정보를 주어, 다른 학생의 문장을 모방해서 말하기보다는 각자 주어진 정보로 다양한 문장을 말하도록 유도한다.

3. 더 활용 가능한 예문

- 한국어가 좀 어렵지요?
- 한국 음식이 맵지요?
- 한국 노래를 많이 듣지요?
- 학교 근처에 살지요?
- 일요일에도 집에서 한국어를 공부하지요?
- 가: 겨울에 도쿄가 한국보다 따뜻하지요?

  나: 네, 한국보다 도쿄가 따뜻해요.
- 가: 한국 생활이 좀 외롭지요?

  나: 네, 가끔 외로워요.
- 가: 여름에는 수영장에 자주 가지요?

  나: 아니요, 자주 가지 못해요.

10 A/V-(으)ㄹ까요?

출제가능성 ★★☆

1. 기본 이해

- 초급 중반에 학습하는 종결 어미
- 용언이나 '이다'의 어간 또는 선어말 어미 '-(으)시-' 뒤에 붙어서 쓰임
- 관련 주제: 계절과 날씨, 여행

2. 교안

단계	교수-학습 활동	학습 자료	시간(분)	지도상의 유의점
설명 (제시)	① 의미제시 　학생들에게 목표 문법을 사용해서 묻고 대답을 유도하여 '-(으)ㄹ까요?'의 의미를 이해시킨다. T: 오늘은 좀 추워요(더워요/따뜻해요/시원해요). 내일도 추울까요? S: ① 네, 내일도 추워요. 　② 아니요, 내일은 안 추워요. T: ① 그래요. 잘 모르지만 아마 내일도 추울 거예요. 　② 그래요. 잘 모르지만 아마 내일은 안 추울 거예요. T: 아키코 씨, 일본은 요즘 날씨가 어때요? S: 일본은 요즘 아주 따뜻해요. T: 그럼, 호주도 따뜻할까요? S: 아니요, 아마 호주는 따뜻하지 않을 거예요. 　위의 대화를 통해 학생이 이해한 것을 바탕으로, '-(으)ㄹ까요?'가 어떤 상태나 행동 또는 상황에 대한 추측을 나타낸다는 것을 설명한다. ② 형태제시 　용언이나 '이다'의 어간 뒤에 사용된다는 것을 판서를 통해 보여 준다.		5~7분	▶ 초급 전반에 학습하는 청유의 '-(으)ㄹ까요?'와는 그 의미와 쓰임이 다르다는 것을 설명하고, 대답에서 짝을 이루는 문법으로 '-(으)ㄹ 거예요'가 사용된다는 것도 함께 제시한다.

	⟨판서⟩ 싸다/바쁘다/오다/주다 + -ㄹ까요? 많다/찍다/먹다/입다 + -을까요? • 택배가 다음 주에 올까요? • 내일 도서관에 사람이 많을까요?			
연습	① 기계적 연습 　㉠ 단어 카드를 이용하여 목표 문법을 사용해 말해 본다. 　㉡ 여러 가지 날씨를 나타내는 그림을 보고 다른 사람에게 목표 문법을 사용해서 질문을 하고, 다른 사람의 질문에 대답해 본다. T: 이번 주에 비가 올까요? S: 네, 이번 주에 비가 올 거예요. ② 유의적 연습 　㉠ 교사가 학생들로 하여금 자기 나라를 제외한 다른 나라의 모습이나 상황에 대해 추측해 보는 질문을 만들어 교사에게 말해 본다. S: 선생님, 프랑스에서도 김치를 먹을까요? T: 아니요, 아마 프랑스에서는 김치를 안 먹을 거예요. S: 선생님, 저는 러시아를 여행하고 싶어요. 비행기표가 비쌀까요? T: 네, 좀 비쌀 거예요. 　㉡ (2~3인 소그룹 활동) 그룹원이 함께 여행하고 싶은 곳(나라)을 정한 후에 그곳의 날씨와 음식, 여행에 필요한 준비 등에 대해 목표 문법을 사용해 묻고 대답하며 여행 계획서를 작성해 본다.	단어 카드 날씨를 나타내는 그림 카드 여행 계획서 샘플	13~15분	▶ 전체 학생을 대상으로 연습을 한 후 개별 학생을 대상으로 확인한다. ▶ 소그룹 활동에서 학생들이 보다 효율적으로 활동을 진행할 수 있도록 일정한 형식이 주어진 여행 계획서를 함께 제시한다.

3. 더 활용 가능한 예문

- 이번 겨울에 눈이 많이 올까요?
- 여자 친구가 이 선물을 좋아할까요?
- 편의점에서 과일을 팔까요?
- 2급 공부가 어려울까요?
- 그 영화가 재미있을까요?
- 가: 공항까지 버스로 가면 시간이 얼마나 걸릴까요?
  나: 아마 1시간 반쯤 걸릴 거예요.
- 가: 선생님은 오후에도 바쁘실까요?
  나: 네, 오후에도 바쁘실 거예요.
- 가: 광화문에서 인사동까지 걸어가면 좀 멀까요?
  나: 아니요, 별로 멀지 않을 거예요.

11 V-(으)ㄹ게요

출제가능성 ★★☆

1. 기본 이해

- 초급 중반에 학습하는 종결 어미
- 동사의 어간 뒤에서 쓰이며, 1인칭 주어만 올 수 있음
- 관련 주제: 수업, 시험, 건강, 주말 활동

2. 교안

단계	교수-학습 활동	학습 자료	시간(분)	지도상의 유의점
설명 (제시)	① 의미제시 　학생들에게 다음과 같이 묻고 대답을 유도한 뒤, 교사가 '-(으)ㄹ게요'를 사용해서 다시 한번 이야기해 줌으로써 목표 문법의 의미를 이해시킨다. T: ___ 씨, 한국어 공부가 어려워요? S: 네, 좀 어려워요. T: 제가 도와줄게요. 너무 걱정하지 마세요. T: ___ 씨, 금요일 저녁에 같이 영화를 볼까요? S: 네, 좋아요. T: 그럼 제가 영화표를 살게요. ___ 씨는 저녁을 사세요. S: 네, 제가 저녁을 살게요. 　위의 대화를 통해 제시한 것을 바탕으로, '-(으)ㄹ게요'가 미래의 어떤 일에 대한 의지나 약속을 나타낸다는 것을 설명한다. ② 형태제시 　동사 어간 뒤에 사용된다는 것을 판서를 통해 보여 준다.		5~7분	▶ 편지나 이메일, 문자 메시지 등의 매체를 제외하고는 주로 구어체에서 쓰이는 종결 어미임을 설명한다.

	〈판서〉 가다/기다리다/공부하다 + -ㄹ게요 듣다/읽다/놓다 + -을게요 • 주말에도 도서관에서 공부할게요. • 이번에는 제가 읽을게요.			
연습	① 기계적 연습 　㉠ 단어 카드를 이용하여 목표 문법을 사용해 말해 본다. 　㉡ ㉠에서 말한 것 중에 실제 자신의 의지나 약속과 관계있는 말을 골라 그 이유와 함께 다시 말해 본다. • 다음 주에 시험이 있으니까 수업을 열심히 들을게요.	단어 카드	13~15분	▶ 연습 단계를 통해 학생들이 문장의 의미에 따라 '-(으)ㄹ게요'의 주어로 '나는/내가, 저는/제가, 우리는/우리가' 중에 가장 적절한 것을 선택하여 문장에 사용할 수 있도록 지도한다.
	② 유의적 연습 　㉠ 교사가 개별 학생을 대상으로 하는 상황을 제시하여 각각의 학생이 목표 문법을 사용한 대답을 해 보도록 유도한다. T: ___ 씨, 내일부터는 수업에 늦지 마세요. S: 네, 내일부터 일찍 올게요. T: ___ 씨, 지난주에 경복궁에 가서 어떤 사진을 찍었어요? S: 제가 선생님께 사진을 보낼게요.			
	㉡ (개별 활동) 공부나 건강, 일 등 한국 생활에서 자신의 의지를 다지거나 자기 자신 또는 타인에게 약속해야 할 것들을 정리하여 목표 문법을 사용해 말해 본다.			

3. 더 활용 가능한 예문

- 여기부터는 제가 운전할게요.
- 이따가 다시 전화할게요.
- 저는 여기에서 기다릴게요.
- 내일부터 아침을 꼭 먹을게요.
- 우리가 함께 그 친구를 도울게요.
- 가: 라이 씨, 이번 시험 점수가 안 좋아요.
  나: 네, 이제부터 열심히 공부할게요.
- 가: 어떻게 하지요? 지갑을 집에 놓고 왔어요.
  나: 걱정하지 마세요. 제가 돈을 빌려줄게요.
- 가: 사라 씨도 같이 공연을 보러 갑시다.
  나: 미안해요. 저는 오늘 좀 피곤해서 집에서 쉴게요.

12　V-고 있다　　　　　　　　　　　　　　출제가능성 ★★☆

1. 기본 이해
- 초급 중반에 학습하는 보조 용언
- 동사의 어간 뒤에 붙어서 쓰이며, 높임말로는 '-고 계시다'를 사용함
- 관련 주제: 전공, 일, 안부(전화, 편지)

2. 교안

단계	교수-학습 활동	학습 자료	시간(분)	지도상의 유의점
설명 (제시)	① 의미제시 　학생들에게 다음과 같이 묻고 대답을 유도한 뒤, 교사가 '-고 있다'를 사용해서 다시 한번 이야기해 줌으로써 목표 문법의 의미를 이해시킨다. T: ___씨, 지금 어디에 살아요? S: 학교 근처에 살아요. T: 학교 근처에서 살고 있어요? 그럼 학교까지 걸어(서) 와요? S: 네, 걸어(서) 와요. T: ___씨, 요즘 아르바이트를 해요? S: 네, 해요. T: 무슨 아르바이트를 하고 있어요? S: 편의점에서 일하고 있어요. 위의 대화를 통해 학생이 이해한 것을 바탕으로, '-고 있다'가 어떤 행동이나 상황이 계속 진행되고 있음을 나타낸다는 것을 설명한다. ② 형태제시 　동사의 어간 뒤에 쓰인다는 것을 판서를 통해 보여 준다.		5~7분	▶ '-고 있다'의 용법이 '결과의 지속'으로 확장되지 않도록 '치마를 입고 있다, 모자를 쓰고 있다'와 같은 예문은 제시하지 않는다.

	〈판서〉 보다/쓰다/먹다 다니다/지내다/가지다 + –고 있다 • 지금 이메일을 쓰고 있습니다. • 한국에서 잘 지내고 있어요.			
연습	① 기계적 연습 　㉠ 단어 카드를 이용하여 목표 문법을 사용해 말해 본다. 　㉡ 사무실에 있는 사람들이 여러 가지 동작이나 상태를 취하고 있는 그림을 보고, 그 동작이나 상태를 목표 문법을 사용해 묘사해 본다. • 마크 씨는 인터넷을 보고 있어요. • 리엔 씨는 전화를 하고 있어요. ② 유의적 연습 　㉠ 교사가 구체적인 상황을 제시하여 학생들이 목표 문법을 사용한 대답을 하도록 유도한다. T: 사라 씨, 아키코 씨는 지금 뭘 하고 있어요? S: 아키코 씨는 사전을 찾고 있어요. T: ___ 씨는 형제가 있어요? S: 네, 남동생이 한 명 있어요. T: ___ 씨의 동생도 학생이에요? S: ① 네, 고등학교에 다니고 있어요. 　② 아니요, 회사에 다니고 있어요. 　㉡ (짝 활동) 두 명씩 한 팀을 이루어, 한 명이 몸으로 동작을 표현하면 다른 한 명이 뭘 하고 있는 건지 목표 문법을 사용해 말해 본다.	단어 카드 사무실 그림 카드	13~15분	▶ 연습 단계에서는 학생들이 만드는 문장에 따라 과거형이 필요할 경우 '–고 있었다'를, 높임말이 필요할 경우 '–고 계시다'를 적절하게 제시한다.

3. 더 활용 가능한 예문

- 라이 씨는 교실에서 음악을 듣고 있어요.
- 지연 씨는 친구하고 저녁을 먹고 있습니다.
- 아이가 자고 있으니까 조용히 하세요.
- 저는 요즘 한국어를 배우고 있어요.
- 아버지는 은행에서 일하고 계십니다.
- 가: 마크 씨는 어디에 갔어요?
  나: 마크 씨는 지금 사무실에서 선생님하고 이야기하고 있어요.
- 가: 뚜이 씨는 밖에서 뭘 해요?
  나: 부모님하고 전화하고 있어요.
- 가: 제가 남자 친구를 소개해 줄까요?
  나: 아니요, 요즘 한국 남자 친구를 만나고 있어요.

13 V-(으)ㄹ 줄 알다/모르다

1. 기본 이해

- 초급 중반에 학습하는 문형
- 동사의 어간 또는 선어말 어미 '-(으)시-' 뒤에 붙어서 쓰임
- 관련 주제: 능력, 취미, 입사 면접

2. 교안

단계	교수-학습 활동	학습 자료	시간(분)	지도상의 유의점
설명 (제시)	① 의미제시 　학생들에게 목표 문법을 사용해서 묻고 대답을 유도하여 '-(으)ㄹ 줄 알다/모르다'의 의미를 이해시킨다. T: 휴대 전화로 어떻게 사진을 보내요? T: ___ 씨는 휴대 전화로 사진을 보낼 줄 알아요? S: 네, 알아요. T: ___ 씨는 한자를 쓸 줄 알아요? S: 아니요, 한자를 쓸 줄 몰라요. T: 그럼 제가 가르쳐 줄게요. 저는 한자를 쓸 줄 알아요. 　위의 대화를 통해 학생이 이해한 것을 바탕으로, '-(으)ㄹ 줄 알다/모르다'가 어떤 일에 대한 능력의 유무를 나타낸다는 것을 설명한다. ② 형태제시 　동사의 어간 뒤에 쓰인다는 것을 판서를 통해 보여 준다.		5~7분	▶ 그것을 할 만한 능력이 없거나 방법을 모른다는 것을 나타내는 '-(으)ㄹ 줄 모르다'의 경우, 실제 대화에서는 '못 V'로 대체되는 일이 많다는 것을 가르쳐 준다.

	⟨판서⟩ 치다/운전하다 + -ㄹ 줄 알다/모르다 읽다/찍다/입다 + -을 줄 알다/모르다 • 저는 기타를 칠 줄 알아요. • 저는 한복을 입을 줄 몰라요.		
연습	① 기계적 연습 　㉠ 동사 카드를 보고 목표 문법을 사용하여 말해 본다. 　㉡ O표 또는 ×표가 표시된 여러 가지 그림을 보고 목표 문법을 사용하여 질문과 대답을 해 본다. T: 운전을 할 줄 알아요? S: 아니요, 저는 운전을 할 줄 몰라요. ② 유의적 연습 　㉠ 교사가 학생들의 개별적인 상황에 맞게 질문하고, 학생들이 '-(으)ㄹ 줄 알다/모르다'를 사용하여 대답을 하도록 유도한다. T: ___ 씨는 요리를 좋아하지요? 한국 음식도 만들 줄 알아요? S: 네, 만들 줄 알아요. T: 잘 만들어요? S: 아니요, 만들 줄 알지만 잘 만들지 못해요. T: ___ 씨는 외국어에 관심이 많지요? 중국어도 할 줄 알아요? S: 아니요, 중국어는 할 줄 몰라요. T: 그럼, 일본어는 할 줄 알아요? S: 네, 조금 할 줄 알아요.	동사 카드 O표, ×표가 표시된 그림 카드 13~15분	▶ 전체 학생을 대상으로 연습을 한 후 개별 학생을 대상으로 확인한다.

| | ⓒ (2~3인 소그룹 활동) 그룹원끼리 서로 할 줄 아는 것과 모르는 것에 대해 묻고, 다 묻고 나면 그룹원 중에 제일 능력이 많은 사람을 뽑도록 한다. | | |

3. 더 활용 가능한 예문

- 저는 스마트폰을 사용할 줄 알아요.
- 우리 부모님은 한국어를 할 줄 모르십니다.
- 민기 씨는 탁구를 칠 줄 알아요.
- 학생들은 교실의 에어컨을 켤 줄 몰라요.
- 리밍 씨는 러시아어를 읽을 줄 알아요.
- 가: 컴퓨터를 고칠 줄 압니까?

  나: 네, 고칠 줄 압니다.
- 가: 은행에서 돈을 찾을 줄 몰라서 친구한테 부탁했어요.

  나: 저도 한국에 처음 왔을 때는 그랬어요.
- 가: 다림질을 잘 못 해서 걱정이에요.

  나: 다림질을 할 줄 모르면 그냥 세탁소에 맡기세요.

14 A/V-(으)ㄴ/ㄹ/는 것 같다

출제가능성 ★★☆

1. 기본 이해

- 초급 중반에 학습하는 문형
- 용언의 어간 또는 선어말 어미 '-(으)시-' 뒤에 붙어서 쓰임. 선행 동작이 이루어지는 시점이나 상태에 대한 추측 정도에 따라 '-(으)ㄴ/ㄹ/는'을 선택해서 사용함
- 관련 주제: 계획, 쇼핑, 날씨

2. 교안

단계	교수-학습 활동	학습 자료	시간(분)	지도상의 유의점
설명 (제시)	① 의미제시 　학생들에게 다음과 같이 묻고 대답을 유도한 뒤, 교사가 '-(으)ㄴ/ㄹ/는 것 같다'를 사용해서 다시 한번 이야기해 줌으로써 목표 문법의 의미를 이해시킨다. T: 라이 씨, 제가 사라 씨한테 티셔츠를 선물하고 싶은데요. 어떤 색이 좋을까요? S: 글쎄요. 잘 모르지만 아마 사라 씨는 파란색을 좋아해요. T: 네, 사라 씨가 파란 색을 좋아하는 것 같아요. T: ___ 씨, 남대문 시장에 가 봤어요? S: 아니요, 안 가 봤어요. T: 남대문 시장은 물건 값이 쌀까요? S: 네, 쌀 것 같아요. 　위의 대화를 통해 학생이 이해한 것을 바탕으로, '-(으)ㄴ/ㄹ/는 것 같다'가 선행 동작이나 상태에 대한 추측이나 불확실한 단정을 나타낸다는 것을 설명한다. ② 형태제시 　용언의 어간 뒤에 쓰인다는 것을 판서를 통해 보여 준다.		5~7분	▶ 앞서 배운 추측의 '-(으)ㄹ까요?'를 사용해 질문하고 목표 문법을 사용해 대답하는 것을 제시함으로써, 학생들이 목표 문법의 의미를 이해하는 데 도움을 준다. 또한 '같다'는 현재형으로만 주어야 학생들이 시점을 선택하는 데 있어 혼란을 줄일 수 있다.

	〈판서〉 크다/깨끗하다/많다 + -(으)ㄴ 것 같다 + -(으)ㄹ 것 같다 싸우다/어울리다/받다 + -(으)ㄴ 것 같다 + -(으)ㄹ 것 같다 + -는 것 같다 • 국이 싱거운 것 같은데 소금을 더 넣을까요? • 비가 와야 날씨가 좀 시원해질 것 같습니다. • 청소하면서 책을 치운 것 같아. • 당장이라도 울 것 같은 표정이었습니다. • 리사 씨는 밝은 옷이 잘 어울리는 것 같아요.			
연습	① 기계적 연습 　㉠ '어제, 오늘, 내일, 지금, 이따가, 나중에' 등 시간을 나타내는 단어와 동사가 함께 적힌 카드와 형용사 카드를 보고 목표 문법을 사용한 문장을 말해 본다. • 어제 잠을 못 잔 것 같아요. • 내일 행사에 사람이 많을 것 같습니다. 　㉡ 사진을 보고 목표 문법을 사용해서 사진 속의 상황을 추측하는 문장을 말해 본다. • 방이 깨끗한 것 같아요. • 술을 많이 마신 것 같습니다. ② 유의적 연습 　㉠ 교사가 구체적인 상황을 제시하여 학생들이 목표 문법을 사용한 대답을 하도록 유도한다.	동사, 형용사 카드 다양한 상황이 담긴 사진 자료	13~15분	▶ 한 가지 사진에 대해 여러 학생들이 다양한 시각으로 추측해 보게 하면 연습을 하는 데 더욱 흥미를 줄 수 있다.

T: 뚜이 씨, 마크 씨한테 노란색 셔츠가 어울릴까요? S: 네, 잘 어울릴 것 같은데요. T: ___ 씨, 부산이 제주도보다 클까요? S: 아니요, 부산이 제주도보다 작을 것 같아요. ⓒ (3~4인 소그룹 활동) 그룹원끼리 돌아가며 다른 그룹원의 상황에 대해 추측하는 질문과 대답을 해 보고, 추측한 내용이 맞는지 당사자에게 확인해 본다.			

3. 더 활용 가능한 예문

- 리에코 씨는 집이 가까운 것 같아요.
- 이 가게가 다른 가게에 비해서 싼 것 같습니다.
- 사라 씨는 쇼핑을 좋아하는 것 같네요.
- 이번 겨울에도 눈이 많이 올 것 같아요.
- 창문 밖을 보니까 바람이 많이 부는 것 같습니다.
- 가: 오늘 한국 식당에 가려고 하는데 괜찮을까요?
  나: 네, 괜찮을 거예요. 학생들이 한국 음식을 잘 먹는 것 같아요.
- 가: 민기 씨가 많이 늦네요.
  나: 민기 씨는 늦잠을 자는 것 같아요.
- 가: 부모님 선물은 어디에서 살 거예요?
  나: 동대문 시장에 물건이 다양한 것 같아서 한번 가 보려고요.

15 V-기로 하다

출제가능성 ★★★

1. 기본 이해

- 초급 중반에 학습하는 문형
- 동사의 어간이나 선어말 어미 '-(으)시-' 뒤에 붙어서 쓰이며, '하다'는 '결심하다, 결정하다, 약속하다'로 대체되어 쓰일 수 있음
- 관련 주제: 한국 생활, 방학(휴가), 건강

2. 교안

단계	교수-학습 활동	학습 자료	시간(분)	지도상의 유의점
설명 (제시)	① 의미제시 학생들에게 다음과 같이 묻고 대답을 유도한 뒤, 교사가 '-기로 하다'를 사용해서 다시 한번 이야기해 줌으로써 목표 문법의 의미를 이해시킨다. T: ___ 씨는 운동을 좋아해요? S: ① 네, 좋아해요. 　② 아니요, 안 좋아해요. T: ① 저도 운동을 좋아하지만 요즘 시간이 없어서 자주 못 했어요. 그래서 다음 주부터는 매일 아침 운동을 하기로 했어요. 　② 저도 운동을 안 좋아하는데 요즘 살이 쪄서 걱정이에요. 그래서 다음 주부터는 매일 아침 운동을 하기로 했어요. 위의 예문을 통해 학생이 이해한 것을 바탕으로 '-기로 하다'가 어떤 일을 할 것을 결정, 결심하고 계획하거나 또는 약속했다는 의미를 나타낸다는 것을 설명한다.		5~7분	▶ 어떤 일을 할 것을 계획, 결심, 약속하는 시점이 말하는 시점보다 과거인 경우가 많으므로 '-기로 했다'로 사용하는 경우가 많다는 것을 설명한다.

	② 형태제시 　　동사 어간 뒤에 사용된다는 것을 설명하고, 다양한 예를 판서를 통해 보여 준다. 〈판서〉 돌아가다/결혼하다/이사하다/찾다/받다/씻다 + -기로 하다 • 다음 달에 이사하기로 했습니다. • 집에 들어오면 손부터 씻기로 했어요.			
연습	① 기계적 연습 　㉠ 단어 카드를 이용하여 목표 문법을 사용해 말해 본다. 　㉡ ㉠에서 만든 말에 그 이유나 목적을 연결하여 결심하거나 계획을 세우는 문장을 쓰고 말해 본다. • 한국 친구를 사귀기 위해 동아리에 가입하기로 했어요. ② 유의적 연습 　㉠ 교사가 구체적인 상황을 제시하여 학생들이 목표 문법을 사용한 대답을 하도록 유도한다. T: 한국에 오기 전에 계획하거나 결심한 게 뭐예요? S: 주말마다 여행을 하기로 했어요. T: 이번 방학에 뭘 할 거예요? S: 사라 씨하고 같이 한국 요리를 배우기로 했어요. 　㉡ (2~3인 소그룹 활동) 한국어 공부가 끝나면 뭘 할 건지, 계획하고 있는 것이나 약속한 것을 그룹원끼리 서로 묻고 대답해 본다.	단어 카드	13~15분	▶ 전체 학급을 대상으로 연습을 한 뒤, 소그룹 활동 시간을 이용하여 개별 학생의 이해도를 확인한다.

3. 더 활용 가능한 예문

- 올해는 꼭 담배를 끊기로 했습니다.
- 친구들하고 같이 교실을 청소하기로 했어요.
- 일이 생겨서 약속을 미루기로 했습니다.
- 여자 친구와 내년에 결혼하기로 했는데요.
- 리에코 씨는 일본에 돌아가기로 한 것 같아요.
- 가: 이번에 토픽 시험을 보기로 했는데 어떻게 준비해야 돼요?

  나: 우선 지난 시험의 문제들을 한번 풀어 보세요.
- 가: 내일 모임에 마크 씨도 올까요?

  나: 마크 씨는 내일부터 아르바이트를 하기로 해서 아마 못 올 거예요.
- 가: 오늘도 아침을 먹고 왔어요?

  나: 네, 건강을 위해서 아침을 꼭 먹기로 했어요.

16 V-게 되다

출제가능성 ★☆☆

1. 기본 이해
- 초급 후반에 학습하는 보조 용언
- 동사의 어간 또는 선어말 어미 '-(으)시-' 뒤에 붙어서 쓰이며, 높임말로 '-게 되시다'를 사용할 수도 있음
- 관련 주제: 첫 만남, 소개, 한국 생활

2. 교안

단계	교수-학습 활동	학습 자료	시간(분)	지도상의 유의점
설명 (제시)	① 의미제시 　학생들에게 다음과 같이 묻고 대답을 유도한 뒤, 교사가 '-게 되다'를 사용해서 다시 한번 이야기해 줌으로써 목표 문법의 의미를 이해시킨다. T: ___ 씨는 언제 한국에 왔어요? S: 5개월 전에 왔어요. T: ___ 씨는 처음부터 한국 음식을 잘 먹었어요? S: 아니요, 처음에는 한국 음식이 좀 매워서 잘 못 먹었어요. T: 그럼 지금은 어때요? S: 지금은 한국 음식을 잘 먹어요. T: ___ 씨가 5개월 전에는 한국 음식을 잘 못 먹었지만 이제는 잘 먹게 되었네요. T: ___ 씨는 한국어를 배우는 동안 한국 친구를 많이 알게 되었어요? S: 네, 1급 때는 한국 친구가 별로 없었는데 한국어를 배우는 동안 한국 친구를 많이 알게 되었어요.		5~7분	▶ 대부분의 교재에서 '-게 되다'보다 먼저 제시되고 있는 '-아/어지다'와 비교하여, '-게 되다'는 동사와 결합하여 어떤 상황에 이르렀다는 의미를 나타낼 때 많이 사용된다는 것을 설명한다.

	위의 대화를 통해 학생이 이해한 것을 바탕으로, '-게 되다'가 어떤 행동이나 상태에 변화가 있거나 어떤 결과로 됨을 나타낸다는 것을 설명한다. ② 형태제시 　동사의 어간 뒤에 쓰인다는 것을 판서를 통해 보여 준다.			▶ '-게 되다'가 실제 문장에서 활용될 때 '-게 되었다'로 많이 쓰이며, 미래에 있을 변화나 어떤 결과를 예측하여 말할 때는 '-게 될 거예요'로 쓰인다는 것을 설명한다.
	〈판서〉 오다/이해하다/믿다/살다 + -게 되다 • 고등학교를 졸업하고 한국으로 유학을 오게 되었습니다. • 이제는 한국 문화를 많이 이해하게 되었어요.			
연습	① 기계적 연습 　㉠ 동사 카드를 보고 주어진 동사 앞에 주어나 목적어를 넣어서 '-게 되다' 문장을 말해 본다. 　㉡ ㉠에서 만든 문장 앞에 그 변화의 이유나 상황이 될 수 있는 문장을 연결하여 말해 본다.	동사 카드	13~15분	
	• 영어를 배우게 되었어요. • 대학교에 가려고 영어를 배우게 되었어요.			
	② 유의적 연습 　㉠ 교사가 구체적인 상황을 제시하여 학생들이 목표 문법을 사용한 대답을 하도록 유도한다.			
	T: ＿＿＿ 씨는 어떻게 한국 노래를 잘 불러요? S: 매일 한국 노래를 들으니까 잘 부르게 됐어요.			

T: ___ 씨는 한국에 온 후에 계속 혼자 살았어요? S: 아니요, 친구와 함께 살다가 최근에 친구가 이사를 가서 혼자 살게 됐어요.		▶ 개별 활동이 보다 의사소통적인 과정이 될 수 있도록, 학생들에게 다른 사람의 이야기를 듣고 질문하도록 한다.
ⓒ (개별 활동) 학생들에게 각자 한국에 온 후에 변화된 생활 습관이나 상황, 생각 등에 대해 목표 문법을 사용해 말하게 한다.		

3. 더 활용 가능한 예문

- 감기에 걸려서 결석하게 되었습니다.
- 다음 달부터 한국 회사에서 일하게 되었어요.
- 한국어를 더 잘하게 되면 혼자 한국 여행을 할 거예요.
- 다음 주에 시험이 있어서 약속을 미루게 됐습니다.
- 친구와 다른 반이 된 후에 그 친구를 못 만나게 됐어요.
- 가: 언제부터 한국 드라마를 봤어요?
  나: 한국에 와서 한국 드라마를 자주 보게 됐어요.
- 가: 다음 학기에도 계속 공부할 거예요?
  나: 아니요, 일이 생겨서 중국에 돌아가게 됐어요.
- 가: 사진 찍는 것을 좋아하나 봐요.
  나: 전에는 별로 좋아하지 않았는데 최근에 좋아하게 됐어요.

17 V-도록 하다

1. 기본 이해

- 초급 후반에 학습하는 문형
- 동사의 어간 뒤에 붙어서 쓰이며, 주로 '-도록 하세요'의 형태로 사용됨
- 관련 주제: 고민, 수업, 교통, 건강

2. 교안

단계	교수-학습 활동	학습 자료	시간(분)	지도상의 유의점
설명 (제시)	① 의미제시 　학생들에게 다음과 같이 물은 뒤, 교사가 '-도록 하다'를 사용해서 대답해 줌으로써 목표 문법의 의미를 이해시킨다. T: 여러분은 요즘 어떤 고민이 있어요? S1: 저는 요즘 잠을 잘 수가 없어요. T: 그러면 자기 전에 따뜻한 물로 샤워를 하도록 하세요. S2: 저는 이번 시험 점수가 안 좋아서 고민이에요. T: 괜찮아요. 다음 시험을 잘 보도록 하세요. T: 요즘 계속 살이 찌는데 어떻게 하죠? S: ① 운동을 하도록 하세요. 　② 음식을 적게 먹도록 하세요. 　위의 대화를 통해 학생이 이해한 것을 바탕으로, '-도록 하다'가 상대에게 어떤 행동을 할 것을 조언하거나 명령하는 의미를 나타낸다는 것을 설명한다. ② 형태제시 　동사의 어간 뒤에 쓰인다는 것을 판서를 통해 보여 준다.		5~7분	▶ '-도록 하다'에서 '하다'를 너무 자유롭게 활용하면, 학생들의 현재 수준에서 어색한 문장을 만들게 되는 경우가 많으므로 우선 '-도록 하세요'의 형태로만 제시하여 설명한다.

	⟨판서⟩ 오다/버리다/듣다/넣다 + -도록 하다 • 내일은 일찍 오도록 하세요. • 음식을 냉장고에 넣도록 하세요.		
연습	① 기계적 연습 　㉠ 동사 카드를 보고 목표 문법을 사용해 말해 본다. 　㉡ 아프거나 피곤하거나 술을 많이 마시거나 하는 등의 상황을 나타내는 그림을 보고, 목표 문법을 사용해 말해 본다. • 배가 아프면 병원에 가도록 하세요. • 술을 너무 많이 마시지 않도록 하세요. ② 유의적 연습 　㉠ 교사가 지금까지 고민해 본 적이 있거나 현재 고민하고 있는 것을 학생들에게 말하고, 학생들로 하여금 목표 문법을 사용해 거기에 맞는 조언을 구하도록 한다. T: 요즘 피부가 나빠져서 고민이에요. S: 화장품을 바꿔 보도록 하세요. T: 중국어 공부를 혼자 해 보려고 하는데 좀 어려워요. S: 그럼 중국 노래를 자주 듣도록 하세요. 　㉡ (2~3인 소그룹 활동) 한국에서 해 보고 싶은데 어떻게 해야 할지 잘 모르는 것이나 요즘 고민하고 있는 것에 대해 이야기하고 서로 조언을 구해 본다.	동사 카드 다양한 상황이 담긴 그림 카드 13~15분	▶ 전체 학생을 대상으로 연습을 한 후 개별 학생을 대상으로 확인한다.

3. 더 활용 가능한 예문

- 문법이 어려우면 선생님께 질문하도록 하세요.
- 건강해지려면 아침을 꼭 먹도록 하세요.
- 날씨가 좀 추우니까 두꺼운 옷을 입도록 하세요.
- 서울역에 가려면 시청역에서 1호선으로 갈아타도록 하세요.
- 시험이 있으니까 열심히 공부하도록 하세요.
- 가: 요즘 회사에 일이 많아서 너무 피곤해요.
  나: 주말에는 좀 쉬도록 하세요.
- 가: 약속 시간에 늦어서 택시를 타야겠어요.
  나: 이 시간에는 길이 많이 막히니까 그냥 지하철을 타도록 하세요.
- 가: 다음 학기에도 수업을 듣고 싶은데 언제까지 등록해야 돼요?
  나: 이번 주까지 등록하도록 하세요.

18 V-아/어 있다　　　　　　　　　　　출제가능성 ★★☆

1. 기본 이해
- 초급 후반에 학습하는 보조 용언
- 동사의 어간 뒤에 붙어서 쓰이는데, 선행 동사는 일부 자동사로 한정됨
- 관련 주제: 집, 공공 기관, 여행

2. 교안

단계	교수-학습 활동	학습 자료	시간(분)	지도상의 유의점
설명 (제시)	① 의미제시 　학생들에게 다음과 같이 물은 뒤, 교사가 '-아/어 있다'를 사용해서 대답해 줌으로써 목표 문법의 의미를 이해시킨다. T: 리밍 씨, 아키코 씨의 자리는 어디예요? S: 아키코 씨의 자리는 문 옆이에요. T: 네, 아키코 씨는 문 옆에 앉아요. 지금 문 옆에 앉아 있어요. T: 우표는 어디에 붙여요? S: 편지 봉투에 붙여요. T: 맞아요. 　(우표가 붙어 있는 편지 봉투를 보여 주면서) 지금 편지 봉투에 우표가 붙어 있어요? S: 네, 붙어 있어요. 　위의 대화를 통해 학생이 이해한 것을 바탕으로, '-아/어 있다'가 어떤 행동이나 변화의 완료된 결과가 지속됨을 의미한다는 것을 설명한다. ② 형태제시 　일부 자동사의 어간 뒤에 쓰인다는 것을 판서를 통해 보여 준다.	우표가 붙어 있는 편지 봉투	5~7분	▶ '-아/어 있다'는 피동사와 결합해 쓰이는 경우가 많으나, 설명(제시) 단계에서는 우선 기본적인 자동사들을 이용해 용법을 제시한다.

	⟨판서⟩ 가다/앉다/살다/오다 + -아 있다 놓이다/닫히다/걸리다 + -어 있다 • 마크 씨는 고향에 가 있어요. • 교실 문이 닫혀 있네요.			▶ 학생들이 '-아/어 있다'보다 피동사를 늦게 배우게 되므로, 여기에서는 피동사들을 묶어 그 동사들이 가지고 있는 피동의 의미 정도만 설명한다.
연습	① 기계적 연습 　㉠ 동사 카드를 보고 목표 문법을 사용해 말해 본다. 　㉡ 완료된 상태를 나타내는 그림들을 보고 목표 문법을 사용해서 문장을 만들어 본다. • 꽃이 아직 살아 있다. • 컴퓨터가 책상 위에 놓여 있어요. ② 유의적 연습 　㉠ 교사가 '미래의 가족과 집'이라는 주제로 집과 방의 사진들을 보여주면서, 학생들이 목표 문법을 사용한 대답을 하도록 유도한다. T: 아이들은 어디에 있어요? S: 아이들은 소파에 앉아 있어요. T: 벽에는 무엇이 있어요? S: 벽에는 가족사진이 많이 걸려 있어요. 　㉡ (개별 활동) 학생들에게 ㉠에서와 같이 '미래의 가족과 집'이라는 주제로 목표 문법을 사용해 글을 쓰고 발표하게 한다.	동사 카드 완료된 상태를 나타내는 그림 카드 집과 방 사진 자료	13~15분	▶ 전체 학생을 대상으로 연습을 한 후 개별 학생을 대상으로 확인한다.

3. 더 활용 가능한 예문

- 학생들이 모두 교실에 들어가 있어요.
- 아이가 어머니한테 안겨 있어요.
- 비가 오는데 창문이 열려 있네요.
- 하루 종일 서 있어야 해서 다리가 아파요.
- 부모님이 지금 한국에 와 계십니다.
- 가: 라이 씨는 아직 일어나지 않은 것 같아요.
  나: 아니에요. 아까 일어나 있었어요.
- 가: 왜 칠판에 제 이름이 써 있을까요?
  나: 아마 오늘 사라 씨부터 발표를 하나 봐요.
- 가: 생선이 참 싱싱하네요.
  나: 네, 다 살아 있는 것 같아요.

19　A/V-ㄴ/는/다고 하다　　　　출제가능성 ★★★

1. 기본 이해

- 초급 후반에 학습하는 문형
- 용언의 어간이나 선어말 어미 '-(으)시-, -았/었-, -겠-' 뒤에서 쓰임. 연결 어미 '-다고'와 '하다'가 결합한 형태로 '하다' 대신에 '말하다, 생각하다, 결심하다' 등이 쓰일 수 있음
- 관련 주제: 편지, 옛날이야기, 전화

2. 교안

단계	교수-학습 활동	학습 자료	시간(분)	지도상의 유의점
설명 (제시)	① 의미제시 　학생들에게 다음과 같이 묻고 대답을 유도한 뒤, 교사가 '-ㄴ/는/다고 하다'를 사용해서 다시 한번 이야기해 줌으로써 목표 문법의 의미를 이해시킨다. T: 아키코 씨, 수업 후에 뭘 할 거예요? S1: 저는 친구하고 점심을 먹을 거예요. T: 뚜이 씨, 아키코 씨가 수업 후에 뭘 할 거예요? S2: 친구하고 점심을 먹을 거예요. T: 네, 아키코 씨가 친구하고 점심을 먹는다고 했어요. T: 마크 씨, 요즘 바빠요? S1: 아니요, 별로 안 바빠요. T: 사라 씨, 마크 씨가 요즘 안 바쁘다고 했지요? S2: 네, 안 바쁘다고 했어요. 　위의 대화를 통해 학생이 이해한 것을 바탕으로, '-ㄴ/는/다고 하다'가 서술하는 내용을 간접적으로 인용하여 나타내는 말임을 설명한다.		5~7분	▶ '-다고 하다'는 문장의 주어가 이미 그렇게 말했거나 생각한 것을 인용하는 경우가 많으므로, 이 단계에서는 모두 '-다고 했다'로 제시하여 학생들이 이해하는 데 도움을 준다.

	② 형태제시 　용언의 어간 뒤에 쓰인다는 것을 판서를 통해 보여 준다.			
	〈판서〉 크다/싸다/맛있다/힘들다/낫다 + -다고 하다 가다/지내다/구하다/끝나다 + -ㄴ다고 하다 듣다/찾다/먹다 + -는다고 하다 • 지우가 이 식당이 맛있다고 했어요. • 리밍 씨가 내일 한국어 시험을 보러 간다고 해요. • 민수 씨는 생선을 안 먹는다고 해요.			
연습	① 기계적 연습 　㉠ 동사와 형용사 카드를 보고 목표 문법을 사용해 말해 본다. 　㉡ ㉠에서 만든 문장 앞에 적당한 말을 연결하여 선생님이나 친구들을 주어로 하는 문장을 만들고 말해 본다. • 선생님께서 이번 시험은 어렵다고 했어요. • 라이 씨가 한국 문화를 많이 안다고 했습니다. ② 유의적 연습 　㉠ 교사가 구체적인 상황을 제시하여 학생들이 목표 문법을 사용한 대답을 하도록 유도한다.	동사, 형용사 카드	13~15분	▶ 연습 단계에서는 서술하는 내용이 특정한 시점에 관련된 것이 아니라, 통상적으로 사람들이 그렇게 이야기하는 것일 경우에는 '-다고 하다'를 '-다고 합니다, -다고 해요'로 사용함을 설명한다.

T: 마크 씨, 리에코 씨가 주말에도 공부를 한다고 했어요? S: 네, 리에코 씨는 주말에도 도서관에 간다고 했어요. T: 사라 씨, 뚜이 씨가 한국 생활이 재미없다고 해요? S: 아니요, 좀 힘들지만 재미있다고 해요.		
ⓒ (그룹 활동) 전체 학급을 세 그룹으로 나눈 뒤, 그룹마다 첫 번째 학생이 한 이야기를 그룹원들이 순서대로 다음 사람에게 귓속말로 전달하고 마지막 학생이 그것을 목표 문법을 사용해 말하게 한다.		▶ 그룹 활동에서 특정한 학생만 목표 문법을 연습하는 결과가 생기지 않도록, 그룹 내에서 학생들이 순서를 바꿔 가며 활동을 진행한다.

3. 더 활용 가능한 예문

- 선생님께서 이번 주에는 숙제가 없다고 하셨어요.
- 라이 씨가 오늘부터 저녁을 안 먹겠다고 했는데요.
- 민기 씨가 이미 방을 구했다고 했어요.
- 옛날 옛날에 이 마을에 아주 착한 동생과 나쁜 형이 살았다고 해요.
- 오후부터 비가 온다고 하니까 우산을 가지고 가세요.
- 가: 아키코 씨, 마크 씨가 많이 다쳤어요?

  나: 아니요, 어제 전화했는데 많이 다치지 않았다고 했어요.
- 가: 리밍 씨, 왜 그 하숙집으로 이사하려고 해요?

  나: 그 하숙집 아주머니가 중국어를 할 줄 안다고 해서요.
- 가: 저 식당은 항상 손님이 많네요.

  나: 네, 사람들이 저 식당이 음식도 맛있고 값도 싸다고 해요.

20 V-아/어 버리다 출제가능성 ★☆☆

1. 기본 이해
- 초급 후반에 학습하는 보조 용언
- 동사의 어간 뒤에 붙어서 쓰이며, 높임말로는 '-아/어 버리시다'를 사용함
- 관련 주제: 실수, 여행, 옛날이야기

2. 교안

단계	교수-학습 활동	학습 자료	시간(분)	지도상의 유의점
설명 (제시)	① 의미제시 학생들에게 다음과 같이 묻고 대답을 유도한 뒤, 교사가 '-아/어 버리다'를 사용해서 다시 한번 이야기해 줌으로써 목표 문법의 의미를 이해시킨다. T: ___씨, 주말에 숙제가 있으면 어때요? S: 주말에는 숙제를 하기 싫어요. 주말에는 친구들하고 놀거나 쉬고 싶어요. T: 그럼, 오늘 주말 숙제까지 모두 줄게요. 오늘 숙제를 다 해 버리세요. T: 아침을 못 먹어서 배가 고파요. S: 왜요? 시간이 없었어요? T: 아니요, 아침에 제가 샤워를 하는 동안 가족들이 밥을 다 먹어 버렸어요. 위의 대화를 통해 학생이 이해한 것을 바탕으로, '-아/어 버리다'가 앞에 오는 동사의 동작이 완료됨과 또한 그 결과에 대한 화자의 어떠한 감정을 나타낸다는 것을 설명한다. ② 형태제시 동사의 어간 뒤에 쓰인다는 것을 판서를 통해 보여 준다.		5~7분	▶ '-아/어 버리다'가 그 선행 동작의 결과에 대한 화자의 감정을 담고 있다는 것을 학생들에게 전달하기 위해 일상적이고 구체적인 예를 제시한다.

	〈판서〉 가다/사다/나오다/닫다 + -아 버리다 주다/벗다/쓰다/끊다 + -어 버리다 하다/말하다/포기하다 → -해 버리다 • 밖이 시끄러워서 창문을 닫아 버렸어요. • 지하철에서 졸다가 내릴 역을 지나쳐 버렸어. • 너무 힘들어서 그냥 포기해 버렸어요.			
연습	① 기계적 연습 　㉠ 동사 카드를 보고 목표 문법을 사용해 말해 본다. 　㉡ ㉠에서 만든 말이 원인이나 결과가 되도록 앞뒤 문장을 말해 본다. • 제 옷장이 작아서 안 입는 옷을 다른 사람한테 줘 버렸어요. • 어제 일찍 자 버려서 숙제를 못 했어요.	동사 카드	13~15분	▶ '잊어버리다'와 '잃어버리다'를 사용해야 하는 경우, '잊다, 잃다'와 '버리다'의 결합이 완전히 굳어져서 하나의 단어가 되었음을 설명한다.
	② 유의적 연습 　㉠ 교사가 구체적인 상황을 제시하여 학생들이 목표 문법을 사용한 대답을 하도록 유도한다. T: ＿＿ 씨, 모르는 사람한테 이상한 전화가 오면 어떻게 해요? S: 그러면 안 받거나 듣다가 전화를 끊어 버려요. T: ＿＿ 씨, 회사에 들어갔는데 월급도 적고 일이 너무 힘들면 어떻게 할 거예요? S: 그러면 그냥 나와(그만둬) 버릴 거예요.			▶ 교사가 학생들의 과거 경험에 대해 구체적으로 아는 바가 있다면, '-아/어 버렸다'를 사용해서 대답할 수 있도록 질문한다.
	㉡ (개별 활동) 지금까지 살면서 후회되는 일이나 반대로 잘 했다고 생각되는 일을 주어진 양식(일의 내용, 이유, 다시 그때로 돌아간다면)에 맞게 쓰고 말해 본다.	개별 활동을 위한 활동지		

3. 더 활용 가능한 예문

- 남자 친구와 헤어져 버렸어요.
- 대학교 입학시험에서 떨어져 버렸습니다.
- 매일 빌려서 쓰기가 불편해서 그냥 사 버렸어요.
- 리밍 씨를 1시간이나 기다렸는데 안 와서 그냥 와 버렸어요.
- 사무실이 너무 더워서 점퍼를 벗어 버렸어요.
- 가: 어제 등산은 잘 했어요?
  나: 아니요, 중간에 힘들어서 그냥 내려와 버렸어요.
- 가: 왜 그래요? 휴대 전화가 고장 났어요?
  나: 네, 화장실에서 전화를 하다가 휴대 전화를 떨어뜨려 버렸어요.
- 가: 라이 씨는 친구하고 같이 살죠?
  나: 아니요, 친구가 이사를 가 버려서 지금은 혼자 살아요.

21 A/V-(으)ㄴ/는데

1. 기본 이해

- 초급 후반에 학습하는 연결 어미
- 용언이나 '이다'의 어간 또는 선어말 어미 '-(으)시-, -았/었-, -겠-' 뒤에 붙어서 쓰임
- 관련 주제: 계획, 교통, 부탁, 쇼핑

2. 교안

단계	교수-학습 활동	학습 자료	시간(분)	지도상의 유의점
설명 (제시)	① 의미제시 　교사가 학생들에게 다음과 같이 '-(으)ㄴ/는데'를 사용해서 어떤 부탁이나 제안을 하고 대답을 유도하여 목표 문법의 의미를 이해시킨다. T: 리밍 씨, 제가 중국어를 공부하는데 좀 도와주세요. S: 네, 좋아요. T: 여러분, 날씨도 좋은데 오늘 수업은 밖에서 할까요? S: 네, 오늘은 밖에서 해요. T: 아키코 씨, 학교 근처에 맛있는 일본 식당이 있는데 한번 같이 갑시다. S: 네, 좋습니다. 　위의 대화를 통해 '-(으)ㄴ/는데'가 뒤 절의 요구나 부탁, 제안 등의 배경이 되는 이유나 근거를 제시하는 용법으로 쓰인다는 것을 설명한다. ② 형태제시 　용언의 어간 뒤에 쓰인다는 것을 판서를 통해 보여 준다.		5~7분	▶ '-(으)ㄴ/는데'는 뒤 절이 어떤 종결 어미를 취하느냐에 따라 그 용법이 달라지는 연결 어미이므로, 여기에서는 뒤 절을 청유문과 명령문으로 제한하여 제시한다.

	⟨판서⟩ 싸다/바쁘다/조용하다 + -ㄴ데 좋다/작다/밝다 + -은데 가다/마시다/팔다/듣다 + -는데 • 이 가게가 싼데 여기에서 삽시다. • 라이 씨한테 운동화가 좀 작은데 큰 걸로 바꾸세요. • 오늘은 학교에 안 가는데 내일 만날까요?		
연습	① 기계적 연습 ㉠ 동사, 형용사 카드를 보고 목표 문법을 사용해 바꾼 뒤, 뒤 문장을 연결해 말해 본다. ㉡ 이유나 근거가 되는 상황과 그 뒤에 이어질 상황이 함께 담긴 그림 카드를 보고, 목표 문법을 사용해 문장을 만들어 말해 본다. • 이 시간에는 길이 막히는데 지하철을 탑시다. • 지금은 좀 바쁜데 이따가 다시 전화해 주세요. ② 유의적 연습 ㉠ 교사가 앞 문장을 제시하면 학생들이 목표 문법을 사용해서 뒤 문장을 연결하는 방식으로 말해 본다. T: 다리가 아픈데요. S: ① 다리가 아픈데 택시를 타고 갑시다. ② 다리가 아픈데 잠깐 앉을까요?	동사, 형용사 카드 그림 카드	13~15분	▶ 교사가 제시하는 동일한 선행절에 여러 명의 학생들이 각기 다른 후행절을 만들어서 말하도록 한다.

T: 저는 술을 못 마셔요. S: ① 선생님은 술을 못 마시는데 자꾸 권하지 마세요. ② 선생님은 술을 못 마시는데 다른 음료수를 시킬까요?		▶ 학생들이 발화하는 내용에 따라 '-았/었는데'와 '-인데'를 적절하게 사용할 수 있도록 지도한다.
ⓒ (2~3인 소그룹 활동) 한국어 공부나 한국 생활, 주말이나 방학 계획 등과 관련해서 그룹원들끼리 서로에게 제안하거나 부탁하고 싶은 것을 목표 문법을 사용해 말해 본다.		

3. 더 활용 가능한 예문

- 날씨가 흐린데 등산은 다음에 합시다.
- 이번 방학에 제주도에 가려고 하는데 같이 갈까요?
- 내일은 시험이 있는데 좀 일찍 오세요.
- 방이 더러운데 청소를 해야겠어요.
- 한국에 와서 살이 많이 쪘는데 다음 주부터 운동을 하려고 합니다.
- 가: 건강에도 안 좋은데 담배를 끊으세요.

  나: 네, 올해는 꼭 담배를 끊으려고 해요.
- 가: 이 파란색 티셔츠 어때요?

  나: 사라 씨한테는 파란색이 좀 안 어울리는데 다른 색으로 한번 입어 보세요.
- 가: 라이 씨가 오늘도 안 왔네요.

  나: 라이 씨가 전화를 안 받는데 우리가 집에 한번 가 봐요.

22　A/V-(으)ㄹ 테니까　　출제가능성 ★☆☆

1. 기본 이해
- 초급 후반에 학습하는 문형
- 용언이나 '이다'의 어간 또는 선어말 어미 '-(으)시-, -았/었-' 뒤에 붙어서 쓰임
- 관련 주제: 질병, 편의 시설 이용, 쇼핑

2. 교안

단계	교수-학습 활동	학습 자료	시간(분)	지도상의 유의점
설명 (제시)	① 의미제시 　학생들에게 다음과 같이 물은 뒤, 교사가 '-(으)ㄹ 테니까'를 사용해서 대답해 줌으로써 목표 문법의 의미를 이해시킨다. T: 마크 씨, 호주에 갈 때 선물을 사 가면 부모님이 좋아하실까요? S: 네, 아마 좋아하실 거예요. T: 그럼, 부모님이 좋아하실 테니까 선물을 사 가세요. T: ＿＿ 씨, 오후에 은행에 가면 사람이 많겠죠? S: 네, 오후에는 사람이 많을 것 같아요. T: 그럼, 오후에는 사람이 많을 테니까 오전에 가야겠어요. 위의 대화 과정에서 학생이 이해한 것을 바탕으로, '-(으)ㄹ 테니까'가 앞 절에서 추측한 내용이 뒤 절의 이유가 됨을 나타낸다는 것을 설명한다. ② 형태제시 　용언의 어간 뒤에 쓰인다는 것을 판서를 통해 보여 준다.		5~7분	▶ 기존 교재들에서는 '추측의 이유'와 '주어의 의지'라는 '-(으)ㄹ 테니까'의 두 가지 용법을 함께 다루기도 하지만, 여기에서는 20분에 해당하는 수업임을 감안할 때 한 가지 용법만을 제시한다.

	⟨판서⟩ 기침하다/막히다/빠르다 + -ㄹ 테니까 먹다/듣다/낫다/작다 + -을 테니까 • 택배로 보내는 게 빠를 테니까 그렇게 할게요. • 이 약을 먹으면 좀 나을 테니까 하루에 세 번씩 드세요.			
연습	① 기계적 연습 　㉠ 동사, 형용사 카드를 보고 목표 문법을 사용해 바꾼 뒤, 뒤 문장을 연결해 말해 본다. 　㉡ 제시된 사진 중 이유가 되는 상황과 결과가 되는 사진을 각각 한 장씩 골라 목표 문법을 사용해 문장을 만들어 말해 본다. • 밤에는 기침을 더 많이 할 테니까 자기 전에 이 약을 드세요. • 시장이 백화점보다 쌀 테니까 시장에 가서 사요. ② 유의적 연습 　㉠ 교사가 구체적인 상황을 제시하여 학생들이 목표 문법을 사용한 대답을 하도록 유도한다. T: 제가 머리 모양을 바꾸고 싶은데 어떻게 하면 좋을까요? S: 짧은 머리가 잘 어울릴 테니까 한번 짧게 해 보세요. T: 살을 빼고 싶으면 어떻게 해요? S: 밥을 많이 먹으면 살을 뺄 수 없을 테니까 조금만 먹어요.	동사, 형용사 카드 다양한 상황이 담긴 사진 자료	13~15분	▶ 학생들이 발화하는 내용에 따라 '-았/었을 테니까'도 적절하게 사용할 수 있도록 지도한다.

	ⓒ (2~3인 소그룹 활동) 그룹원끼리 건강이나 공부, 한국 생활 등에 있어서 고민을 이야기하고 목표 문법을 사용해 서로에게 그에 대한 조언을 해 준다.		

3. 더 활용 가능한 예문

- 산에 올라가면 추울 테니까 옷을 가지고 가세요.
- 주말에 사람이 많을 테니까 영화표를 미리 예매해야겠어요.
- 이번 시험은 어려울 테니까 열심히 공부하세요.
- 늦게 출발하면 길이 막힐 테니까 좀 일찍 출발합시다.
- 그 수업은 학생들이 많이 들을 테니까 빨리 신청해야 합니다.
- 가: 라이 씨가 오면 같이 먹을까요?

  나: 라이 씨는 아침을 먹었을 테니까 우리끼리 먹어요.
- 가: 제가 물하고 과일을 준비할게요.

  나: 과일은 뚜이 씨가 준비할 테니까 그냥 물만 준비하세요.
- 가: 걸어가면 늦을 테니까 그냥 택시를 탈까요?

  나: 네, 그렇게 해요.

23　V-다가

출제가능성 ★★☆

1. 기본 이해

- 초급 후반에 학습하는 연결 어미
- 동사의 어간 또는 선어말 어미 '-(으)시-, -았/었-' 뒤에 붙어서 쓰임
- 관련 주제: 길 안내, 요리, 실수

2. 교안

단계	교수-학습 활동	학습 자료	시간(분)	지도상의 유의점
설명 (제시)	① 의미제시 　학생들에게 다음과 같이 물은 뒤, 교사가 '-다가'를 사용해서 대답해 줌으로써 목표 문법의 의미를 이해시킨다. T: 학교에 오는데 휴대 전화를 집에 놓고 왔으면 어떻게 해요? S: 그러면 집에 다시 가요. T: 네, 학교에 오다가 다시 집으로 가는군요. T: 숙제를 하는데 자고 싶어요. 그러면 어떻게 해요? S: 그러면 좀 자고 일어나서 숙제를 해요. T: 그래요. 숙제를 하다가 좀 자고 다시 해요. 위의 대화 과정을 통해 학생이 이해한 것을 바탕으로, '-다가'가 앞 절의 행위가 진행되는 도중에 뒤 절의 행위가 일어남을 나타낸다는 것을 설명한다. ② 형태제시 　동사의 어간 뒤에 쓰인다는 것을 판서를 통해 보여 준다.		5~7분	▶ '-았/었다가'는 '-다가'와 의미나 쓰임이 다르므로 함께 제시하지 않는다. 또한 '-다가'가 형용사나 명사 뒤에 붙을 때에도 그 용법이 달라지므로 역시 여기에서는 다루지 않는다.

		자료	시간	유의점
	⟨판서⟩ 다니다/끓이다/발표하다 걷다/입다/올려놓다 + -다가 • 국을 끓이다가 소금을 넣습니다. • 지하철에서 선반에 짐을 올려놓다가 떨어뜨렸어요.			
연습	① 기계적 연습 　㉠ 동사 카드를 보고 목표 문법을 사용해 바꾼 뒤, 뒤 문장을 연결해 말해 본다. 　㉡ 제시된 그림 중 '-다가'를 사용해 연결할 수 있는 것 두 개를 골라, 문장을 만들어 말해 본다. • 발표를 하다가 물을 마십니다. • 옷을 입다가 전화를 받았어요. ② 유의적 연습 　㉠ 교사가 구체적인 상황을 제시하여 학생들이 목표 문법을 사용한 대답을 하도록 유도한다. T: 혹시 길에서 돈을 주운 적이 있어요? S: 네, 길을 걷다가 돈을 주운 적이 한번 있어요. T: 어떤 곳을 갈 때 길을 모르면 어떻게 해요? S: 길을 모르면 가다가 다른 사람한테 물어봐요. 　㉡ (2~3인 소그룹 활동) 학교에서 자신의 집까지 가는 방법을 그룹의 다른 사람들에게 목표 문법을 사용해 설명하고, 설명이 다 끝나면 그룹별로 서로 다른 그룹원의 집까지 가는 방법을 발표해 본다.	동사 카드 그림 카드	13~15분	▶ '-다가'는 앞뒤 절의 주어가 동일한 것이 일반적이지만, 앞뒤 절에 같은 행위가 반복 또는 계속될 때에는 각각 다른 주어가 온다는 것을 설명한다. ▶ 발표를 들은 다른 그룹의 학생들이 발표한 그룹의 학생들 중 어떤 사람의 집을 제일 먼저 맞히게 하는 것도 활동의 흥미를 줄 수 있다.

3. 더 활용 가능한 예문

- 농구를 하다가 다리를 다쳤어요.
- 한국어를 배우다가 포기하면 잘할 수 없을 거예요.
- 미국에서 대학교에 다니다가 한국으로 유학을 왔어요.
- 밥을 먹다가 친구의 전화를 받고 나갔습니다.
- 침대에 누워서 음악을 듣다가 잠이 들었어요.
- 가: 리에코 씨, 지금도 그 남자 친구를 만나고 있어요?

  나: 아니요, 두 달쯤 만나다가 헤어졌어요.
- 가: 학교에 다니면서 아르바이트를 하면 힘들지 않겠어요?

  나: 네, 너무 힘들면 하다가 그만두려고 해요.
- 가: 사라 씨는 반지를 어디에서 잃어버렸대요?

  나: 화장실에서 손을 씻다가 잃어버렸나 봐요.

24 V-는 대신(에)

1. 기본 이해

- 중급 전반에 학습하는 문형
- 동사의 어간이나 선어말 어미 '-(으)시-' 뒤에 붙어서 쓰임
- 관련 주제: 제안, 은행, 공연

2. 교안

단계	교수-학습 활동	학습 자료	시간(분)	지도상의 유의점
설명 (제시)	① 의미제시 　학생들에게 다음과 같이 물은 뒤, 교사가 '-는 대신(에)'를 사용해서 대답해 줌으로써 목표 문법의 의미를 이해시킨다. T: 문화 체험 가는 날 비가 오면 어떻게 하죠? S: 그럼 그냥 수업하고 문화 체험은 다음에 가요. T: 네, 비가 오면 문화 체험을 가는 대신에 수업을 하는 게 좋겠네요. T: 주말에 보통 집에서 텔레비전을 보는데 텔레비전이 고장 났어요. S: 그럼 밖에 놀러 가세요. T: 네, 이번 주에는 텔레비전을 보는 대신 밖에 나가서 친구를 만나야겠어요. 　위의 대화 과정에서 학생이 이해한 것을 바탕으로, '-는 대신(에)'가 앞 절의 행위를 뒤 절의 것으로 바꾸어서 함을 나타낸다는 것을 설명한다. ② 형태제시 　동사의 어간 뒤에 쓰인다는 것을 판서를 통해 보여 준다.		5~7분	▶ '-(으)ㄴ/ㄹ 대신(에)'는 문맥에 따라 '-는 대신(에)'와 다른 의미 범주를 가지게 되므로, 여기에서는 동사 어간 뒤에 붙는 '-는 대신(에)'만 제시한다.

	〈판서〉 사다/보내다/먹다 + -는 대신(에) • 새것을 사는 대신에 그냥 고쳐서 사용할까 해요. • 밥을 먹는 대신에 술이나 한잔합시다.			▶ '어떤 일에 대한 보상 또는 값으로'의 의미를 나타내는 '-는 대신(에)' 문장은 여기에서 제시하지 않는다.
연습	① 기계적 연습 　㉠ 동사 카드를 보고 목표 문법을 사용해 바꾼 뒤, 뒤 문장을 연결해 말해 본다. 　㉡ 제시된 사진 중 포기하거나 안 해도 될 일과 그 대신 할 수 있는 일이 담긴 사진을 각각 한 장씩 골라, 목표 문법을 사용해 문장을 만들어 말해 본다.	동사 카드 사진 자료	13~15분	
	• 돈이 없으면 선물을 사는 대신에 카드를 만들어요. • 시간이 없어서 공연을 관람하는 대신에 그 가수의 CD를 샀어요.			
	② 유의적 연습 　㉠ 교사가 구체적인 상황을 제시하여 학생들이 목표 문법을 사용한 대답을 하도록 유도한다.			▶ 전체 학생을 대상으로 연습을 한 후 개별 학생을 대상으로 확인한다.
	T: 내일 ___ 씨가 좋아하는 가수의 공연이 있으면 학교에 올 거예요? S: 글쎄요. 저는 수업을 듣는 대신에 공연을 보러 갈 것 같아요. T: 리밍 씨는 중국에 있을 때 명절에는 꼭 고향에 갔어요? S: 고향이 좀 멀어서 저는 고향에 가는 대신에 친구들하고 만두를 만들어 먹고 놀았어요.			

ⓒ (짝 활동) 교사가 목표 문법을 사용해 연결할 수 있는 다양한 앞뒤 문장을 카드로 만들어 나눠 주고, 학생들은 두 명씩 짝을 이루어 문장들을 연결해 본다.	문장 카드	

3. 더 활용 가능한 예문

- 영화를 보는 대신에 노래방에 가는 게 어때요?
- 아르바이트를 하는 대신에 공부를 열심히 해서 장학금을 받으세요.
- 이메일을 보내는 대신에 전화를 했습니다.
- 아이에게 세뱃돈을 주는 대신에 책을 선물했어요.
- 에어컨을 사는 대신에 선풍기를 두 대 살 거예요.
- 가: 오늘 좀 우울한데 술이나 한잔할까요?
  나: 우울할 때 술을 마시면 더 안 좋아요. 술을 마시는 대신에 차를 한잔해요.
- 가: 그 책을 읽어야 하는데 시간이 없어서요. 그 책이 영화로 나왔다고 하던데요.
  나: 네, 저도 책을 읽는 대신에 영화로 봤어요.
- 가: 다이어트 중인데 배가 고파서 죽겠어요.
  나: 그럼 밥을 먹는 대신에 채소나 과일을 먹어 보세요.

25 V-자마자

출제가능성 ★☆☆

1. 기본 이해

- 중급 전반에 학습하는 연결 어미
- 동사의 어간이나 선어말 어미 '-(으)시-' 뒤에 붙어서 쓰임
- 관련 주제: 여가 생활, 일과, 분실, 안내문(방송)

2. 교안

단계	교수-학습 활동	학습 자료	시간(분)	지도상의 유의점
설명 (제시)	① 의미제시 　학생들에게 다음과 같이 물은 뒤, 교사가 '-자마자'를 사용해서 대답해 줌으로써 목표 문법의 의미를 이해시킨다. T: ___ 씨는 몇 시에 점심을 먹어요? S: 수업이 끝난 후에 점심을 먹어요. 1시 10분쯤에 먹어요. T: 그럼, 수업이 12시 50분에 끝나니까 수업이 끝나자마자 점심을 먹는군요. T: ___ 씨는 지하철에 물건을 놓고 내린 적이 있어요? S: 네, 한 번 있는데 어떻게 해야 할지 몰라서 그냥 잃어버렸어요. T: 그럴 때에는 내리자마자 지하철역에 있는 분실물 센터로 가야 해요. 　학생이 이해한 것을 바탕으로, '-자마자'가 앞 절의 사건이나 동작이 이루어짐과 거의 동시에 뒤 절의 동작이 발생함을 의미한다는 것을 설명한다.		5~7분	▶ 학생들이 '-자마자'의 용법을 '-(으)ㄴ 후(에)'와 동일한 것으로 이해할 수 있으므로, '-자마자'가 선·후행 동작 사이의 시간적 간격이 매우 짧다는 것을 보여 주기 위해 예문을 제시할 때에는 구체적인 시간을 주는 것이 좋다.

	② 형태제시 　　동사의 어간 뒤에 쓰인다는 것을 판서를 통해 보여 준다. 〈판서〉 마치다/발견하다/생기다 눕다/신다/듣다/끊다 + -자마자 • 일을 마치자마자 기타를 배우러 갑니다. • 어제는 피곤해서 눕자마자 잠이 들었어요.		▶ '-자마자'의 앞에는 대부분의 동사를 자유롭게 쓸 수 있지만, 그 동작의 진행이 일순간에 끝나는 동사를 사용하는 것이 자연스럽다는 것을 설명한다.
연습	① 기계적 연습 　㉠ 동사 카드를 보고 목표 문법을 사용해 바꾼 뒤, 뒤 문장을 연결해 말해 본다. 　㉡ 주말이면 여가를 즐기는 사람의 주말 일과를 순서대로 그림으로 제시하고, 목표 문법을 사용해 문장을 만들어 말해 본다. • 일어나자마자 아침을 먹어요. • 아침을 먹자마자 운동복과 자전거를 챙겨요. ② 유의적 연습 　㉠ 교사가 구체적인 상황을 제시하여 학생들이 목표 문법을 사용한 대답을 하도록 유도한다. T: ___ 씨는 집에 들어가면 먼저 뭘 해요? S: 저는 집에 들어가자마자 텔레비전을 켜요. T: ___ 씨는 다른 사람이 떨어뜨린 물건을 주운 적이 있어요? 어떻게 했어요? S: 네, 휴대 전화를 주운 적이 있는데 줍자마자 주인을 찾아 주었어요.	동사 카드 주말 일과 그림 카드 13~15분	▶ 전체 학생을 대상으로 연습을 한 후 개별 학생을 대상으로 확인한다.

ⓒ (짝 활동) 교사가 목표 문법을 사용해 연결할 수 있는 다양한 앞뒤 문장을 카드로 만들어 나눠 주고, 학생들은 두 명씩 짝을 이루어 문장들을 연결해 본다.	문장 카드	

3. 더 활용 가능한 예문

- 수업이 시작되자마자 졸기 시작했어요.
- 전화를 받자마자 밖으로 나가던데요.
- 가방을 발견하자마자 분실물 센터로 가지고 갔습니다.
- 그 이야기를 듣자마자 울지도 몰라요.
- 신발을 신자마자 도망가는 사람처럼 뛰어가더라고요.
- 가: 미영 씨는 언제 회사를 그만둔 거예요?

  나: 아이를 낳자마자 그만두었대요.
- 가: 마크 씨가 요즘 좀 살이 찐 것 같지 않아요?

  나: 네, 담배를 끊자마자 살이 찌기 시작했대요.
- 가: 내일 저녁 6시 반에 만나는 거죠?

  나: 네, 제가 퇴근하자마자 갈 테니까 사라 씨도 늦지 마세요.

26 A/V-(으)ㄴ/는 편이다

1. 기본 이해

- 중급 전반에 학습하는 문형
- 용언의 어간이나 선어말 어미 '-(으)시-' 뒤에 붙어서 쓰임
- 관련 주제: 주거 환경, 취미, 외모와 성격

2. 교안

단계	교수-학습 활동	학습 자료	시간(분)	지도상의 유의점
설명 (제시)	① 의미제시 　학생들에게 다음과 같이 물은 뒤, 교사가 '-(으)ㄴ/는 편이다'를 사용해서 대답해 줌으로써 목표 문법의 의미를 이해시킨다. T: 사라 씨는 가족 중에서 키가 커요? S: 아니요, 언니하고 동생이 더 커요. T: 사라 씨는 우리 반에서는 큰 편이지만 가족 중에서는 작은 편이군요. T: 마크 씨는 하숙집에 살지요? 방이 어때요? 다른 방보다 깨끗해요? S: 네, 아주 깨끗하지 않지만 다른 방보다 깨끗해요. T: 네, 그럼 하숙집에서는 마크 씨의 방이 깨끗한 편이군요. 　위의 대화를 통해 학생이 이해한 것을 바탕으로, '-(으)ㄴ/는 편이다'가 어떤 기준이나 범위에서 대체로 어디에 속하는지를 나타낸다는 것을 설명한다. ② 형태제시 　용언의 어간 뒤에 쓰인다는 것을 판서를 통해 보여 준다.		5~7분	▶ '-(으)ㄴ/는 편이다'는 대체로 어느 쪽에 있다는 것을 말하기 위해 기준이나 범위를 필요로 한다는 것을 학생들에게 설명한다.

	〈판서〉 싸다/많다/조용하다/밝다 + -(으)ㄴ 편이다 가다/만나다/좋아하다/먹다 + -는 편이다 • 마크 씨는 우리 반에서 키가 큰 편이에요. • 토마토를 좋아하는 편이에요.			

연습	① 기계적 연습
	  ㉠ 동사, 형용사 카드를 보고 목표 문법을 사용해 말해 본다.
	  ㉡ 같은 사람이나 물건 등이 서로 다른 집단 또는 범위에 있는 두 장씩의 그림을 보고 목표 문법을 사용해서 문장을 만들어 본다.
	• 리밍 씨는 3급에서는 책을 많이 읽는 편이에요. 그렇지만 다른 급수의 학생들보다 많이 안 읽는 편이에요.
	② 유의적 연습
	  ㉠ 교사가 구체적인 상황을 제시하여 학생들이 목표 문법을 사용한 대답을 하도록 유도한다.
	T: ___ 씨는 고기를 자주 먹어요? 좋아하는 편이에요?
	S: 네, 일주일에 3번 정도 먹으니까 좋아하는 편이에요.
	T: ___ 씨는 한국 친구가 몇 명쯤 있어요? 많은 편이에요?
	S: 아니요, 2명밖에 없어요. 적은 편이에요.
	  ㉡ (짝 활동) 두 명씩 짝을 이루어 서로의 취미와 성격에 대해 알아보고, 목표 문법을 사용해 상대를 소개하는 글을 쓴 뒤 발표해 본다.
		동사,
		형용사
		카드
		
		그림
		카드
			13~15분	▶ 실제 대화에서는 구체적인 기준이나 범위를 떠나, 일반적인 기준과 범위를 떠올려 보고 '-(으)ㄴ/는 편이다'를 사용한다는 것을 설명한다.
				
				▶ 학생들이 쓴 글을 교사가 모두 수거하여 말해 주며, 학생들이 듣고 누구에 대한 소개인지 맞히게 하는 방식으로 활동을 진행할 수도 있다.

3. 더 활용 가능한 예문

- 이 가게는 값이 싼 편입니다.
- 2층에 있어서 방이 밝은 편이에요.
- 우리 집은 근처에 식당이나 술집이 없어서 조용한 편이에요.
- 다른 친구들보다 명동에 자주 가는 편입니다.
- 1급 학생인데 한국어를 잘하는 편이네요.
- 가: 아키코 씨는 한국 음식을 잘 먹어요?
  나: 네, 다른 친구들에 비해서 잘 먹는 편이에요.
- 가: 학교에서 집이 멀어요?
  나: 아니요, 걸어서 20분쯤 걸리니까 가까운 편이에요.
- 가: 두 사람은 항상 같이 다니는 것 같아요.
  나: 네, 학교 친구들 중에서는 친한 편이에요.

27 A/V-거든(요)

출제가능성 ★☆☆

1. 기본 이해

- 중급 전반에 학습하는 종결 어미
- 용언이나 '이다'의 어간 또는 선어말 어미 '-(으)시-, -았/었-, -겠-' 뒤에 붙어서 쓰임
- 관련 주제: 한국 생활, 세탁소와 미용실 등 편의 시설 이용

2. 교안

단계	교수-학습 활동	학습 자료	시간(분)	지도상의 유의점
설명 (제시)	① 의미제시 　학생들에게 다음과 같이 물은 뒤, 교사가 '-거든(요)'를 사용해서 대답해 줌으로써 목표 문법의 의미를 이해시킨다. T: ___ 씨는 세탁소에 옷을 자주 맡겨요? S: 아니요, 한국에서는 세탁소에 별로 가지 않아요. T: 저는 세탁소에 옷을 자주 맡겨요. 다림질을 잘 못하거든요. T: ___ 씨는 요즘 잠을 잘 자요? S: 네, 잘 자요. T: 저는 요즘 잠을 잘 못 자요. 고민이 많거든요. 　위의 대화를 통해 학생이 이해한 것을 바탕으로, '-거든(요)'가 어떤 일에 대해 상대가 모르고 있는 이유를 말할 때 쓰인다는 것을 설명한다. ② 형태제시 　용언의 어간 뒤에 쓰인다는 것을 판서를 통해 보여 준다.		5~7분	▶ 상대방도 이미 알고 있거나 충분히 짐작할 수 있는 이유에 대해서는 '-거든(요)'를 사용하지 않으므로, 학생들이 모르고 있는 내용을 가지고 '-거든(요)' 문장을 제시한다.

	〈판서〉 낯설다/새롭다/다양하다 늘다/모으다 + -거든(요) • 미용실에서 할 수 있는 머리 모양이 참 다양하거든요. • 이제는 한국어가 많이 늘었거든요.		
연습	① 기계적 연습 ㉠ 동사, 형용사 카드를 보고 목표 문법을 사용해 말해 본다. ㉡ ㉠에서 말한 이유의 앞에 연결될 수 있는 결과 문장을 만들어 말해 본다.	동사, 형용사 카드	
	• 이제 아르바이트를 안 해도 돼. 돈을 많이 모았거든. • 한국에 처음 왔을 때는 혼자 다니기 힘들었어요. 모든 게 낯설었거든요.		
	② 유의적 연습 ㉠ 교사가 학생들에게 어떤 결과를 제시하면, 학생들은 목표 문법을 이용해 그에 어울리는 이유를 만들어 말해 본다.	13~15분	▶ 교사가 제시하는 한 가지 결과나 상황에 대해 학생들이 각기 다른 이유를 만들어서 말하게 한다.
	T: 오늘부터 저녁을 안 먹기로 했어요. S: ① 살을 빼야 하거든요. ② 요즘 소화가 안 되거든요. T: 학교 근처로 이사하려고 해. S: ① 지금 살고 있는 집이 학교에서 좀 멀거든. ② 지금 살고 있는 곳보다 학교 근처가 집값이 싸거든.		

	ⓛ (짝 활동) 교사가 '-거든(요)'를 사용해 만든 이유 문장 카드와 결과 문장 카드를 학생들에게 무작위로 나누어 주고, 정해진 시간에 가장 많은 문장들을 적절하게 연결한 팀이 이기는 게임을 한다.	문장 카드 세트	

3. 더 활용 가능한 예문

- 파마는 안 하고 그냥 자르려고 해요. 저한테 파마가 안 어울리거든요.
- 이제는 별로 불편한 게 없어요. 한국 생활에 많이 익숙해졌거든요.
- 이번 시험에 꼭 합격해야 해. 이번 시험이 아주 중요하거든.
- 오늘은 그냥 집에 있으려고요. 약속이 취소됐거든요.
- 스트레스가 쌓이면 노래방에 가 보세요. 노래가 스트레스 푸는 데 효과적이거든요.
- 가: 사라 씨와 라이 씨가 아직 안 왔네요.

  나: 이따가 같이 올 거예요. 두 사람이 아주 친하거든요.
- 가: 나도 너처럼 요리를 배우고 싶은데 잘할 수 있을까?

  나: 걱정하지 말고 한번 배워 봐. 생각보다 간단하거든.
- 가: 마크 씨한테 무슨 일 있어요? 오늘 기분이 안 좋아 보여요.

  나: 어제 밤을 새웠거든요. 그러니까 좀 피곤할 거예요.

28 V-(으)ㄹ까 하다

1. 기본 이해
- 중급 전반에 학습하는 문형
- 동사의 어간 뒤에 붙어서 쓰임
- 관련 주제: 계획, 쇼핑, 외출

2. 교안

단계	교수-학습 활동	학습 자료	시간(분)	지도상의 유의점
설명 (제시)	① 의미제시 　학생들에게 다음과 같이 물은 뒤, 교사가 '-(으)ㄹ까 하다'를 사용해서 대답해 줌으로써 목표 문법의 의미를 이해시킨다. T: 마크 씨는 한국어 말고 다른 외국어도 배울 생각이 있어요? S: 글쎄요. 아직 잘 모르겠어요. 그런데 혹시 나중에 기회가 있으면 배우려고 해요. T: 그래요. 여러 외국어를 할 수 있으면 좋은 것 같아요. 그래서 저도 외국어를 더 배울까 해요. T: 리밍 씨, 방학에 여행을 갈 거예요? S: 글쎄요. 아직 잘 모르지만 가고 싶어요. T: 네, 저도 방학에 시간이 있으면 여행을 갈까 해요. 학생이 이해한 것을 바탕으로, '-(으)ㄹ까 하다'가 현재로서는 다소 불확실하거나 막연한 계획이나 의도를 나타낸다는 것을 설명한다. ② 형태제시 　동사의 어간 뒤에 쓰인다는 것을 판서를 통해 보여 준다.		5~7분	▶ '-(으)려고 하다'나 '-(으)ㄹ 거예요'에 비해서 화자의 계획이나 의도가 확실하지 않을 때 사용한다는 것을 설명한다.

	⟨판서⟩ 떠나다/사다/운전하다 ＋ －ㄹ까 하다 끊다/넣다/입다 ＋ －을까 하다 • 제가 직접 운전할까 해요. • 그 모임에 갈 때는 치마를 입을까 해.			▶ '-(으)ㄹ까 하다'에서 '하다'는 현재나 과거로는 활용이 가능하지만, '살까 하겠다'처럼 '-겠-'과 함께 쓸 수는 없음을 설명한다.
연습	① 기계적 연습 　㉠ 동사 카드를 보고 목표 문법을 사용해 말해 본다. 　㉡ 어떤 사람의 주말 외출 계획이 담긴 그림을 순서대로 보여 주고, 학생들로 하여금 목표 문법을 사용해 이야기를 만들어 말해 본다. • 토요일에는 길이 막히니까 집에서 좀 일찍 떠날까 해요. • 자동차의 기름은 가면서 넣을까 해요. ② 유의적 연습 　㉠ 교사가 구체적인 상황을 제시하여 학생들이 목표 문법을 사용한 대답을 하도록 유도한다. T: 고향에 갈 때 부모님의 선물로 뭘 사려고 해요? S: 글쎄요. 지금 생각에는 화장품을 살까 해요. T: ＿＿＿ 씨는 왜 한국어를 배워요? S: 만약 한국어를 잘하게 되면 한국 회사에 취직할까 해서요. 　㉡ (짝 활동) 학생들은 각자 주어진 계획표에 10년 단위로 인생 계획을 작성한 뒤, 두 사람씩 짝을 이루어 서로 계획을 묻고 목표 문법을 사용해 대답해 본다.	동사 카드 외출 계획이 담긴 그림 카드 인생 계획표	13~15분	▶ 그림 카드를 행위의 시간적 순서에 따라 제시하지 말고 무작위로 제시하여, 학생들이 각자 자신이 생각하는 순서에 따라 그림을 나열한 뒤 이야기를 만들어 보게 해도 좋다.

3. 더 활용 가능한 예문

- 3년 후에 결혼할까 합니다.
- 이번 학기에는 영어 수업을 들을까 해요.
- 점심에는 그냥 편의점에 가서 삼각 김밥이나 먹을까 해요.
- 안 입는 옷은 정리해서 버릴까 해요.
- 늙으면 조용한 시골에 가서 살까 해.
- 가: 올여름 휴가는 어디로 갈 거야?
  나: 글쎄. 별로 가고 싶은 곳이 없어서 그냥 집에서 쉴까 해.
- 가: 모임 장소는 정했어요?
  나: 아니요. 그런데 다들 바빠서 가까운 곳에서 만날까 해요.
- 가: 여보세요? 마크 씨죠?
  나: 네. 에리코 씨, 별일 없으면 같이 영화나 볼까 하는데 어때요?

29　V-(으)ㄹ 걸 (그랬다)

1. 기본 이해

- 중급 중반에 학습하는 문형
- 동사의 어간 뒤에 붙어서 쓰임
- 관련 주제: 후회, 시험 및 행사 준비, 운명

2. 교안

단계	교수-학습 활동	학습 자료	시간(분)	지도상의 유의점
설명 (제시)	① 의미제시 　학생들에게 다음과 같이 물은 뒤, 교사가 '-(으)ㄹ 걸 (그랬다)'를 사용해서 대답해 줌으로써 목표 문법의 의미를 이해시킨다.		5~7분	▶ 어떤 사실에 대한 '추측'을 나타내는 '-(으)ㄹ걸'과는 달리, 앞에 '이다, 아니다'나 선어말 어미 '-았/었-' 등이 올 수 없다는 것을 설명한다.
	T: 사라 씨는 지금까지 살면서 후회되는 일이 있어요? S: 있어요. 유학을 너무 늦게 온 걸 후회하고 있어요. T: 네, 유학을 일찍 왔으면 좋았을 텐데요. "한국 유학을 좀 더 일찍 올 걸." 하고 후회하고 있군요. T: 뚜이 씨, 내일 단어 시험이 있는데 다 외웠어요? S: 아니요, 아직 조금밖에 안 외웠어요. 오늘 다 외울 수 있을지 걱정이에요. T: 그래요. "단어를 좀 미리 외워 둘 걸 그랬어." 하고 지금 후회하죠?			
	학생이 이해한 것을 바탕으로, '-(으)ㄹ 걸 (그랬다)'가 지나간 일에 대해 그것을 달리 하였더라면 더 좋았을 것이라는 후회나 아쉬움을 나타낸다는 것을 설명한다.			

	② 형태제시 　동사의 어간 뒤에 쓰인다는 것을 판서를 통해 보여 준다. 〈판서〉 가다/쓰다/공부하다 + -ㄹ 걸 (그랬다) 먹다/받다/잡다 + -을 걸 (그랬다) • 돈을 좀 아껴 쓸 걸 그랬어요. • 그때 그 기회를 잡을 걸 그랬어.		▶ '-(으)ㄹ 걸 (그랬다)'의 의미와 쓰임상 문장에 1인칭 주어가 오는 것이 자연스럽다는 것을 제시한다.
연습	① 기계적 연습 　㉠ 동사 카드를 보고 목표 문법을 사용해 말해 본다. 　㉡ 잘못되었거나 만족스럽지 않은 결과가 담긴 그림을 제시하여 학생들은 목표 문법을 사용해 후회스러운 것을 말해 본다. • 좀 더 열심히 공부할 걸. • 부모님이 주시는 돈을 받을 걸 그랬어요. ② 유의적 연습 　㉠ 교사가 구체적인 상황을 제시하여 학생들이 목표 문법을 사용한 대답을 하도록 유도한다. T: ___ 씨, 오늘도 아침을 안 먹고 왔죠? 배가 고프지 않아요? S: 네, 배가 많이 고파요. 아침을 먹을 걸 그랬어요. T: 리밍 씨, 한국은 요즘 대학을 졸업해도 취직하기가 힘든데 중국은 어때요? S: 중국도 마찬가지예요. 저도 대학교에 가지 않고 취직할 걸 그랬어요.	동사 카드 부정적인 결과 상황이 담긴 그림 카드 13~15분	▶ 전체 학생을 대상으로 연습을 한 후 개별 학생을 대상으로 확인한다.

ⓒ (2~3인 소그룹 활동) 지금까지 살면서 후회되는 일이나 아쉬운 일 또는 지금이라도 바꾸고 싶은 일에 대해 서로 묻고 목표 문법을 사용해 대답해 본다.		▶ 소그룹 활동에서 학생들의 질문이나 대답이 원활하게 이루어지지 않을 때에는 교사가 '공부, 이성 교제, 유학, 일, 경제적인 문제, 가족 관계' 등으로 대화 소재를 미리 정해 주는 것도 좋다.

3. 더 활용 가능한 예문

- 선물을 미리 살 걸 그랬어요.
- 내가 먼저 전화하지 말 걸 그랬어.
- 우산을 가지고 나올 걸 그랬어요.
- 일찍 와서 앞에 앉을 걸 그랬네요.
- 이렇게 길이 막힐 줄 알았으면 지하철을 탈 걸.
- 가: 추석 때 고향에 간다더니 비행기표는 예매했어요?

  나: 아니요, 아직 못 했는데 걱정이에요. 미리 예매할 걸 그랬어요.
- 가: 라이 씨도 왔으면 좋았을 텐데요. 그 식당이 음식도 맛있고 분위기도 좋더라고요.

  나: 그러게 말이에요. 저도 같이 갈 걸 그랬어요.
- 가: 라이가 입이 가벼운 줄 몰랐어?

  나: 응, 그런 줄 알았더라면 라이한테 말하지 말 걸 그랬어.

30 V-(으)ㄹ 뻔하다

출제가능성 ★☆☆

1. 기본 이해

- 중급 중반에 학습하는 문형
- 동사의 어간이나 선어말 어미 '-(으)시-' 뒤에 붙어서 쓰임
- 관련 주제: 실수, 후회, 사고, 뉴스

2. 교안

단계	교수-학습 활동	학습 자료	시간(분)	지도상의 유의점
설명 (제시)	① 의미제시 　학생들에게 다음과 같이 물은 뒤, 교사가 '-(으)ㄹ 뻔하다'를 사용해서 대답해 줌으로써 목표 문법의 의미를 이해시킨다. T: 오늘 아침에 학교에 오면서 여러 가지 일이 많았어요. S: 무슨 일이 있었는데요? T: 운전을 하다가 잠깐 졸았어요. S: 그래서 사고가 났어요? T: 아니요, 사고가 날 뻔했어요. 또 주차장에서 나오다가 넘어졌어요. S: 그래서 다치셨어요? T: 아니요, 다칠 뻔했어요. 그리고 화장실에서 휴대 전화를 떨어뜨렸어요. S: 휴대 전화가 고장 났어요? T: 아니요, 괜찮아요. 고장날 뻔했어요. 　위의 대화를 통해 학생이 이해한 것을 바탕으로, '-(으)ㄹ 뻔하다'가 어떤 동작이나 일이 실제로 실현되거나 발생하지는 않았지만 거의 그러한 상태에 도달할 정도였다는 의미를 나타낸다는 것을 설명한다.		5~7분	▶ '-(으)ㄹ 뻔하다'는 실제 문장에서 '-(으)ㄹ 뻔했다'로만 사용된다는 것을 설명한다.

	② 형태제시 　동사의 어간 뒤에 쓰인다는 것을 판서를 통해 보여 준다.			
	〈판서〉 만나다/놓치다/잊어버리다 + -ㄹ 뻔하다 늦다/받다/찾다 + -을 뻔하다 • 약속을 잊어버릴 뻔했어요. • 버스가 늦게 도착해서 하마터면 약속 시간에 늦을 뻔했어요.			
연습	① 기계적 연습 　㉠ 동사 카드를 보고 목표 문법을 사용해 말해 본다. 　㉡ 카페에서 수다를 떠는 사진, 버스를 잡으러 뛰어가는 사진, 출근 시간 지하철 내부 사진 등 다양한 상황이 담긴 사진을 보여 주고 목표 문법을 이용해 말해 본다. • 하마터면 카페에서 이야기하다가 커피를 쏟을 뻔했어요. • 조금만 늦었으면 버스를 놓칠 뻔했습니다. ② 유의적 연습 　㉠ 교사가 구체적인 상황을 제시하여 학생들이 목표 문법을 사용한 대답을 하도록 유도한다. T: 제가 지갑을 어디에 두었죠? 아까 커피를 사고 가방에 넣었는데. 요즘 정신이 없네요. 아, 여기 있어요. S: 선생님, 하마터면 지갑을 잃어버릴 뻔했어요.	동사 카드 다양한 상황이 담긴 사진 자료	13~15분	▶ '-(으)ㄹ 뻔하다'와 빈번하게 같이 사용되는 부사 '하마터면'의 의미와 쓰임에 대해 설명하고, 학생들이 사용해 보도록 한다.

T: 오늘 학교에 오다가 사고가 났어요. 그래도 다행히 학교에 잘 왔네요. S: 선생님, 학교에 못 올 뻔하셨네요.		
ⓒ (2~3인 소그룹 활동) 그룹원끼리 그렇게 될 뻔했던 이유나 상황과 함께 과거 경험들에 대해 목표 문법을 사용해 이야기해 본다.		

3. 더 활용 가능한 예문

- 길이 미끄러워서 넘어질 뻔했어요.
- 옷을 얇게 입고 외출했다가 감기에 걸릴 뻔했어.
- 찬 음식을 많이 먹고 배탈이 날 뻔했어요.
- 어렸을 때 높은 곳에서 떨어져서 죽을 뻔한 적이 있습니다.
- 너무 화가 나서 참지 못하고 싸울 뻔했어요.
- 가: 사라 씨, 여기예요.

  나: 레이코 씨, 여기에서 기다렸군요. 하마터면 못 만날 뻔했네요.
- 가: 놀이공원은 재미있었어요?

  나: 아휴, 사람이 너무 많아서 하마터면 아이를 잃어버릴 뻔했어요.
- 가: 시험은 잘 봤어?

  나: 늦잠을 자서 시험 보러 못 갈 뻔했어.

31 V-느라(고)

출제가능성 ★☆☆

1. 기본 이해

- 중급 중반에 학습하는 연결 어미
- 동사의 어간이나 선어말 어미 '-(으)시-' 뒤에 붙어서 쓰임
- 관련 주제: 부탁, 실수, 후회, 결혼식 및 졸업식

2. 교안

단계	교수-학습 활동	학습 자료	시간(분)	지도상의 유의점
설명 (제시)	① 의미제시 　학생들에게 다음과 같이 묻고 대답을 유도한 뒤, 교사가 '-느라(고)'를 사용해서 다시 한번 이야기해 줌으로써 목표 문법의 의미를 이해시킨다. T: ___ 씨, 고향 친구들하고 자주 연락해요? S: 아니요, 지금 한국에 있으니까 자주 연락하지 못해요. T: 네, 한국에서 공부하느라고 연락을 자주 못하는군요. T: ___ 씨는 식당에서 누가 부르면 잘 들려요? S: 네, 잘 들려요. T: 저는 밥을 먹느라고 정신이 없어서 잘 안 들려요. 　학생이 이해한 것을 바탕으로, '-느라(고)'가 앞 절의 행동을 한 것이 이유가 되어 뒤 절에 아쉬운 결과가 생겼음을 나타낸다는 것을 설명한다. ② 형태제시 　동사의 어간 뒤에 쓰인다는 것을 판서를 통해 보여 준다.		5~7분	▶ '-느라(고)'의 뒤 절에 반드시 아쉽거나 부정적인 결과만 오는 것은 아니지만, 지금 단계에서는 그러한 쓰임만을 제시하여 학생들의 혼란을 줄인다.

	⟨판서⟩ 사다/보다/챙기다/일하다 듣다/놀다/찾다/받다 + -느라(고) • 주말에도 아이들을 챙기느라고 쉴 수가 없어요. • 늦게까지 친구들하고 노느라고 숙제를 못 했습니다.			
연습	① 기계적 연습 　㉠ 동사 카드를 보고 목표 문법을 사용해 바꾼 뒤, 뒤 문장을 연결해 말해 본다. 　㉡ 이유가 되는 상황과 그 뒤에 결과로 이어질 상황이 함께 담긴 그림 카드를 보고, 목표 문법을 사용해 문장을 만들어 말해 본다. • 이것저것 사느라고 돈을 다 써 버렸어요. • 음악을 듣느라고 전화가 온 것을 몰랐네요. ② 유의적 연습 　㉠ 교사가 구체적인 상황을 제시하여 학생들이 목표 문법을 사용한 대답을 하도록 유도한다. T: ___ 씨는 한국어 공부를 시작하고 나서 계속 열심히 했어요? S: 아니요, 친구들하고 놀고 아르바이트도 하느라고 열심히 안 했어요. T: ___ 씨, 아침에 학교에 올 준비를 하면서 시간이 많이 걸릴 때가 있어요? S: 네, 가끔 씻느라고 시간이 좀 많이 걸려요. 　㉡ (2~3인 소그룹 활동) 지금까지 살면서 후회되는 일이나 크게 실수했던 경험 또는 힘들었던 일에 대해 서로 묻고 목표 문법을 사용해 대답해 본다.	동사 카드 이유와 결과 상황이 담긴 그림 카드	13~15분	▶ 연습 단계에서는 학생들에게 '-느라(고)'를 사용할 때 앞뒤 절의 주어가 동일해야 한다는 것을 설명하여, 오류를 일으키지 않도록 한다.

3. 더 활용 가능한 예문

- 어제 일찍 자느라고 연락을 못 했어요.
- 주말까지 일하느라고 가족들하고 지낼 시간이 없습니다.
- 여행을 갔다 오느라고 학교에 결석했어요.
- 잘 못하는 음식을 만드느라고 고생했어요.
- 은행에서 돈을 찾느라고 먼 곳까지 다녀왔습니다.
- 가: 마크 씨가 요즘 잘 안 보이네요.

  나: 네, 결혼 준비를 하느라고 아주 바쁜가 봐요.
- 가: 사라 씨, 제가 세 번이나 불렀는데 왜 대답을 안 해요?

  나: 미안해요. 전화를 받느라고 대답하지 못했어요.
- 가: 어제 제가 여러 번 전화했는데 휴대 전화가 꺼져 있던데요?

  나: 아, 극장에서 영화를 보느라고 휴대 전화를 꺼 놓고 있었어요.

남에게 이기는 방법의 하나는
예의범절로 이기는 것이다.

- 조쉬 빌링스 -

셋째 마당

교안작성연습

교육이란 사람이 학교에서 배운 것을
잊어버린 후에 남은 것을 말한다.

− 알버트 아인슈타인 −

셋째 마당 | 교안작성연습

체크 포인트
셋째 마당에서는 둘째 마당에서 모범 교안으로 제시했던 항목을 제외한 다른 예상 항목을 단계적으로 연습할 수 있습니다. 교안을 직접 작성해 본 뒤, 예시답안을 보며 스스로 평가해 보세요.

※ 연습 교안의 T(Teacher)는 교사를, S(Student)는 학습자를 의미함

01 V-(으)려고 하다 　　　　　출제가능성 ★☆☆

- ✓ 숙달도: 초급
- ✓ 단원 주제: 약속
- ✓ 목표 문법: V-(으)려고 하다 (의도)
- ✓ 수업 시간: 20분

단계	교수-학습 활동	학습 자료	시간(분)	지도상의 유의점
설명 (제시)	① 의미제시 　학습자들에게 교사가 '-(으)려고 하다'를 사용해서 묻고 대답을 통해 다시 한번 제시해 줌으로써 목표 문법의 의미를 이해시킨다. **문제 1** T: _____ S: _____ T: _____ T: _____ S: _____ T: _____		5~7분	▶ 뒤 절에 다양한 동사를 취할 수 있는 연결 어미로서의 '-(으)려고'가 아니므로, '-(으)려고 하다'를 분석하지 말고 하나의 문형으로 제시한다.

	위의 대화 과정을 통해 학습자가 이해한 것을 바탕으로, '-(으)려고 하다'가 앞으로 어떠한 행동이나 일을 하고자 하는 의도를 나타낸다는 것을 설명한다. ② 형태제시 　동사의 어간 뒤에 쓰인다는 것을 판서를 통해 보여 준다. 〈판서〉 사다/오다/만나다/배우다 + -려고 하다 먹다/읽다/입다/듣다 + -으려고 하다 • 한국에 가서 한국어를 배우려고 합니다. • 책을 더 열심히 읽으려고 해요.		
연습	① 기계적 연습 　㉠ 동사 카드를 보고 목표 문법을 사용해 말해 본다. 　㉡ 여러 사람의 이번 주 주말 계획이 담겨 있는 그림 카드를 보고, 목표 문법을 사용해 문장을 만들어 말해 본다. • 사라 씨는 이번 주말에 운동을 하려고 해요. ② 유의적 연습 　㉠ 교사가 구체적인 상황을 제시하여 학습자들이 목표 문법을 사용한 대답을 하도록 유도한다.	동사 카드 그림 카드 13~15분	▶ '-(으)려고 하다'를 '-(으)려고 했다'나 '-(으)려고 할 거예요' 등으로도 활용할 수 있지만, 현 단계에서는 현재 시점에서의 의도를 나타내는 '-(으)려고 해요/합니다'로만 연습할 수 있도록 한다.

T: ___ 씨는 이번 주말에 뭘 할 거예요?
S: 저는 이번 주말에 명동에 가서 옷을 사려고 해요.

T: ___ 씨는 이번 주말에 약속이 있습니까?
S: 아니요, 이번 주말에는 그냥 집에서 쉬려고 합니다.

 (짝 활동) 두 사람씩 짝을 이루어 먼저 보통 주말 일과가 어떻게 되는지 이야기해 보고, 목표 문법을 사용해 이번 주말은 어떻게 보낼 것인지 이야기해 본다.

예시답안

문제 1

T: 라이 씨, 토요일에도 학교에 오려고 해요?
S: 아니요, 토요일에는 안 와요.
T: 라이 씨는 토요일에 학교에 안 오려고 해요.

T: 마크 씨, 오늘 점심을 몇 시에 먹으려고 해요?
S: 1시 반쯤에 먹을 거예요.
T: 마크 씨는 점심을 1시 반쯤 먹으려고 해요.

02　A/V-(으)ㄹ 거예요

- ✓ 숙달도: 초급
- ✓ 단원 주제: 여행 준비
- ✓ 목표 문법: A/V-(으)ㄹ 거예요 (추측)
- ✓ 수업 시간: 20분

단계	교수-학습 활동	학습 자료	시간(분)	지도상의 유의점
설명 (제시)	① 의미제시 　학습자들에게 다음과 같이 물은 뒤, 교사가 '-(으)ㄹ 거예요'를 사용해서 대답해 줌으로써 목표 문법의 의미를 이해시킨다. 문제 1 T: ＿＿＿＿＿＿＿＿＿＿ S: ＿＿＿＿＿＿＿＿＿＿ T: ＿＿＿＿＿＿＿＿＿＿ T: ＿＿＿＿＿＿＿＿＿＿ S: ＿＿＿＿＿＿＿＿＿＿ T: ＿＿＿＿＿＿＿＿＿＿ 　위의 대화 과정을 통해 학습자가 이해한 것을 바탕으로, '-(으)ㄹ 거예요'가 과거나 현재 또는 미래 사실에 대한 추측을 나타낸다는 것을 설명한다. ② 형태제시 　용언의 어간 뒤에 쓰인다는 것을 판서를 통해 보여 준다.		5~7분	▶ 1인칭 주어의 미래 의지를 나타내는 '-(으)ㄹ 거예요'와 그 쓰임에서 차이가 있으므로, 추측의 의미를 나타낸다는 데 초점을 맞추고 설명한다.

	⟨판서⟩ 가다/보다/싸다/조용하다 + -ㄹ 거예요 먹다/입다/많다/작다 + -을 거예요 • 아이들은 저녁에 들어오니까 낮에는 집이 조용할 거예요. • 사라 씨는 매운 음식을 좋아해서 김치도 잘 먹을 거예요.			
연습	① 기계적 연습 　㉠ 동사, 형용사 카드를 보고 목표 문법을 사용해 말해 본다. 　㉡ 여행과 관련된 상황들이 담긴 그림 카드를 보고, 목표 문법을 사용해 문장을 만들어 말해 본다. • 제주도 여행은 여권이 필요 없을 거예요. • 아마 비행기표는 공항에서 줄 거예요. ② 유의적 연습 　㉠ 교사가 구체적인 상황을 제시하여 학습자들이 목표 문법을 사용한 대답을 하도록 유도한다. T: 제가 호주로 여행을 가려고 해요. 호주도 지금 추울까요? S: 아니요, 호주는 지금 더울 거예요. T: 프랑스에도 한국 식당이 있을까요? S: 아마 요즘은 프랑스에도 한국 식당이 많이 생겼을 거예요.	동사, 형용사 카드 여행과 관련된 상황이 담긴 그림 카드	13~15분	▶ 학습자들이 발화하는 내용에 따라 '-았/었을 거예요'도 적절하게 사용할 수 있도록 지도한다.

	ⓛ (짝 활동) 두 사람씩 짝을 이루어 여행 계획을 세우고, 여행과 관련하여 추측할 수 있는 내용들(여행지의 날씨, 물가, 교통, 음식, 명소, 준비물 등)에 대해 목표 문법을 사용해 이야기해 본다.	여행 계획표	

예시답안

문제 1

T: 지금 제주도에 가면 사람이 많을까요?

S: 네, 아마 많아요.

T: 네, 지금 제주도에 가면 아마 사람이 많을 거예요.

T: 리밍 씨는 결혼하면 중국으로 신혼여행을 가려고 해요?

S: 아니요, 아마 외국으로 가요.

T: 네, 리밍 씨는 결혼하면 아마 외국으로 신혼여행을 갈 거예요.

03 V-아/어 보다

출제가능성 ★★☆

- ✓ **숙달도:** 초급 중반
- ✓ **단원 주제:** 쇼핑
- ✓ **목표 문법:** V-아/어 보다 (시도)
- ✓ **수업 시간:** 20분

단계	교수-학습 활동	학습 자료	시간(분)	지도상의 유의점
설명 (제시)	① 의미제시 　학습자들에게 다음과 같이 물은 뒤, 교사가 '-아/어 보다'를 사용해서 대답해 줌으로써 목표 문법의 의미를 이해시킨다. **문제 1** T: _____ S: _____ T: _____ T: _____ S: _____ T: _____ 　위의 대화 과정을 통해 학습자가 이해한 것을 바탕으로, '-아/어 보다'가 어떤 행동을 시험 삼아 함을 나타낸다는 것을 설명한다. ② 형태제시 　동사의 어간 뒤에 쓰인다는 것을 판서를 통해 보여 준다.		5~7분	▶ '-아/어 보다'는 시험 삼아 함을 나타내기도 하지만 '여름 감기에 걸려 보았다.'와 같이 그러한 경험을 했다는 의미를 나타내기도 하는데, 현 단계에서는 '시도'라는 의미에 초점을 맞추어 문장을 제시한다.

	〈판서〉 만나다/받다/살다/오다 + -아 보다 먹다/배우다/마시다/입다 + -어 보다 하다/공부하다/일하다 → -해 보다 • 한국 친구를 만나 봤어요? • 저는 한복을 입어 봤습니다. • 가벼운 운동을 시작해 보려고 한다.		
연습	① 기계적 연습 　㉠ 동사 카드를 보고 목표 문법을 사용해 말해 본다. 　㉡ 한국에서 시도해 볼 수 있는 어떤 행동이나 일이 묘사된 그림을 보고, 목표 문법을 사용해 문장을 만들어 말해 본다. • 한국 노래를 해 봤어요. • 한국 술을 마셔 봤습니다. ② 유의적 연습 　㉠ 교사가 구체적인 상황을 제시하여 학습자들이 목표 문법을 사용한 대답을 하도록 유도한다. T: 한국에서 옷을 사 봤어요? S: 네, 사 봤어요. T: 어디에서 샀어요? S: 명동에서 샀어요. T: 남대문 시장에도 가 봤어요? S: 아니요, 안 가 봤어요. T: 그럼 한번 가 보세요. 남대문 시장에 가서 음식도 먹어 보세요. S: 네, 알겠습니다. 한번 가 보겠습니다.	동사 카드 그림 카드 13~15분	▶ 학습자들이 어떤 일을 시도해 보지 않았다는 의미도 나타낼 수 있도록 '안/못 + -아/어 보다'도 함께 연습할 기회를 준다.

ⓒ (짝 활동) 서로 다른 나라나 도시의 학습자들끼리 짝을 이루어, 그 나라나 도시에 가서 쇼핑을 하면 어디에 가서 무엇을 사는 게 좋은지 목표 문법을 사용해 묻고 대답해 본다.

예시답안

문제 1

T: 인터넷으로 쇼핑을 해요? / 인터넷 쇼핑을 자주 해요?
S: 가끔 인터넷 쇼핑을 해요.
T: 네, 자주 하지 않지만 인터넷 쇼핑을 해 봤군요.

T: 동대문 쇼핑 센터에서 물건을 고르면 어때요?
S: 물건이 많아서 좋아요.
T: 네, 동대문 쇼핑 센터에서 물건을 골라 봤군요.

04　V-아/어서　　　　　　　　　　　　　　출제가능성 ★★★

- **숙달도:** 초급 전반
- **단원 주제:** 한국 생활
- **목표 문법:** V-아/어서 (시간적 순서)
- **수업 시간:** 20분

단계	교수-학습 활동	학습 자료	시간(분)	지도상의 유의점
설명 (제시)	① 의미제시 　학습자들에게 다음과 같이 물은 뒤, 교사가 '-아/어서'를 사용해서 대답해 줌으로써 그 의미와 쓰임을 이해시킨다. **문제 1** T: ＿＿＿ S: ＿＿＿ T: ＿＿＿ T: ＿＿＿ S: ＿＿＿ T: ＿＿＿ **문제 2** - ＿＿＿ ② 형태제시 　동사의 어간 뒤에 쓰인다는 것을 판서를 통해 보여 준다.		5~7분	▶ 뒤 절에 대한 이유나 원인을 나타내는 'A/V-아/어서'와는 달리 동사 뒤에만 붙어서 쓰일 수 있음을 설명한다.

	〈판서〉 가다/만나다/앉다/오다 + -아서 걸다/빌리다/외우다/쓰다 + -어서 하다/공부하다/일하다 → -해서 • 집에 가서 점심을 먹습니다. • 전화를 걸어서 이야기해요. • 도착해서 전화해.			▶ 시간적 순서를 나타내는 '-아/어서'의 경우 앞 절의 행위가 뒤 절의 필수적인 조건이 되므로, 앞에 오는 동사에 제약이 있음을 설명한다.

연습	① 기계적 연습
	  ㉠ 동사 카드 중 두 장을 골라서 목표 문법을 사용해 말해 본다.
	  ㉡ 교사는 밀접하게 관련된 두 개의 동작이나 일이 그려져 있는 그림들을 제시하고, 학습자들은 문장을 만들어 말해 본다.
	• 도서관에서 책을 빌려서 읽습니다.
	• 소파에 앉아서 텔레비전을 봐요.
	② 유의적 연습
	  ㉠ 교사가 구체적인 상황을 제시하여 학습자들이 목표 문법을 사용한 대답을 하도록 유도한다.
	T: 작년 크리스마스에 카드를 많이 받았어요?
	S: 네, 가족들하고 친구들이 카드를 써서 주었어요.
	T: 주말에는 보통 집에 있어요?
	S: 아니요, 친구를 만나서 밥도 먹고 쇼핑도 해요.
	  ㉡ (개별 활동) 각자 '나의 한국 생활'이라는 주제로, 평일과 주말 일과에 대해 목표 문법을 사용해서 글을 쓰고 발표해 본다.
		동사 카드
		
		그림 카드
		
		개별 활동을 위한 활동지
			13~15분	▶ 이유나 원인을 나타내는 'A/V-아/어서'와는 달리, 뒤 절에 '-(으)ㄹ까요?, -(으)ㅂ시다, -(으)세요'도 쓰일 수 있음을 제시한다.

예시답안

문제 1

T: 라이 씨는 집에서 아침을 먹고 학교에 와요?
S: 아니요, 보통 학교에서 아침을 먹어요.
T: 네, 학교에 와서 아침을 먹어요.

T: 아침에 지하철에 자리가 있어요?
S: 아니요, 자리가 없어요.
T: 네, 아침에는 자리가 없어서 앉지 못해요. 서서 와요.

문제 2

– 위의 대화 과정을 통해 학습자가 이해한 것을 바탕으로, '–아/어서'가 앞 절의 행위를 전제로 그와 밀접한 뒤 절의 행위가 순차적으로 일어남을 나타낸다는 것을 설명한다.

05　N처럼

- ✓ **숙달도:** 초급 중반
- ✓ **단원 주제:** 외모와 복장
- ✓ **목표 문법:** N처럼 (비유)
- ✓ **수업 시간:** 20분

단계	교수-학습 활동	학습 자료	시간(분)	지도상의 유의점
설명 (제시)	① 의미제시 　학습자들에게 다음과 같이 물은 뒤, 교사가 목표 문법을 사용해서 대답해 줌으로써 그 의미와 쓰임을 이해시킨다. **문제 1** T: _____ S: _____ T: _____ T: _____ S: _____ T: _____ **문제 2** – _____ ② 형태제시 　명사나 명사형 뒤에 쓰인다는 것을 판서를 통해 보여 준다.		5~7분	▶ '처럼' 앞에는 비유의 대상과 공통된 특성을 가지고 있는 사람이나 사물, 동식물, 식품, 건축물 등이 다양하게 올 수 있다는 것을 제시한다.

	⟨판서⟩ 모델/사과/호랑이/집/꽃 +처럼 • 제 친구는 모델처럼 다리가 길어요. • 우리 아버지는 호랑이처럼 무서우십니다. • 학교도 집처럼 편안합니다.		
연습	① 기계적 연습 　㉠ 사물과 인물 등이 담긴 사진을 보고 목표 문법을 사용해 말해 본다. 　㉡ 명사 카드를 보고 비유의 대상을 정한 뒤, 문장을 만들어 말해 본다. • 제 동생은 농구 선수처럼 키가 커요. • 우리 어머니는 꽃처럼 아름답습니다. ② 유의적 연습 　㉠ 교사가 구체적인 상황을 제시하여 학습자들이 목표 문법을 사용한 대답을 하도록 유도한다. T: ___ 씨, 이 사진 속의 남자가 많이 말랐어요? S: 네, 그 남자는 젓가락처럼 말랐어요. T: ___ 씨, 제 셔츠가 아주 하얗지요? S: 네, 선생님의 셔츠는 눈처럼 하얗습니다. 　㉡ (2~3인 소그룹 활동) 한 사람은 어떤 인물의 외모나 복장에 대해 묻고, 다른 사람들은 목표 문법을 사용해 비유적으로 표현해 본다.	사물과 인물 사진 자료 명사 카드 13~15분	 ▶ 외모나 복장을 표현하기 위한 문장을 만들고 연습하게 되므로, '처럼' 뒤에 형용사를 사용해서 문장을 만든다.

예시답안

문제 1

T: 리에 씨, 크리스 씨의 바지는 무슨 색이에요?
S: 파란색이에요.
T: 네, 정말 바다처럼 파란색이네요.

T: 타오 씨는 어떤 머리 모양을 좋아해요?
S: 저는 좀 짧은 머리가 좋아요.
T: 아, 타오 씨는 군인처럼 짧은 머리를 좋아하는군요.

문제 2

– 위의 대화 과정을 통해 학습자가 이해한 것을 바탕으로, 'N처럼'이 어떤 모양이나 상태를 앞의 명사에 비유해서 그와 비슷함을 나타낸다는 것을 설명한다.

06 V-(으)라고 하다

- ✓ **숙달도:** 초급 후반
- ✓ **단원 주제:** 하숙집
- ✓ **목표 문법:** V-(으)라고 하다 (명령문의 간접인용)
- ✓ **수업 시간:** 20분

단계	교수-학습 활동	학습 자료	시간(분)	지도상의 유의점
설명 (제시)	① 의미제시 　학습자들에게 다음과 같이 물은 뒤, 교사가 '-(으)라고 하다'를 사용해서 대답해 줌으로써 그 의미와 쓰임을 이해시킨다. 문제 1 T: _____ S: _____ T: _____ T: _____ S: _____ T: _____ 문제 2 - _____ ② 형태제시 　동사의 어간 뒤에 쓰인다는 것을 판서를 통해 보여 준다.		5~7분	▶ '명령문'이라는 개념보다 학습자들이 현 단계까지 배워서 알고 있는 명령문의 형태[-(으)세요, -(으)십시오, -아/어요]를 제시하여, '-(으)라고 하다'의 쓰임을 이해한다.

	〈판서〉 오다/내다/주다/공부하다 + -라고 하다 넣다/닫다/앉다/입다 + -으라고 하다 • 선생님이 숙제를 오늘까지 내라고 했습니다. • 아주머니가 빨래는 세탁기에 넣으라고 했어요.		▶ '-주세요/주십시오'의 경우, 원래의 화자 자신이 무엇을 원함을 나타낼 때에는 '달라고 하다'를 사용한다는 것을 설명한다.

연습	① 기계적 연습
	  ㉠ 동사 카드를 보고 목표 문법을 사용해 말해 본다.
	  ㉡ 원래의 화자(주어) 및 전달자, 청자와 함께 어떤 행동이나 일이 표현되어 있는 그림을 보고, 목표 문법을 사용해 문장을 만들어 말해 본다.
	• 아버지께서 저에게 한국어를 배우라고 하셨어요.
	• 친구가 창문을 닫으라고 했어요.
	② 유의적 연습
	  ㉠ 교사가 구체적인 상황을 제시하여 학습자들이 목표 문법을 사용한 대답을 하도록 유도한다.
	T: 하숙집에 살면 늦게 들어가도 괜찮아요?
	S: 아니요. 아주머니께서 11시 전에 들어오라고 했어요.
	T: 옷이 더러우면 어머니께서 뭐라고 하세요?
	S: 새 옷을 입으라고 해요.
		동사 카드
		
		그림 카드
			13~15분	▶ 주어가 높임의 대상인 경우 '-(으)라고 하셨다'를 쓰고, 특정한 시점이 아니라 일상적으로 하는 이야기를 인용할 때에는 '-(으)라고 해요'와 같이 현재 시제를 사용한다는 것을 연습 과정을 통해 익힌다.

ⓒ (3인 소그룹 활동) 3명씩 그룹을 이루어 교사가 제시한 카드에 담긴 명령문을 첫 번째 사람이 말하면, 두 번째 사람은 그것을 세 번째 사람에게 전달하고 세 번째 사람은 전달 받은 내용을 빈 카드에 옮겨 적는 방식으로 게임을 한다.	명령문이 담긴 문장 카드	

예시답안

문제 1

T: 한국에 올 때 부모님이 어떤 말씀을 하셨어요?
S: "공부 열심히 해." 하셨어요.
T: 네, 부모님이 공부 열심히 하라고 하셨어요.

T: 하숙집에 들어갈 때 아주머니가 무슨 얘기를 했어요?
S: "방을 깨끗하게 사용하세요." 했어요.
T: 네, 아주머니가 방을 깨끗하게 사용하라고 했어요.

문제 2

- 위의 대화 과정을 통해 학습자가 이해한 것을 바탕으로, '-(으)라고 하다'가 화자의 명령이나 지시 사항을 인용하여 청자에게 전달함을 나타낸다는 것을 설명한다.

07　A/V-기 때문(에)　　　　　　　　　　　　출제가능성 ★☆☆

- ✔ **숙달도:** 초급 중반
- ✔ **단원 주제:** 취미
- ✔ **목표 문법:** A/V-기 때문(에) (이유)
- ✔ **수업 시간:** 20분

단계	교수-학습 활동	학습 자료	시간(분)	지도상의 유의점
설명 (제시)	① 의미제시 　학습자들에게 다음과 같이 물은 뒤, 교사가 '-기 때문에'를 사용해서 대답해 줌으로써 그 의미와 쓰임을 이해시킨다. **문제 1** T: S: T: S: T: S: **문제 2** － ② 형태제시 　용언의 어간 뒤에 쓰인다는 것을 판서를 통해 보여 준다.		5~7분	▶ 뒤 절에 '-(으)세요, -(으)십시오, -(으)ㄹ까요?, -(으)ㅂ시다'는 오지 못한다는 것을 설명한다.

	〈판서〉 비싸다/조용하다/없다 보다/좋아하다/팔다/닫다 + -기 때문에 • 기타가 비싸기 때문에 아직 못 샀어요. • 한국 영화를 자주 보기 때문에 배우들도 많이 알아요.		▶ '-아/어서'나 '-(으)니까'에 비해서 더 강한 이유를 나타낼 때 주로 사용한다는 것을 설명한다.

연습	① 기계적 연습
	   ㉠ 제시된 동사, 형용사 카드를 보고, 목표 문법을 사용해 말해 본다.
	
	문제 3
	   ㉡ _____
	      _____
	   • _____
	   • _____
	
	② 유의적 연습
	   ㉠ 교사가 구체적인 상황을 제시하여 학습자들이 목표 문법을 사용한 대답을 하도록 유도한다.
	T: ___ 씨는 요리를 좋아하죠?
	T: 요즘도 요리를 자주 해요?
	S: 아니요, 요즘은 너무 바쁘기 때문에 요리를 할 시간이 없어요.
	
	T: ___ 씨, 주말에도 한국어 공부를 좀 해요?
	S: 아니요, 주말에는 보통 여행을 가기 때문에 공부할 시간이 없어요.
	   ㉡ (짝 활동) 두 사람씩 짝을 이루어 서로 취미와 특기, 관심사, 한국에서 해 보고 싶은 것 등에 대해 묻고 목표 문법을 사용해 대답해 본다.
		동사,
		형용사
		카드
		
		그림
		카드
		
		13~15분
			▶ 한 가지 그림에 대해 여러 학습자들이 다양한 시각으로 이유나 결과를 만들어 보게 하면 연습을 하는 데 더욱 흥미를 줄 수 있다.

예시답안

문제 1

T: 마크 씨는 취미가 뭐예요?
S: 제 취미는 사진 찍기예요.
T: 그럼 한국에서도 사진을 많이 찍어요?
S: 네, 저는 카메라를 항상 가지고 다녀요.
T: 카메라를 항상 가지고 다니기 때문에 사진을 찍을 수 있군요. 카메라가 없을 때는 어떻게 해요?
S: 휴대 전화가 있기 때문에 괜찮아요.

문제 2

– 위의 대화 과정을 통해 학습자가 이해한 것을 바탕으로, '–기 때문(에)'가 앞 절의 동작이나 상황이 뒤 절의 강한 이유가 됨을 나타낸다는 것을 설명한다.

문제 3

ⓒ 그림을 보고 그림 속의 상황을 목표 문법을 사용해 원인 또는 결과로 하는 문장을 만들고 말해 본다.
- 시간이 없기 때문에 운동을 자주 못 해요.
- 한국 가수를 좋아하기 때문에 콘서트도 많이 봤어요.

08　A/V-(으)ㄴ/는데　　　출제가능성 ★☆☆

- ✓ 숙달도: 초급 후반
- ✓ 단원 주제: 소개
- ✓ 목표 문법: A/V-(으)ㄴ/는데 (대조)
- ✓ 수업 시간: 20분

단계	교수-학습 활동	학습 자료	시간(분)	지도상의 유의점
설명 (제시)	① 의미제시 　학습자들에게 다음과 같이 물은 뒤, 교사가 '-(으)ㄴ/는데'를 사용해서 대답해 줌으로써 그 의미와 쓰임을 이해시킨다. 문제 1 T: _____ S: _____ T: _____ T: _____ S: _____ T: _____ 문제 2 – _____ ② 형태제시 　용언의 어간 뒤에 쓰인다는 것을 판서를 통해 보여 준다.		5~7분	▶ 앞뒤 절의 상황이 대조적임을 나타낼 때 쓰이는 '-지만'이 두 절을 대등한 자격으로 연결하는 데 비해, '-(으)ㄴ/는데'는 뒤 절의 내용을 전달하기 위한 보조 정보로서 앞 절을 제시하는 기능을 하고 있음을 설명한다.

	〈판서〉 크다/느리다/싸다/편하다 + -ㄴ데 많다/작다/밝다/좋다 + -은데 가다/마시다/듣다/찾다 + -는데 • 그 사람은 행동은 느린데 말은 아주 빠릅니다. • 볼 것은 많은데 시간이 모자라네. • 평일에는 가는데 주말에는 안 가요.		
연습	① 기계적 연습 　㉠ 동사, 형용사 카드 중 두 장씩 골라서 목표 문법을 사용해 말해 본다. 문제 3 　㉡ _____ 　• _____ 　• _____ ② 유의적 연습 　㉠ 교사가 구체적인 상황을 제시하여 학습자들이 목표 문법을 사용한 대답을 하도록 유도한다. T: ___ 씨는 키가 커서 농구를 잘할 것 같아요. S: 아니에요. 키는 큰데 농구는 잘 못해요. T: ___ 씨는 한국에 오래 살았으니까 아는 사람이 많지요? S: 아니요. 한국에 오래 살았는데 아는 사람은 많지 않아요.	동사, 형용사 카드 그림 카드 13~15분	▶ 연습 과정에서 학습자들의 발화에 따라 '-았/었는데'나 '인데' 등도 함께 연습한다.

| | ⓒ (짝 활동) 두 사람씩 짝을 이루어 서로 성격, 취미와 특기, 관심사 등에 대해 묻고 목표 문법을 사용해 대답해 본다. | | |

예시답안

문제 1

T: 뚜이 씨, 한국 생활이 많이 힘들어요?
S: 가끔 힘들지만 재미있어요.
T: 네, 뚜이 씨는 한국 생활이 가끔 힘든데 재미있어요.

T: 사라 씨는 매운 음식을 잘 먹어요?
S: 잘 먹지만 아주 매운 음식은 못 먹어요.
T: 네, 사라 씨는 매운 음식을 잘 먹는데 아주 매운 음식은 못 먹어요.

문제 2

– 위의 대화 과정을 통해 학습자가 이해한 것을 바탕으로, '-(으)ㄴ/는데'가 앞 절의 상황을 전제로 할 때 뒤 절이 그와 대조적인 상황을 보임을 나타낸다는 것을 설명한다.

문제 3

ⓒ 상반된 두 동작이나 상태를 나타내는 그림들을 보고 목표 문법을 사용해 문장을 만들어 말해 본다.
• 음식 값은 싼데 맛이 없습니다.
• 중국 노래를 자주 듣는데 한국 노래는 별로 안 들어요.

09 V-기 위해(서)

출제가능성 ★☆☆

- ✓ 숙달도: 초급 후반
- ✓ 단원 주제: 계획
- ✓ 목표 문법: V-기 위해(서) (목적)
- ✓ 수업 시간: 20분

단계	교수-학습 활동	학습 자료	시간(분)	지도상의 유의점
설명 (제시)	① 의미제시 　학습자들에게 다음과 같이 물은 뒤, 교사가 '-기 위해(서)'를 사용해서 대답해 줌으로써 그 의미와 쓰임을 이해시킨다. T: 리밍 씨는 왜 한국에 왔어요? S: 한국에서 대학교에 가려고 해요. T: 네, 대학교에 가기 위해서 한국에 왔군요. T: 아키코 씨는 한국어 공부가 끝나면 어떻게 할 거예요? S: 한국어 공부가 끝나면 일본에 돌아가서 일해야 해요. T: 네, 일하기 위해서 일본에 돌아가야 하는군요. 　위의 대화를 통해 학습자가 이해한 것을 바탕으로, '-기 위해(서)'가 앞 절의 내용이 뒤 절의 행위를 하는 목적이 됨을 나타낸다는 것을 설명한다. ② 형태제시 　동사의 어간 뒤에 쓰인다는 것을 판서를 통해 보여 준다.		5~7분	▶ '-기 위해(서)'는 다른 이유나 목적을 나타내는 말에 비해, 앞에 오는 동작이 매우 강하고 공식적인 목적이나 의도가 됨을 나타낸다는 것을 설명한다.

	〈판서〉 가다/만나다/준비하다 돕다/받다/벌다/찾다 + -기 위해(서) • 좋아하는 가수를 만나기 위해서 한국에 왔습니다. • 장학금을 받기 위해 열심히 공부하고 있어요.		▶ '-기 위해(서)' 앞에는 '-았/었-, -겠-'이 쓰일 수 없음을 설명한다.
연습	① 기계적 연습 　㉠ 동사 카드를 보고 목표 문법을 사용해 바꾼 뒤, 뒤 문장을 만들어 연결해서 말해 본다. 문제 1 　㉡ 　• 　• ② 유의적 연습 　㉠ 교사가 구체적인 상황을 제시하여 학습자들이 목표 문법을 사용한 대답을 하도록 유도한다. 문제 2 T: S: T: S: 문제 3 　㉡ ( )	동사 카드 그림 카드 13~15분	▶ 한 가지 그림에 대해 여러 학습자가 다양한 시각으로 목적과 그에 따른 결과를 만들어 연결해 보게 하면 연습을 하는 데 더욱 흥미를 줄 수 있다.

예시답안

문제 1

ⓒ 그림을 보고 그림 속의 상황을 목표 문법을 사용해 목적 또는 그에 따른 결과로 하는 문장을 만들고 말해 본다.
- 해외여행을 가기 위해서 돈을 모았어요.
- 부모님을 돕기 위해서 고향에 가려고 합니다.

문제 2

T: 마크 씨는 이번 방학에 뭘 할 거예요?
S: 방학에는 돈을 벌기 위해서 아르바이트를 할 생각이에요.

T: 라이 씨는 왜 매일 저녁을 안 먹어요?
S: 살을 빼기 위해서 저녁을 안 먹어요.

문제 3

ⓒ (짝 활동) 두 사람씩 짝을 이루어 서로 한국에 온 목적 및 한국에서의 계획을 묻고, 목표 문법을 사용해 대답해 본다.

10 V-는 대로

- ✓ 숙달도: 중급 전반
- ✓ 단원 주제: 예매와 예약
- ✓ 목표 문법: V-는 대로 (선행 동작 후 즉시)
- ✓ 수업 시간: 20분

단계	교수-학습 활동	학습 자료	시간(분)	지도상의 유의점
설명 (제시)	① 의미제시 　학습자들에게 다음과 같이 물은 뒤, 교사가 '-는 대로'를 사용해서 대답해 줌으로써 그 의미와 쓰임을 이해시킨다. T: 비행기표는 꼭 미리 예약해야 되죠? 예약한 후에는 뭘 해야 돼요? S: 제대로 예약이 되었는지 바로 예약 정보를 확인해야 돼요. T: 예약하는 대로 예약 정보를 확인해야 하는군요. 그럼 숙소도 꼭 미리 인터넷으로 예약해야 돼요? S: 아니요, 숙소는 도착하는 대로 그곳에서 구해도 돼요. 　위의 대화를 통해 학습자가 이해한 것을 바탕으로, '-는 대로'가 앞 절의 상태나 행위가 일어나는 그 즉시 뒤 절의 상태나 행위가 발생함을 나타낸다는 것을 설명한다. ② 형태제시 　동사의 어간 뒤에 쓰인다는 것을 판서를 통해 보여 준다.		5~7분	▶ '-는 대로'가 이러한 용법으로 쓰일 때에는 '-자마자'와 달리, 뒤 절에 과거형보다는 현재나 미래형이 오는 것이 자연스럽다는 것을 설명한다.

	〈판서〉 만나다/끝나다/구하다 낫다/듣다/찾다/열다 + -는 대로 • 방을 구하는 대로 이사할 거예요. • 병이 낫는 대로 회사에 출근하겠습니다.		
연습	① 기계적 연습 　㉠ 제시된 동사 카드를 보고, 목표 문법을 사용해 말해 본다. 문제 1 　㉡ _____ 　　_____ 　• _____ 　• _____ ② 유의적 연습 　㉠ 교사가 구체적인 상황을 제시하여 학습자들이 목표 문법을 사용한 대답을 하도록 유도한다. 문제 2 　T: _____ 　S: _____ 　T: _____ 　S: _____ 문제 3 　㉡ (　　　) 　　_____ 　　_____ 　　_____	동사 카드 그림 카드	13~15분	▶ '-는 대로' 앞에 오는 동사는 그 결과 상태나 행위에, 지속성이라는 특성을 가지고 있어야 하므로 일부 동사만이 결합 가능하다는 것을 연습 과정을 통해 익힌다.

예시답안

문제 1

ⓒ 학습자들은 두 가지의 동작이나 상황이 담긴 그림들을 보고, 목표 문법을 사용해 문장을 만들어 말해 본다.

- 친구를 만나는 대로 콘서트 표를 예매하려고 합니다.
- 월급을 받는 대로 비싼 식당을 예약할 거예요.

문제 2

T: 서울시티투어버스를 타 봤어요?
S: 아니요, 꼭 타 보고 싶었는데 아직 못 타 봤어요.
T: 그럼 한번 타 보세요. 인터넷으로 쉽게 예약할 수 있어요.
S: 네, 그럼 수업이 끝나는 대로 인터넷으로 알아볼게요.

문제 3

ⓒ (짝 활동) 두 사람씩 짝을 이루어 자신들의 가족이 서울에 온다면, 여행 준비부터 여행을 마칠 때까지 무엇을 해야 하는지 목표 문법을 사용해 이야기해 본다.

11 V-는 바람에   출제가능성 ★★☆

- ✓ **숙달도:** 중급 중반
- ✓ **단원 주제:** 분실
- ✓ **목표 문법:** V-는 바람에 (원인)
- ✓ **수업 시간:** 20분

단계	교수-학습 활동	학습 자료	시간(분)	지도상의 유의점
설명 (제시)	① 의미제시 　학습자들에게 다음과 같이 물은 뒤, 교사가 '-는 바람에'를 사용해서 대답해 줌으로써 그 의미와 쓰임을 이해시킨다. T: 한국에서 물건을 잃어버린 적이 있어요? S: 네, 지하철에서 내릴 때 우산을 놓고 내렸어요. T: 지하철에서 급히 내리는 바람에 우산을 놓고 내렸군요. T: ___ 씨는 아침을 먹고 다녀요? S: 아니요, 늦게 일어나서 아침 먹을 시간이 없어요. T: 늦게 일어나는 바람에 아침을 못 먹는군요. 　위의 대화를 통해 '-는 바람에'가 앞 절의 상황이 뒤 절에 부정적인 영향을 미치거나 화자의 의도와는 다른 결과를 가져옴을 나타낸다는 것을 설명한다. ② 형태제시 　동사의 어간 뒤에 쓰인다는 것을 판서를 통해 보여 준다.		5~7분	▶ '-는 바람에'는 뒤 절에 과거형이 오는 것이 자연스러우며, 지난 사실이 원인이 되는 경우에도 '-(으)ㄴ 바람에'가 아닌 '-는 바람에'가 쓰인다는 것을 설명한다.

	⟨판서⟩ 타다/낭비하다/잠그다 닫다/입다/젖다/늘다 + -는 바람에 • 문을 안 잠그는 바람에 집에 도둑이 들어왔어요. • 체중이 갑자기 느는 바람에 옷이 작아졌습니다.		
연습	① 기계적 연습 　㉠ 동사 카드를 보고 목표 문법을 사용해 바꾼 뒤, 뒤 문장을 만들어 연결해서 말해 본다. 문제 1 　㉡ _____ 　　_____ 　• _____ 　• _____ ② 유의적 연습 　㉠ 교사가 구체적인 상황을 제시하여 학습자들이 목표 문법을 사용한 대답을 하도록 유도한다. 문제 2 　T: _____ 　S: _____ 　T: _____ 　S: _____ 문제 3 　㉡ (　　) 　_____ 　_____ 　_____	동사 카드 문장 카드 세트 13~15분	▶ 전체 학습자를 대상으로 연습을 한 후 개별 학습자를 대상으로 확인한다.

예시답안

문제 1

ⓒ 원인이 되는 문장 카드와 결과가 되는 문장 카드를 나누어 주고, 알맞은 것끼리 연결하여 문장을 만들어 본다.
- 버스를 잘못 타는 바람에 약속에 늦었어요.
- 분실물 센터가 문을 닫는 바람에 가방을 못 찾았어요.

문제 2

T: 혹시 휴대 전화를 잃어버렸던 적이 있어요?
S: 네, 카페에 휴대 전화를 놓고 온 적이 있어요.
T: 왜 카페에 휴대 전화를 놓고 왔어요?
S: 친구가 서두르는 바람에 그냥 놓고 나왔어요.

문제 3

ⓒ (짝 활동) 한 사람은 분실물 센터 직원이 되고 다른 한 사람은 물건을 잃어버린 사람이 되어, 목표 문법을 사용해 잃어버린 물건을 찾는 대화를 만들어 본다.

12 V-(으)ㄴ 후(에)

- ✓ **숙달도:** 초급 중반
- ✓ **단원 주제:** 하루 일과
- ✓ **목표 문법:** V-(으)ㄴ 후(에) (시간적 순서)
- ✓ **수업 시간:** 20분

단계	교수-학습 활동	학습 자료	시간(분)	지도상의 유의점
설명 (제시)	① 의미제시 　학습자들에게 다음과 같이 물은 뒤, 교사가 '-(으)ㄴ 후(에)'를 사용해서 대답해 줌으로써 그 의미와 쓰임을 이해시킨다. **문제 1** T: _____ S: _____ T: _____ T: _____ S: _____ T: _____ **문제 2** - _____ ② 형태제시 　동사의 어간 뒤에 쓰인다는 것을 판서를 통해 보여 준다.		5~7분	▶ 명사 뒤에 붙어서 쓰일 때에는 'N 후(에)'와 같이 사용하며, 이때 명사는 어떤 '때'나 '동안'을 나타내는 것이어야 함을 설명한다.

	⟨판서⟩ 사다/오다/배우다/끝나다 + -ㄴ 후에 먹다/읽다/듣다/입다 + -은 후에 • 옷을 산 후에 영화를 봤습니다. • 점심을 먹은 후에 도서관에 가요.		
연습	① 기계적 연습 　㉠ 동사 카드를 보고 목표 문법을 사용해 바꾼 뒤, 뒤 문장을 만들어 연결해서 말해 본다. 문제 3 　㉡ _____ 　• _____ 　• _____ ② 유의적 연습 　㉠ 교사가 구체적인 상황을 제시하여 학습자들이 목표 문법을 사용한 대답을 하도록 유도한다. 문제 4 T: _____ S: _____ T: _____ S: _____ 문제 5 　㉡ (　　) _____ _____ _____	동사 카드 그림 카드 13~15분 하루 일과표	▶ 전체 학습자를 대상으로 연습을 한 후 개별 학습자를 대상으로 확인한다.

> 예시답안

문제 1

T: 마크 씨는 호주에서도 한국 친구가 많았어요?
S: 아니요, 호주에서는 한국 친구가 없었어요.
T: 마크 씨는 한국에 온 후에 한국 친구를 사귀었어요.

T: 오후에는 수업이 없지요? 오후에는 무엇을 해요?
S: 숙제도 하고 친구도 만나요.
T: 네, 수업을 들은 후에 숙제도 하고 친구도 만나요.

문제 2

- 위의 대화를 통해 학습자가 이해한 것을 바탕으로, '-(으)ㄴ 후(에)'가 앞 절의 행위가 있은 다음에 뒤 절의 행위가 일어남을 나타낸다는 것을 설명한다.

문제 3

ⓒ 제시된 그림들 중 시간적인 순서로 나열될 수 있는 동작이나 상황이 담긴 그림을 두 장씩 골라, 목표 문법을 사용해 문장을 만들어 말해 본다.
• 회사가 끝난 후에 운동을 합니다.
• 옷을 입은 후에 아침을 먹어요.

문제 4

T: 토요일에는 집에 있어요?
S: 아니요, 보통 아침을 먹은 후에 친구들을 만나러 가요.

T: 청소하고 빨래를 매일 해요?
S: 아니요, 일주일에 한 번쯤 해요. 보통 일요일에 청소를 한 후에 빨래를 해요.

문제 5

ⓒ (개별 활동) 각자 고향에서와 한국에서의 하루 일과표를 만들고, 두 가지를 비교하면서 그 차이에 대해 목표 문법을 사용해 말해 본다.

13 A/V-(으)ㄹ 때

출제가능성 ★★☆

- ✓ 숙달도: 초급 중반
- ✓ 단원 주제: 한국 생활
- ✓ 목표 문법: A/V-(으)ㄹ 때 (시간)
- ✓ 수업 시간: 20분

단계	교수-학습 활동	학습 자료	시간(분)	지도상의 유의점
설명 (제시)	※ 직접 교안을 작성해 보세요.		5~7분	▶

연습		13~15분	▶

예시답안

단계	교수-학습 활동	학습 자료	시간(분)	지도상의 유의점
설명 (제시)	① 의미제시 　제시된 상황을 통해 목표 문법의 의미를 이해시킨다. T: 언제 가족이 많이 보고 싶어요? S: 몸이 아프면 가족이 많이 보고 싶어요. T: 네, 몸이 아플 때 가족이 많이 보고 싶군요. T: 하루 중에 언제 제일 행복해요? S: 저는 밥을 먹는 동안 제일 행복해요. T: 네, 밥을 먹을 때 제일 행복하군요. 　위의 제시를 통해 학습자가 이해한 것을 바탕으로, '-(으)ㄹ 때'가 어떤 동작이나 상태가 진행되는 동안이나 그것이 일어난 시점을 나타낸다는 것을 설명한다. ② 형태제시 　용언의 어간 뒤에 사용된다는 것을 설명하고 다양한 예를 판서를 통해 보여 준다. 〈판서〉 다니다/배우다/일하다 + -ㄹ 때 먹다/읽다/찾다/듣다 + -을 때 • 외국어를 배울 때 가장 중요한 점이 뭐예요? • 저희 집 강아지는 가끔 제 말을 안 들을 때가 있습니다.		5~7분	▶ 과거에 완료된 행위의 시점을 나타낼 때에는 '-았/었을 때'를 사용한다는 것을 설명한다.

연습	① 기계적 연습 　㉠ 동사, 형용사 카드를 보고 목표 문법을 사용해 말해 본다. 　㉡ 한국 생활에서 겪게 되는 여러 상황이 담긴 그림을 보여 주고, 목표 문법을 사용해 말해 본다.	동사, 형용사 카드 한국 생활을 나타내는 그림 카드	13~15분	▶ 전체 학습자를 대상으로 연습을 한 후 개별 학습자를 대상으로 확인한다.
	'문법을 배우다, 회사에서 일하다, 인터넷으로 정보를 찾다, 한국 사람의 이야기를 듣다' 등과 관련된 그림 카드			
	② 유의적 연습 　㉠ 교사가 구체적인 상황을 제시하여 학습자들이 목표 문법을 사용한 대답을 하도록 유도한다.			
	T: 스트레스가 쌓이면 어떻게 풀어요? S: 스트레스가 쌓일 때는 노래방에 가서 노래를 해요.			
	㉡ (2~3인 소그룹 활동) 한 사람이 '언제'를 넣어서 한국 생활에 대한 질문을 하면, 나머지 사람들이 목표 문법을 사용해서 대답해 본다.			

14 A/V-거나   출제가능성 ★☆☆

- ✓ **숙달도**: 초급 후반
- ✓ **단원 주제**: 공연 관람
- ✓ **목표 문법**: A/V-거나 (선택)
- ✓ **수업 시간**: 20분

단계	교수-학습 활동	학습 자료	시간(분)	지도상의 유의점
설명 (제시)	※ 직접 교안을 작성해 보세요.		5~7분	▶

연습		13~15분	▶

14 A/V-거나

출제가능성 ★☆☆

- ✓ **숙달도**: 초급 후반
- ✓ **단원 주제**: 공연 관람
- ✓ **목표 문법**: A/V-거나 (선택)
- ✓ **수업 시간**: 20분

단계	교수-학습 활동	학습 자료	시간(분)	지도상의 유의점
설명 (제시)	※ 직접 교안을 작성해 보세요.		5~7분	▶

| 연습 | | 13~15분 | ▶ |

예시답안

단계	교수-학습 활동	학습 자료	시간(분)	지도상의 유의점
설명 (제시)	① 의미제시 　제시된 상황을 통해 목표 문법의 의미를 이해시킨다. T: 주말에는 보통 무엇을 해요? S: 집에서 텔레비전을 보면서 쉬어요. T: 그럼, 이번 주말에는 연극을 보거나 콘서트장에 한번 가 보세요. T: 혼자 극장에 가서 영화를 보면 어떨까요? S: 글쎄요. 좀 심심할 것 같아요. T: 그렇지만 기분이 좀 우울하거나 혼자 있고 싶을 때는 괜찮은 것 같아요. 위의 제시를 통해 학습자가 이해한 것을 바탕으로, '-거나'가 둘 이상의 동작이나 상태를 나열하여 그것들 중 어느 것이 선택됨을 나타낸다는 것을 설명한다. ② 형태제시 　용언의 어간 뒤에 사용된다는 것을 설명하고 다양한 예를 판서를 통해 보여 준다. 〈판서〉 비싸다/어렵다/재미없다 보다/예매하다/환불하다 + -거나 • 심심하면 영화를 보거나 산책을 해 보세요.		5~7분	▶ '-거나' 앞에 '-았/었-'은 쓸 수 있으나, 일반적으로 '-겠-'이 쓰이면 어색한 문장이 된다는 것을 설명한다.

연습	① 기계적 연습 　㉠ 동사, 형용사 카드를 보고 목표 문법을 사용해 말해 본다. 　㉡ 다양한 장르의 영화나 무대 공연 장면이 담긴 사진을 보여 주고, 어떤 때 그러한 장르를 선택해서 보는지 목표 문법을 사용해 이야기해 본다. '공포, 코미디, 공상과학, 멜로, 액션' 등과 관련된 사진 자료 ② 유의적 연습 　㉠ 교사가 구체적인 상황을 제시하여 학습자들이 목표 문법을 사용한 대답을 하도록 유도한다. T: 공연을 보려고 표를 예매했는데 그 시간에 못 보게 되면 어떻게 해요? S: 표를 환불하거나 다른 시간으로 바꿔요. 　㉡ (짝 활동) 목표 문법을 사용해서 함께 볼 만한 무대 공연이나 콘서트 등을 결정하고, 관람 약속을 정하는 대화를 만들어 본다.	동사, 형용사 카드 영화나 연극 장면이 담긴 사진 자료		

15 A/V-잖아(요)

- ✓ 숙달도: 중급 중반
- ✓ 단원 주제: 다툼
- ✓ 목표 문법: A/V-잖아(요) (당위적 사실)
- ✓ 수업 시간: 20분

단계	교수-학습 활동	학습 자료	시간(분)	지도상의 유의점
설명 (제시)	※ 직접 교안을 작성해 보세요.		5~7분	▶

셋째 마당 교안작성연습 · 177

연습		13~15분	▶

예시답안

단계	교수-학습 활동	학습 자료	시간(분)	지도상의 유의점
설명 (제시)	① 의미제시 　제시된 상황을 통해 목표 문법의 의미를 이해시킨다. T: 외국 친구와 사귀게 되면 작은 오해가 큰 다툼이 될 수도 있는데 그 이유가 뭘까요? S: 서로 문화가 달라서 그런 것 같아요. T: 맞아요. 문화가 다르면 이해할 수 없는 것도 많잖아요. T: 다른 사람과 싸우면 먼저 사과하는 편이에요? S: 네, 그게 좋은 것 같아요. T: 그래요. 먼저 사과하면 마음도 편해지잖아요. 　학습자가 이해한 것을 바탕으로, '-잖아(요)'가 당연히 그러한 것으로 인식되는 사실을 근거나 이유로 내세울 때 사용된다는 것을 설명한다. ② 형태제시 　용언의 어간 뒤에 사용된다는 것을 설명하고 다양한 예를 판서를 통해 보여 준다. 〈판서〉 나쁘다/시끄럽다/없다 내다/치다/밀다/밟다 + -잖아(요) • 월요일에는 회의가 있잖아요. • 화부터 내면 대화가 안 되잖아요.		5~7분	▶ 과거에 완료된 행위가 주장의 당위적인 근거나 이유가 될 때는 '-았/었잖아(요)'를 사용한다는 것을 설명한다.

연습	① 기계적 연습 　㉠ 동사, 형용사 카드를 보고 목표 문법을 사용해 말해 본다. 　㉡ 다툼이 일어날 수 있는 여러 상황이 담긴 그림을 보여 주고, 그 상황에서 다툰 이유에 대해 목표 문법을 사용해 말해 본다. '너무 시끄럽다, 예의가 없다, 화를 내다, 뒤에서 밀다, 발을 밟다' 등과 관련된 그림 카드 ② 유의적 연습 　㉠ 교사가 구체적인 상황을 제시하여 학습자들이 목표 문법을 사용한 대답을 하도록 유도한다. T: 지하철을 타고 내릴 때 왜 다툼이 많이 생길까요? S: 다들 바쁘니까 다른 사람을 밀거나 쳐도 그냥 가잖아요. 　㉡ (2~3인 소그룹 활동) 한 사람은 싸웠던 경험이나 사과하고 화해했던 경험에 대해서 묻고, 다른 사람들은 목표 문법을 사용해 그 근거나 이유를 말해 본다.	동사, 형용사 카드 다툼이 일어날 수 있는 상황이 담긴 그림 카드	13~15분	▶ 전체 학습자를 대상으로 연습을 한 후 개별 학습자를 대상으로 확인한다.

넷째 마당

기출문제 해설

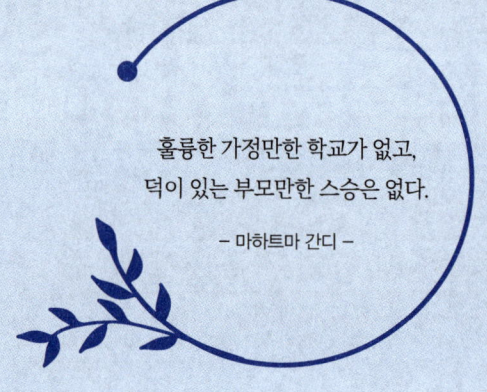

훌륭한 가정만한 학교가 없고,
덕이 있는 부모만한 스승은 없다.

– 마하트마 간디 –

넷째 마당 | 기출문제 해설

> **체크 포인트**
>
> **넷째 마당**에서는 기출 동향을 분석하고 기출문제의 모범 교안을 제시했습니다. 또한 교수요목 및 문법 교수 관련 기출문제도 수록했습니다.

※ 모범 교안의 T(Teacher)는 교사를, S(Student)는 학습자를 의미함

01 기출 동향 분석

1. 숙달도

구분	8회	9회	10회	11회	12회	13회	14회	15회	16회	17회	18회	19회
초급 전반												
초급 중반	○			○	○		○		○	○		○
초급 후반		○									○	
중급 전반			○			○		○				

• 초급 전반: 1급 앞부분 / 초급 중반: 1급 뒷부분, 2급 앞부분 / 초급 후반: 2급 뒷부분
※ 해당 문법(문형)의 숙달도는 교육 기관 및 교재를 포함한 교육과정에 따라 차이가 있음

2. 수업 내용

구분	8회	9회	10회	11회	12회	13회	14회	15회	16회	17회	18회	19회
문형 (통어적 구문)	○	○	○	○		○		○	○	○	○	○
보조 용언					○							
대등·종속적 연결 어미												
종결 어미							○					

- 문형(통어적 구문): 조사 간의 결합 및 어미 간의 결합, 조사나 어미와 명사 또는 동사와의 결합 형태 등의 문법적 기능을 수행하는 표현들을 말함
- 보조 용언: 용언 가운데 자립성을 띠지 못하고 의존적 성격을 띠는 것으로서, 보조적 연결 어미 '-어, -고, -게, -지' 뒤에서 본용언과 이어져 문장에서 서술어 기능을 함
- 대등·종속적 연결 어미: 앞 절(문장)과 뒤 절(문장)을 이어 주는 기능을 하는 어미로서, 연결 어미에 의해서 이어진 두 절(문장) 사이의 관계는 의미적으로 볼 때 대등적인 것과 종속적인 것이 있음
- 종결 어미: 한 문장을 종결되게 하는 기능을 수행하는 어미로서, '-다, -구나, -냐, -어라, -자' 와 같은 종결 어미에 따라 문장 유형이 '평서문, 감탄문, 의문문, 명령문, 청유문'의 다섯 개로 구분됨

02 기출문제 모범 교안

2회

※ '여행'을 주제로 한 단원에서 '-(으)ㄴ 적이 있다/없다'를 지도하려고 한다. 다음 내용을 참조하여 교수안을 작성하시오.

- ✓ **숙달도**: 초급 후반
- ✓ **단원 주제**: 여행
- ✓ **수업 내용(목표 문법)**: -(으)ㄴ 적이 있다/없다
- ✓ **수업 목표**: '-(으)ㄴ 적이 있다/없다'를 익혀 사용할 수 있다.
- ✓ **수업 일시**: 2007년 12월 16일
- ✓ **수업 시간**: 20분 (※ 실제 시험에서는 50분으로 제시함)

단계	교수-학습 활동	학습 자료	시간(분)	지도상의 유의점
설명 (제시)	① 의미제시 　상황을 이용해 목표 문법의 의미를 이해시킨다. T: ___ 씨, 제주도에 가 봤어요? S: 아니요. 아직 안 가 봤어요. T: ___ 씨는 제주도에 가 본 적이 없군요. T: ___ 씨, 한국에 올 때 비행기에서 무슨 음식을 먹었어요? S: 비빔밥을 먹었어요. T: ___ 씨는 비행기에서 비빔밥을 먹은 적이 있군요. 위의 예문을 통해 학습자가 이해한 것을 바탕으로 '-(으)ㄴ 적이 있다/없다'가 과거에 어떤 행위나 상황을 경험한 일이 있고 없음을 나타내는 말이라는 것을 설명한다.		5~7분	▶ '시도'의 의미를 나타내는 '-아/어 보다' 뒤에 붙어서 자주 사용됨을 설명한다.

	② 형태제시 　동사의 어간 뒤에 사용된다는 것을 설명하고, 자음으로 끝나는 동사의 어간 뒤에서는 '-은 적이 있다/없다'가, 모음이나 'ㄹ'로 끝나는 동사의 어간 뒤에서는 '-ㄴ 적이 있다/없다'가 사용된다는 것을 판서를 통해 보여 준다. 〈판서〉 먹다/읽다/받다/입다 ＋ -은 적이 있다/없다 가다/마시다/여행하다 ＋ -ㄴ 적이 있다/없다 • 저는 비싼 선물을 받은 적이 있습니다. • 프랑스에 가 본 적이 있습니다.			▶ '-(으)ㄴ 일이 있다/없다'와 대치할 수 있음을 설명한다.
연습	① 기계적 연습 　㉠ 동사 카드를 보고 목표 문법을 사용해 말해 본다. 　㉡ 여행과 관련된 장면들을 사진으로 제시하고, 문장을 만들어 말해 본다. • 배를 타고 여행한 적이 있습니다. • 여행 잡지를 읽은 적이 있어요. ② 유의적 연습 　㉠ 교사가 구체적인 상황을 제시하여 학습자들이 목표 문법을 사용한 대답을 하도록 유도한다. T: 여행 중에 가족이나 친구들의 선물을 사 봤어요? S: 네, 사 본 적이 있어요. 　㉡ (짝 활동) 두 명씩 짝을 이루어 지금까지의 여행 경험에 대해 목표 문법을 사용해 묻고 대답해 본다.	동사 카드 여행과 관련된 장면이 담긴 사진 자료	13~15분	▶ '여행 중에 -아/어 봤어요?'와 같이 교사가 여행 경험과 관련된 질문을 하고 학습자들이 자신의 경험을 말해 보도록 유도한다.

3회

※ '병(病)'을 주제로 한 단원에서 '-지 말다'를 지도하려고 한다. 다음 내용을 참조하여 교수안을 작성하시오.

> ✓ **숙달도**: 초급 후반
> ✓ **단원 주제**: 병
> ✓ **목표 문법**: -지 말다
> ✓ **교육 내용**: '-지 말다'의 제시와 연습
> ✓ **수업 시간**: 20분

단계	교수-학습 활동	학습 자료	시간(분)	지도상의 유의점
설명 (제시)	① 의미제시 　상황을 이용해 목표 문법의 의미를 이해시킨다. T: 친구가 배가 아파요. 그런데 아이스크림을 먹으려고 해요. 괜찮아요? S: 아니요, 안 돼요. T: 배가 아파요. 아이스크림은 안 돼요. 친구에게 말해요. "아이스크림을 먹지 마세요." T: 친구가 감기에 심하게 걸렸어요. 밖에 나가려고 해요. 괜찮아요? S: 아니요, 안 돼요. T: 네, 안 돼요. 친구에게 말해요. "밖에 나가지 마세요."		5~7분	▶ '-지 마세요' 또는 '-지 마십시오'를 덩어리째 제시하여 바로 사용할 수 있도록 한다.

Check Point

① 먼저 목표 문법인 '-지 말다'를 사용할 수 있는 상황을 교사의 질문을 통해 제시하고, ② 학습자의 대답을 들은 뒤 ③ 교사가 학습자의 대답을 다시 한번 목표 문법을 사용해 말해 줌. 이때 이미 배운 문법이나 어휘 등을 이용해 학습자의 이해를 도울 수 있도록 함

	위의 예문을 통해 학습자가 이해한 것을 바탕으로 '-지 마세요'가 '-(으)세요'와는 반대로 금지 의미를 나타낸다는 것을 설명한다. ② 형태제시 　동사 어간 뒤에 사용된다는 것을 설명하고, 다양한 예를 칠판에 판서를 통해 보여 준다.		
	〈판서〉 먹다/마시다/일하다/무리하다/나가다 + -지 마세요/-지 마십시오 • 포기하지 마십시오.		
연습	① 기계적 연습 　㉠ 단어 카드를 보고 목표 문법을 사용해 말해 본다. 　㉡ 아픈 사람의 그림을 보여 주고, 목표 문법을 사용해 이야기해 본다.	단어 카드 아픈 사람을 나타내는 그림 카드	
	'머리가 아프다, 배가 아프다, 감기에 걸리다, 몸살이 나다, 다리를 다치다' 등과 관련된 그림		
	② 유의적 연습 　㉠ 교사가 구체적인 상황을 제시하여 학습자들이 목표 문법을 사용한 대답을 하도록 유도한다.		13~15분	▶ 전체 학습자를 대상으로 연습을 한 후 개별 학습자를 대상으로 확인한다.
	T: 배가 아파요. 그런데 아이스크림을 먹어도 돼요? S: 아니요. 아이스크림을 먹지 마세요.		
	㉡ (2~3인 소그룹 활동) 그룹원 중 1인이 어디가 아프다고 하면 다른 친구들이 '-지 마세요'를 이용해 상황에 맞는 조언을 해 준다.		

> **Check Point**
- 기계적인 연습에서는 ①에 먼저 제시된 단어의 형태를 목표 문법을 사용해 바꾸는 연습을 하고, 다음으로 ②에 어떤 것을 의미하는지 쉽게 알 수 있으면서 목표 문법이 많이 사용되는 상황이 담긴 그림이나 사진 등의 자료를 이용해 학습자들이 목표 문법을 말할 수 있게 함
- 유의적인 연습은 의사소통적인 연습을 포함하는데, 먼저 ①에서 교사가 질문하고 학습자들이 목표 문법을 사용하여 대답할 수 있도록 하는 단계를 거쳐 마지막으로 ②에서 학습자들끼리 일정한 문맥(상황) 속에서 서로 목표 문법을 사용해 가며 의사소통을 해 볼 수 있도록 함

> **채점 기준**
- '제시'와 '연습' 이외의 교수의 전체 단계를 답안에 포함시킨 경우, '제시', '연습' 단계에 대해서만 채점합니다.
- 형태 제시와 기계적 연습에서는 '병(病)' 이외의 내용으로 확장시킨 경우도 인정하지만, 전체적으로 '병'에 대한 내용이어야 합니다.

4회

※ '주말 계획'을 주제로 한 단원에서 '-(으)러'를 지도하려고 한다. 다음 내용을 참조하여 교수안을 작성하시오.

- ✓ **숙달도**: 초급 중반
- ✓ **단원 주제**: 주말 계획
- ✓ **목표 문법**: -(으)러
- ✓ **교육 내용**: '-(으)러'의 제시와 연습
- ✓ **수업 시간**: 20분

단계	교수-학습 활동	학습 자료	시간(분)	지도상의 유의점
설명 (제시)	① 의미제시 　상황을 이용해 목표 문법의 의미를 이해시킨다. T: 수업 후에 어디에 가요? S: 식당에 가서 점심을 먹어요. T: 그럼 같이 갈까요? 저도 수업 후에 점심을 먹으러 식당에 가요. T: 주말에 뭘 할 거예요? S: 명동에 가서 옷을 살 거예요. T: 그래요? 저도 주말에 옷을 사러 갈 거예요. 위의 예문을 통해 학습자가 이해한 것을 바탕으로 '-(으)러'가 앞 절의 동작을 이루고자 하는 목적이나 이유로 뒤 절의 동작을 수행함을 나타내는 말이라는 것을 설명한다.		5~7분	▶ '-(으)러'의 뒤 절에는 여러 가지 동사가 쓰일 수 있지만, 지금 단계에서는 사용 빈도가 높은 '가다/오다/다니다'만을 제시한다.

	② 형태제시 　동사의 어간 뒤에 사용된다는 것을 설명하고, 자음으로 끝나는 동사의 어간 뒤에서는 '-으러'가, 모음이나 'ㄹ'로 끝나는 동사의 어간 뒤에서는 '-러'가 사용된다는 것을 판서를 통해 보여 준다.			▶ 의미상 '-(으)러' 앞에 '출발하다, 도착하다, 올라가다, 내려오다' 등의 이동 동사는 올 수 없음을 설명한다.
	〈판서〉 먹다/찍다/찾다 + -으러 사다/배우다/놀다/일하다 + -러 • 점심시간에 짜장면을 먹으러 갈 건데 같이 가실래요? • 이번 주말에 신발을 사러 백화점에 갈 생각입니다.			
연습	① 기계적 연습 　㉠ 동사 카드를 보고 목표 문법을 사용해 말해 본다. 　㉡ 주말 계획과 관련된 그림들을 제시하고, 문장을 만들어 말해 본다.	동사 카드 주말 계획과 관련된 그림 카드	13~15분	▶ 전체 학습자를 대상으로 연습을 한 후 개별 학습자를 대상으로 확인한다.
	• 영어를 배우러 학원에 다닐 거예요. • 친구의 이사를 도우러 친구 집에 갈 거예요.			
	② 유의적 연습 　㉠ 교사가 구체적인 상황을 제시하여 학습자들이 목표 문법을 사용한 대답을 하도록 유도한다.			
	T: 이번 주말에 약속이 있어요? S: 네, 친구들하고 사진을 찍으러 가려고 해요.			
	㉡ (짝 활동) 두 명씩 짝을 이루어 한국에 오기 전과 온 후에 주말 활동이 어떻게 달라졌는지 묻고 목표 문법을 사용해 대답해 본다.			

5회

※ '여행 계획'을 주제로 한 단원에서 '–(으)ㄹ 거예요'를 지도하려고 한다. 다음 내용을 참조하여 교수안을 작성하시오.

- ✓ 숙달도: 초급
- ✓ 단원 주제: 여행 계획
- ✓ 목표 문법: –(으)ㄹ 거예요 (미래 시제) → 현재 시제, 과거 시제는 선수 학습됨
- ✓ 교육 내용: '–(으)ㄹ 거예요'의 제시와 연습
- ✓ 수업 시간: 20분

단계	교수–학습 활동	학습 자료	시간(분)	지도상의 유의점
설명 (제시)	① 의미제시 　상황을 이용해 목표 문법의 의미를 이해시킨다. T: 한국에서 여행 계획이 있어요? S: 네, 다음 달에 부산에 가요. T: 그래요? 다음 달에 부산에 갈 거예요? T: 이번 방학에 무엇을 해요? S: 친구하고 전주에 가서 비빔밥을 먹어요. T: 네, 전주에 가서 비빔밥을 먹을 거예요? 위의 예문을 통해 학습자가 이해한 것을 바탕으로 '–(으)ㄹ 거예요'가 미래 계획이나 예정된 사실을 나타내는 말이라는 것을 설명한다. ② 형태제시 　동사의 어간 뒤에 사용된다는 것을 설명하고, 자음으로 끝나는 동사의 어간 뒤에서는 '–을 거예요'가, 모음이나 'ㄹ'로 끝나는 동사의 어간 뒤에서는 '–ㄹ 거예요'가 사용된다는 것을 판서를 통해 보여 준다.		5~7분	▶ '–(으)ㄹ 거예요'가 추측을 나타내는 경우에는 현재나 과거 사실에 대한 것까지 포함하게 되므로, 여기에서 함께 제시하지 않는다.

	〈판서〉 먹다/읽다/찍다/듣다 + -을 거예요 가다/보다/살다/공부하다 + -ㄹ 거예요 • 다음 주까지 3권의 책을 읽을 거예요. • 내일은 시장에 가 볼 거예요.			
연습	① 기계적 연습 ㉠ 동사 카드를 보고 목표 문법을 사용해 말해 본다. ㉡ 여행 계획과 관련된 그림들을 제시하고, 문장을 만들어 말해 본다. • 비행기 안에서 영화를 볼 거예요. • 공항에서 관광 안내 책을 읽을 거예요. ② 유의적 연습 ㉠ 교사가 구체적인 상황을 제시하여 학습자들이 목표 문법을 사용한 대답을 하도록 유도한다. T: 외국 여행을 가서 무엇을 할 거예요? S: 그 나라의 음식도 먹고 사진도 많이 찍을 거예요. ㉡ (2~3인 소그룹 활동) 그룹원이 함께 가고 싶은 여행지를 정해 여행 계획을 세운 뒤, 교통과 숙박, 음식, 관광 등으로 분야를 나누어 목표 문법을 사용해 발표해 본다.	동사 카드 여행 계획과 관련된 그림 카드	13~15분	▶ '-(으)ㄹ 거예요'가 1인칭 주어를 취하는 경우, 문맥에 따라 단순한 계획이 아닌 화자의 의지를 나타낼 수도 있으므로 연습 과정에서 학습자들이 두 가지 경우의 차이를 이해할 수 있도록 한다.

6회

※ '약속'을 주제로 한 단원에서 '–(으)ㄹ까요?'를 지도하려고 한다. 다음 내용을 참조하여 '–(으)ㄹ까요?'의 설명과 연습 단계의 교수안을 작성하시오.

- ✓ 숙달도: 초급
- ✓ 단원 주제: 약속
- ✓ 목표 문법: –(으)ㄹ까요?
- ✓ 수업 시간: 20분

단계	교수–학습 활동	학습 자료	시간(분)	지도상의 유의점
설명 (제시)	① 의미제시 　상황을 이용해 목표 문법의 의미를 이해시킨다. T: 오늘 저녁에 시간이 있어요? S: 네, 있어요. T: 그럼 오늘 저녁을 같이 먹을까요? S: 좋아요. 같이 먹어요. T: 네, 같이 먹읍시다. T: 한국 영화를 좋아해요? S: 네, 좋아해요. T: 그럼 토요일에 함께 영화를 볼까요? S: 그래요. 함께 봐요. T: 네, 함께 봅시다. 위의 예문을 통해 학습자가 이해한 것을 바탕으로 '–(으)ㄹ까요?'가 상대에게 어떤 일을 함께 하자고 권유하거나 제안하는 의미를 나타낸다는 것을 설명한다.		5~7분	▶ '–(으)ㄹ까요?'는 주어의 인칭에 따라 의미와 그에 대한 대답의 형태도 다른 종결 어미이다. 따라서 '우리'가 주어가 될 때의 의미를 확실히 전달하기 위해 대답에 쓰이는 '–(으)ㅂ시다'와 함께 제시하는 것도 좋다.

	② 형태제시 　동사의 어간 뒤에 사용된다는 것을 설명하고, 자음으로 끝나는 동사의 어간 뒤에서는 '-을까요?'가, 모음이나 'ㄹ'로 끝나는 경우에는 '-ㄹ까요?'가 사용된다는 것을 판서를 통해 보여 준다.			
	〈판서〉 먹다/앉다/놓다 + -을까요? 만나다/보다/이야기하다 + -ㄹ까요? • 잠시 앉을까요? • 지금 밖은 많이 추울까요?			
연습	① 기계적 연습 　㉠ 동사 카드를 보고 목표 문법을 사용해 말해 본다. 　㉡ 어떤 일을 제안하거나 권유하는 그림을 보여 주고, 목표 문법을 사용해 이야기해 본다.	동사 카드 제안 또는 권유 하는 그림 카드	13~15분	▶ 학습자가 교사에게 제안한 것을 교사가 또 다른 학습자에게 물어, 학습자들이 질문과 대답의 기회를 모두 가지도록 유도한다.
	'의자에 앉다, 음악을 듣다, 학교 앞에서 만나다, 교실에서 이야기하다' 등과 관련된 그림			
	② 유의적 연습 　㉠ 학습자로 하여금 교사와 약속하고 싶은 것을 목표 문법을 사용해 제안하도록 한다.			
	S: 선생님, 일요일에 같이 운동을 할까요? T: 네, 좋아요. 같이 해요.			
	㉡ (짝 활동) 먼저 각자 상대와 함께 해 보고 싶은 것의 목록을 작성하고, 목표 문법을 사용해 그것을 서로 제안하고 약속을 정해 본다.			

7회

※ '계절과 날씨'를 주제로 한 단원에서 '-아/어/여지다'를 지도하려고 한다. 다음 내용을 참조하여 '-아/어/여지다'의 설명과 연습 단계의 교수안을 작성하시오.

- ✓ 숙달도: 초급 후반
- ✓ 단원 주제: 계절과 날씨
- ✓ 목표 문법: -아/어/여지다
- ✓ 수업 시간: 20분

단계	교수-학습 활동	학습 자료	시간(분)	지도상의 유의점
설명 (제시)	① 의미제시 　상황을 이용해 목표 문법의 의미를 이해시킨다. T: 이번 주의 날씨가 지난주보다 더 추워요? S: 네, 더 추워요. T: 그래요. 날씨가 많이 추워졌어요. T: 3월이 되면 날씨가 따뜻할까요? S: 네, 따뜻할 거예요. T: 그래요. 봄이 되면 날씨가 따뜻해질 거예요. 　위의 예문을 통해 학습자가 이해한 것을 바탕으로 '-아/어/여지다'가 어떤 상태나 모양이 조금씩 변화하는 것을 나타내는 말이라는 것을 설명한다. ② 형태제시 　형용사의 어간 뒤에 사용된다는 것을 설명하고, 끝음절의 모음이 'ㅏ, ㅗ'인 어간 뒤에는 '-아지다'가, '하-' 뒤에는 '-여지다'가, 그 밖의 경우에는 '-어지다'가 결합된다는 것을 판서를 통해 보여 준다.		5~7분	▶ '-아/어/여지다' 앞에 동사가 오면 변화가 아닌 피동의 의미를 나타내게 되므로 형용사만을 제시하도록 한다.

	〈판서〉 맑다/괜찮다/꽂다 + －아지다 흐리다/알다/이루다 + －어지다 유명하다/더하다/깨끗하다 → －해지다 • 약을 먹었더니 괜찮아졌어요. • 마침내 소원이 이루어졌다. • 촬영지로 유명해진 곳은 항상 사람이 많다.			
연습	① 기계적 연습 　㉠ 형용사 카드를 보고 목표 문법을 사용해 말해 본다. 　㉡ 여러 가지 다양한 계절과 날씨를 나타내는 사진들을 제시하고, 문장을 만들어 말해 본다. • 가을이 되니까 시원해졌습니다. • 어제보다 기온이 높아졌어요. ② 유의적 연습 　㉠ 교사가 구체적인 상황을 제시하여 학습자들이 목표 문법을 사용한 대답을 하도록 유도한다. T: 작년 여름보다 올 여름이 더 더운 것 같아요. S: 맞아요. 작년보다 더 더워졌어요. 　㉡ (짝 활동) 서로 상대 나라의 계절과 날씨에 대해 묻고 계절에 따라 또 지역이나 시간에 따라 어떤 변화가 있는지 목표 문법을 사용해 대답해 본다.	형용사 카드 계절과 날씨 사진 자료	13~15분	▶ 필요하면 학습자들의 나라별로 계절과 날씨 변화에 대한 자료를 주고, 그것을 참고로 짝 활동을 진행한다.

8회

※ '공공장소 예절'을 주제로 한 단원에서 '-아/어/여도 되다'를 지도하려고 한다. 다음 내용을 참조하여 '-아/어/여도 되다'의 제시와 연습 단계의 교수안을 작성하시오.

- ✓ **숙달도:** 초급 중반
- ✓ **단원 주제:** 공공장소 예절
- ✓ **목표 문법:** -아/어/여도 되다
- ✓ **수업 시간:** 20분

단계	교수-학습 활동	학습 자료	시간(분)	지도상의 유의점
설명 (제시)	① 의미제시 상황을 이용해 목표 문법의 의미를 이해시킨다. T: 교실에서 음식을 먹으면 어때요? 괜찮아요? S: 네, 괜찮아요. T: 그럼 교실에서 음악을 들으면 어때요? 음악을 들어도 돼요? S: 네, 괜찮아요. 들어도 돼요. T: 식당 안에서 담배를 피워도 돼요? 괜찮아요? S: 아니요, 식당 안에서는 담배를 피울 수 없어요. T: 그래요. 식당에서는 담배를 피우면 안 돼요. 위의 예문을 통해 학습자가 이해한 것을 바탕으로 '-아/어/여도 되다'가 어떤 행동이나 일을 하도록 허락 또는 허용하는 의미를 나타낸다는 것을 설명한다. ② 형태제시 동사의 어간 뒤에 쓰인다는 것을 판서를 통해 보여 준다.		5~7분	▶ '되다' 대신에 '좋다'나 '괜찮다'가 쓰일 수 있음을 설명해 준다. 또한 대답으로는 상대방의 요구를 허락하는 경우 '-아/어/여도 되다'를, 그렇지 않은 경우 '-(으)면 안 되다'를 사용한다는 것도 함께 제시한다.

	⟨판서⟩ 가다/보다/닫다/앉다 + -아도 되다 걸다/신다/읽다/부르다 + -어도 되다 하다/말하다/운동하다 → 해도 되다 • 여기에 앉아도 됩니다. • 건물이 더워서 창문을 열어도 돼요. • 부탁 하나만 해도 될까?			
연습	① 기계적 연습 　㉠ 동사 카드를 보고 목표 문법을 사용해 말해 본다. 　㉡ 지하철, 도서관, 극장 등의 공공장소에서 가능한 어떤 행위를 하고 있는 그림을 보면서 목표 문법을 사용해 말해 본다. • 지하철에서 신문을 읽어도 돼요. • 극장에서 영화가 시작되기 전에는 말해도 됩니다. ② 유의적 연습 　㉠ 교사가 구체적인 상황을 제시하여 학습자들이 목표 문법을 사용한 대답을 하도록 유도한다. T: 비행기에서 노트북을 사용해도 돼요? S: 네, 사용해도 돼요. 그렇지만 비행기가 출발할 때하고 도착할 때는 사용하면 안 돼요. 　㉡ (2~3인 소그룹 활동) 서로 다른 국적의 학습자들끼리 그룹을 만들어 상대 나라의 공공장소 예절에 대해 묻고 목표 문법을 사용해 대답해 본다.	동사 카드 여러 공공장소 에서 어떤 행위를 하고 있는 그림 카드	13~15분	▶ 소그룹 활동에서는 동일한 공공장소라도 나라마다 예절이 다를 수 있으므로, 그러한 점에 초점을 맞추어 대화가 진행될 수 있도록 유도한다.

9회

※ '한국 생활'을 주제로 한 단원에서 '-(으)ㄴ 지'를 지도하려고 한다. 다음 내용을 참조하여 '-(으)ㄴ 지'의 제시와 연습 단계의 교수안을 작성하시오. (단, 제시와 연습 단계 이외의 단계를 포함할 경우 감점됨)

- ✔ 숙달도: 초급 후반
- ✔ 단원 주제: 한국 생활
- ✔ 목표 문법: -(으)ㄴ 지 (예 한국에 온 지 일 년이 되었어요.)
- ✔ 수업 시간: 20분

단계	교수-학습 활동	학습 자료	시간(분)	지도상의 유의점
설명 (제시)	① 의미제시 　학습자들에게 다음과 같이 물은 뒤, 교사가 목표 문법을 사용해서 대답해 줌으로써 그 의미와 쓰임을 이해시킨다. T: 한국에 언제 왔어요? S: 3월에 왔어요. T: 아, 그럼 한국에 온 지 6개월이 됐네요. T: 언제부터 한국어를 배웠어요? S: 작년 여름부터 배웠어요. T: 그럼 한국어를 배운 지 1년쯤 됐네요. 　위의 대화 과정을 통해 학습자가 이해한 것을 바탕으로, '-(으)ㄴ 지 N이/가 되다'가 동작이 시작 또는 완료된 상태가 시간적으로 얼마 경과했음을 나타낸다는 것을 설명한다. ② 형태제시 　동사의 어간 뒤에 쓰인다는 것을 판서를 통해 보여 준다.		5~7분	▶ 앞에 오는 동작이 발생한 시점부터 경과된 시간을 나타내는 문장과, 완료된 시점부터 경과된 시간을 나타내는 문장을 모두 제시하고, 'N(시간)이/가 되다[지나다]'가 뒤에 온다는 것을 설명한다.

		〈판서〉 사다/오다/사귀다/일하다 + -ㄴ 지 먹다/닫다/읽다/살다 + -은 지 • 한국 친구를 사귄 지 5개월이 되었습니다. • 이 집에 산 지 1년이 됐어요.		
연습		① 기계적 연습 　㉠ 동사 카드를 보고 목표 문법을 사용해 말해 본다. 　㉡ 한국에 처음 온 시점부터 현재까지 시작하거나 완료한 일과 그 시간이 표시되어 있는 그래프를 보고, 목표 문법을 사용해 문장을 만들어 말해 본다. • 한국어 수업을 들은 지 6개월이 됐어요. • 고향 음식을 먹은 지 5개월이 지났습니다. ② 유의적 연습 　㉠ 교사가 구체적인 상황을 제시하여 학습자들이 목표 문법을 사용한 대답을 하도록 유도한다. T: ___ 씨, 아르바이트를 언제부터 했어요? S: 아르바이트를 한 지 두 달 됐어요. 　㉡ (짝 활동) 서로 일과나 취미 등에 대해 묻고, 그것을 해 온 과정과 기간에 대해 목표 문법을 사용해 대답해 본다.	동사 카드 그래프 그림 카드	13~15분	▶ 이미 시작하거나 완료된 시점이 경과한 일을 나타내므로, 여기에서는 '되다, 지나다'를 과거형으로 연습한다.

10회

※ '일상생활'을 주제로 한 단원에서 '-고 나서'를 지도하려고 한다. 다음 내용을 참조하여 '-고 나서'의 제시와 연습 단계의 교수안을 작성하시오. (단, 제시와 연습 단계 이외의 단계를 포함할 경우 감점됨)

- ✓ 숙달도: 중급
- ✓ 단원 주제: 일상생활
- ✓ 목표 문법: -고 나서
- ✓ 수업 시간: 20분

단계	교수-학습 활동	학습 자료	시간(분)	지도상의 유의점
설명 (제시)	① 의미제시 　학습자들에게 다음과 같이 물은 뒤, 교사가 목표 문법을 사용해서 대답해 줌으로써 그 의미와 쓰임을 이해시킨다. T: 집에 가면 보통 뭘 해요? S: 밥을 먹고 텔레비전을 봐요. T: 먼저 밥을 먹어요? S: 네. T: 아, 밥을 먹고 나서 텔레비전을 보는군요. T: 보통 운동을 한 후에 물을 마셔요? S: 네, 운동을 하고 물을 마셔요. T: 그래요. 운동을 하고 나서 물을 마셔요. 위의 대화를 통해 학습자가 이해한 것을 바탕으로, '-고 나서'가 어떤 동작이 끝난 이후에 다른 동작이 이어짐을 나타낸다는 것을 설명한다.		5~7분	▶ 어미 '-고'와 연결된 동사 '나다'는 '난, 나면, 나니' 등 다른 형태로 활용되지만, '동작의 이어짐'이라는 의미를 실현하기 위해서는 '-고 나서'의 형태로만 사용된다는 것을 설명한다.

	② 형태제시 　동사의 어간 뒤에 쓰인다는 것을 판서를 통해 보여 준다. 〈판서〉 끝나다/보다/자다/하다 먹다/듣다/씻다/헤어지다 + -고 나서 • 영화를 보고 나서 친구와 쇼핑을 했어요. • 남자 친구와 헤어지고 나서 많이 울었어요.			
연습	① 기계적 연습 　㉠ 서로 다른 두 장의 동사 카드를 보고 목표 문법을 사용해 말해 본다. 　㉡ 그림으로 표현되어 있는 일주일 동안의 일과표를 보고, 목표 문법을 사용해 문장을 만들어 말해 본다. • 월요일에는 수업이 끝나고 나서 한국 친구를 만나요. • 토요일 오전에는 부모님과 전화를 하고 나서 집안일을 해요. ② 유의적 연습 　㉠ 교사가 구체적인 상황을 제시하여 학습자들이 목표 문법을 사용한 대답을 하도록 유도한다. T: ＿＿ 씨, 샤워할 때 머리를 먼저 감아요? S: 네, 보통 머리를 감고 나서 몸을 씻어요. 　㉡ (2~3인 소그룹 활동) 학습자들끼리 한국에 와서 달라진 일상생활에 대해 묻고 목표 문법을 사용해 대답해 본다.	동사 카드 일과표 그림 카드	13~15분	▶ '집에 가고 나서 청소를 해요.'와 같은 문장은 비문이 되므로, 동작의 이어짐을 나타내는 데 있어 앞에 올 수 있는 동사에 제약이 있음을 제시한다.

11회

※ '일상생활'을 주제로 한 단원에서 '-(으)면서'를 지도하려고 한다. 다음 내용을 참조하여 '-(으)면서'의 제시와 연습 단계의 교수안을 작성하시오. (단, 제시와 연습 단계 이외의 단계를 포함할 경우 감점됨)

- ✓ 숙달도: 초급
- ✓ 단원 주제: 일상생활
- ✓ 목표 문법: -(으)면서 (예 일기를 쓰면서 음악을 들어요.)
- ✓ 수업 시간: 20분

단계	교수-학습 활동	학습 자료	시간(분)	지도상의 유의점
설명 (제시)	① 의미제시 　교사가 다음과 같이 질문하는 과정에서 '-(으)면서'의 쓰임을 먼저 제시한 뒤, 학습자들의 대답을 유도하여 목표 문법의 의미를 이해시킨다. T: 저는 보통 집에서 텔레비전을 보면서 밥을 먹어요. ___씨는 어때요? S: 저도 텔레비전을 보면서 밥을 먹어요. T: 저는 커피를 마시면서 음악을 들어요. ___씨는 언제 음악을 들어요? S: 저는 공부를 하면서 음악을 들어요. 위의 대화를 통해 학습자가 이해한 것을 바탕으로, '-(으)면서'가 둘 이상의 행동을 동시에 함을 의미한다는 것을 설명한다. ② 형태제시 　동사의 어간 뒤에 쓰인다는 것을 판서를 통해 보여 준다.		5~7분	▶ '-(으)면서' 앞에 붙는 말을 형용사로까지 확장시키면 또 다른 용법이 부가되므로, 여기에서는 '-(으)면서'가 동사에 붙는 경우만을 제시하여 설명한다.

	⟨판서⟩ 가다/마시다/쇼핑하다 +-면서 읽다/듣다/입다 +-으면서 • 친구하고 쇼핑하면서 이야기를 했어요. • 책을 읽으면서 음악을 듣습니다.		
연습	① 기계적 연습 　㉠ 두 개의 동사가 쓰인 카드를 제시하고 목표 문법을 사용해 말해 본다. 　㉡ 학습자들에게 두 가지의 동작이나 일을 하는 모습이 담긴 사진들을 보고, 문장을 만들어 말해 본다. • 노래방에서 노래를 부르면서 춤을 춥니다. • 아이가 과자를 먹으면서 컴퓨터 게임을 해요. ② 유의적 연습 　㉠ 교사가 구체적인 상황을 제시하여 학습자들이 목표 문법을 사용한 대답을 하도록 유도한다. T: ___ 씨는 언제 단어를 찾아요? S: 저는 수업을 들으면서 단어를 찾아요. T: 저는 음식을 만들면서 노래를 불러요. ___ 씨는 어때요? S: 저는 음식을 만들면서 친구하고 전화를 해요.	동사 카드 두 가지 일을 하는 동작 사진 자료	13~15분	▶ 전체 학습자를 대상으로 연습을 한 후 개별 학습자를 대상으로 확인한다.

	ⓒ (짝 활동) 교사가 목표 문법을 사용해 연결할 수 있는 다양한 앞뒤 문장을 카드로 만들어 학습자들에게 나눠 주고, 정해진 시간에 가장 많은 문장들을 적절하게 연결한 팀이 이기는 게임을 한다.	문장 카드	

12회

※ '일상생활'을 주제로 한 단원에서 '-고 싶다'를 지도하려고 한다. 다음 내용을 참조하여 '-고 싶다'의 제시와 연습 단계의 교수안을 작성하시오.

> ✓ **숙달도**: 초급
> ✓ **단원 주제**: 일상생활
> ✓ **목표 문법**: -고 싶다
> ✓ **수업 시간**: 20분

단계	교수-학습 활동	학습 자료	시간(분)	지도상의 유의점
설명 (제시)	① 의미제시 　학습자들에게 다음과 같이 묻고 대답을 유도한 뒤, 교사가 '-고 싶다'를 사용해서 다시 한번 이야기해 줌으로써 목표 문법의 의미를 이해시킨다. T: 오늘 저녁에 뭘 먹을 거예요? S: (피자/라면…)을/를 먹을 거예요. T: 네. 저도 (피자/라면…)을/를 먹고 싶어요. T: 주말에 뭘 할 거예요? 뭘 하면 좋아요? S: 친구하고 쇼핑할 거예요. T: 저도 쇼핑을 좋아해요. 쇼핑을 하고 싶어요. 　위의 대화를 통해 학습자가 이해한 것을 바탕으로, '-고 싶다'가 어떤 행동이나 일을 하고자 하는 생각이나 의욕이 있음을 나타낸다는 것을 제시한다. ② 형태제시 　동사 뒤에 사용되며, 문장의 주어가 3인칭일 때에는 '-고 싶어 하다'를 사용한다는 것을 판서를 통해 보여 준다.		5~7분	▶ 학습자들에게 '-고 싶다' 문장에는 1·2인칭 주어만이 올 수 있음을 설명한다.

		〈판서〉 보다/받다/읽다/공부하다 + -고 싶다 • 저는 한국 영화를 보고 싶어요. • 사라 씨는 무슨 선물을 받고 싶어요? • 내 동생은 영어를 공부하고 싶어해요.			▶ 학습자들이 기본적인 활용에 익숙해지면, '-고 싶지 않다'와 '-고 싶었다' 등 부정문이나 과거형으로도 활용해 볼 수 있도록 지도한다.

연습	① 기계적 연습
	   ㉠ 여러 가지 일상적인 상황을 나타내는 사진을 보고 목표 문법을 사용해 말해 본다.
	   ㉡ ㉠에서 만든 말 앞에 이유나 조건을 연결하여 문장을 만들어 본다.
	• 오늘은 피곤해서 쉬고 싶어요.
	• 해외여행을 가고 싶어요.
	② 유의적 연습
	   ㉠ 교사가 구체적인 상황과 관련된 질문을 하여 학습자들이 목표 문법을 사용하여 대답하도록 유도한다.
	T: 뭘 배우고 싶어요?
	S: 기타를 배우고 싶어요.
	
	T: 남자(여자) 친구를 사귀고 싶어요?
	S: ① 네, 사귀고 싶어요.
	   ② 아니요, 지금은 사귀고 싶지 않아요.
	   ㉡ (짝 활동) 두 사람씩 짝을 이루어 상대방에게 한국에서 먹고 싶은 것, 사고 싶은 것, 하고 싶은 일, 가고 싶은 곳 등에 대해 묻고 그 대답을 정리하여 발표해 본다.
			일상을 보여 주는 사진 자료	13~15분	▶ 유의적 연습 단계에서는 학습자들이 좀 더 다양한 문장을 발화해 볼 수 있도록 판정 의문문과 설명 의문문을 적절히 섞어서 질문한다.

13회

※ '여행 상품 알아보기'를 주제로 한 단원에서 '-았/었으면 좋겠다'를 지도하려고 한다. 다음 내용을 참조하여 '-았/었으면 좋겠다'의 제시와 연습 단계의 교수안을 작성하시오.

- ✓ **숙달도:** 중급 초반(3급)
- ✓ **단원 주제:** (여행사에서) 여행 상품 알아보기
- ✓ **목표 문법:** -았/었으면 좋겠다
- ✓ **교육 내용:** '-았/었으면 좋겠다'의 제시와 연습
- ✓ **수업 시간:** 20분

단계	교수-학습 활동	학습 자료	시간(분)	지도상의 유의점
설명 (제시)	① 의미제시 　학습자들에게 다음과 같이 묻고 대답을 유도한 뒤, 교사가 '-았/었으면 좋겠다'를 사용해서 다시 한번 이야기해 줌으로써 목표 문법의 의미를 이해시킨다.		5~7분	▶ 학습자들에게 '-았/었으면'이라는 형태가 '과거'의 사실이 아닌, '미래'에 대한 희망이나 바람을 나타낸다는 것을 이해시킨다.
	T: 이번 (휴가/방학)에는 뭘 하고 싶어요? S: 여행을 가고 싶어요. T: 그래요? 저도 ___ 씨처럼 여행을 갔으면 좋겠어요. T: 한국에서 어디에 가보고 싶어요? S: (제주도/전주…)에 가보고 싶어요. T: 네. ___ 씨는 제주도에 가고 싶어요? 저는 전주에 가 봤으면 좋겠어요. 전주에 가서 비빔밥을 먹고 싶어요.			
	위의 대화를 통해 학습자가 이해한 것을 바탕으로, '-았/었으면 좋겠다'가 주어의 희망이나 바람을 나타낸다는 것을 제시한다. ② 형태제시 　용언(동사, 형용사) 뒤에 사용된다는 것을 판서를 통해 보여 준다.			

	〈판서〉 많다/크다/끝나다/일하다 + -았/었으면 좋겠다 • 한국 친구가 많았으면 좋겠어요. • 방이 더 컸으면 좋겠어요. • 여행사에서 일했으면 좋겠습니다.		
연습	① 기계적 연습 　㉠ 구문 카드(호텔에서 쉬다/맛집에 가다/예약을 취소하다…)를 보면서 목표 문법을 사용해 말해 본다. 　㉡ 여행지에서 해볼 만한 일을 사진으로 보여 주고 문장을 말해 본다. • 스카이다이빙은 꼭 했으면 좋겠습니다. • 여행지에서 맛있는 음식을 많이 먹었으면 좋겠어. ② 유의적 연습 　㉠ 교사가 여행과 관련된 구체적인 질문을 하고, 학습자들이 목표 문법인 '-았/었으면 좋겠다'를 사용해 대답을 하도록 유도한다. T: 어떤 곳으로 여행을 가고 싶으세요? S: 바다를 보면서 쉴 수 있는 곳으로 갔으면 좋겠어요. T: 여행 가서 뭘 할 거예요? S: 맛있는 것도 먹고 사진도 많이 찍었으면 좋겠어요. 　㉡ (짝 활동) 두 사람에게 각각 여행사 직원과 손님 역할을 맡게 한 뒤, 희망하는 여행 내용을 말하고 거기에 맞는 상품을 안내해 주는 대화를 만들어 본다.	구문 카드 여행 사진 자료 13~15분	▶ 학습자들이 활용에 익숙해지면, '-았/었-'이 결합되지 않은 '-(으)면 좋겠다'도 동일하게 사용할 수 있다는 것을 제시한다.

14회

※ '주말 계획'을 주제로 한 단원에서 '-(으)ㄹ래요(?)'를 지도하려고 한다. 다음 내용을 참조하여 '-(으)ㄹ래요(?)'의 제시와 연습 단계의 교수안을 작성하시오.

- ✔ 숙달도: 초급
- ✔ 단원 주제: 주말 계획
- ✔ 목표 문법: -(으)ㄹ래요(?) (예 주말에 영화를 볼래요?)
- ✔ 수업 시간: 20분

단계	교수-학습 활동	학습 자료	시간(분)	지도상의 유의점
설명 (제시)	① 의미제시 　학습자들에게 다음과 같이 묻고 대답을 유도한 뒤, 교사가 '-(으)ㄹ래요(?)'를 사용해서 다시 한번 이야기해 줌으로써 목표 문법의 의미를 이해시킨다. T: 오늘 저녁에 뭘 먹어요? S: 저녁에 ___을/를 먹어요. T: 그럼 같이 먹을까요? 저도 ___을/를 먹을래요. T: 이번 주말에 놀이공원에 갈래요? S: 이번 주말에는 다른 약속이 있어요. T: 그럼 다음 주말에 갈래요? 　위의 대화를 통해 학습자가 이해한 것을 바탕으로, '-(으)ㄹ래요(?)'가 어떤 일에 대해 상대방의 의사나 의향을 물음과 대답을 나타낸다는 것을 제시한다. ② 형태제시 　동사 뒤에 사용된다는 것을 판서를 통해 보여 준다.		5~7분	▶ 학습자들에게 '-(으)ㄹ래요?'에 대한 대답으로 '-(으)ㄹ래요'를 사용하여, 말하는 사람이 어떤 일을 할 의향이나 의사가 있음을 나타낸다는 것을 이해시킨다.

	〈판서〉 가다/마시다/자다/고르다 + -ㄹ래요(?) 먹다/읽다/앉다/걷다 + -을래요(?) • 저는 쇼핑하러 갈래요. • 뭘 마실래요? • 여기부터 ___씨가 읽을래요?			
연습	① 기계적 연습 　㉠ 구문 카드(운동화를 사다/이메일로 보내다/창문을 닫다…)를 보면서 목표 문법을 사용해 말해 본다. 　㉡ 주말에 할 만한 일을 사진으로 보여 주고 문장을 말해 본다.	구문 카드 주말에 할 만한 일이 담긴 사진 자료	13~15분	▶ 학습자들이 활용에 익숙해지면, '-(으)ㄹ래요(?)'를 높임말로 사용하는 것은 적절하지 않다는 것을 제시하고 연습한다.
	• 이번 주말에는 집에서 쉴래요. • 다음 주 토요일에 같이 스키장에 갈래요?			
	② 유의적 연습 　㉠ 교사가 주말 계획과 관련된 질문을 하고, 학습자들이 목표 문법을 사용해 묻거나 대답하도록 유도한다.			
	T: 이번 주말에 영화를 볼래요? S: 네, 좋아요. 볼래요. T: ___씨는 어떤 영화를 볼래요? S: 저는 공포 영화를 좋아해요. 공포 영화를 볼래요.			
	㉡ (짝 활동) 먼저 각각 주말 계획을 세우도록 한 뒤, 두 사람씩 짝을 지어 서로의 계획과 의향을 묻고 약속을 정하는 대화를 만들어 본다.			

15회

※ '성격'을 주제로 한 단원에서 '-아/어 보이다'를 지도하려고 한다. 다음의 내용을 참조하여 '-아/어 보이다'의 제시와 연습 단계의 교수안을 작성하시오.

- ✓ 숙달도: 중급
- ✓ 단원 주제: 성격
- ✓ 목표 문법: -아/어 보이다 (예 꼼꼼해 보여요.)
- ✓ 수업 시간: 20분

단계	교수-학습 활동	학습 자료	시간(분)	지도상의 유의점
설명 (제시)	① 의미제시 　학습자들에게 다음과 같이 묻고 대답을 유도한 뒤, 교사가 '-아/어 보이다'를 사용해서 다시 한번 이야기해 줌으로써 목표 문법의 의미를 이해시킨다. T: (사진을 보여 주며) ___씨, 이 사람 성격이 어떨 것 같아요? S: 꼼꼼할 것 같아요. T: 네, 제가 봤을 때도 이 사람이 꼼꼼해 보여요. (두 번째 사진을 보여 주며) 그럼 이 사람은 어때요? 활발해 보여요? S: 네, 활발할 것 같아요. 　위의 대화를 통해 학습자가 이해한 것을 바탕으로, '-아/어 보이다'가 어떤 대상의 성격이나 상태에 대해 추측하거나 판단함을 나타낸다는 것을 제시한다. ② 형태제시 　형용사 뒤에 사용된다는 것을 판서를 통해 보여 준다.		5~7분	▶ 학습자들에게 어떤 대상에 대해 주로 겉으로 봤을 때 그러하다고 느껴짐을 나타내는 표현이라는 것을 이해시킨다.

	〈판서〉 작다/좋다/낡다 + -아 보이다 힘들다/어리다/크다 + -어 보이다 착하다/똑똑하다/편안하다 → -해 보이다 • 기분이 좋아 보여요. • 일이 힘들어 보이네요. • 그 사람은 아주 착해 보이는데요.		
연습	① 기계적 연습 　㉠ 성격 표현과 관련된 구문 카드 (성격이 급하다/정이 많다/고집이 세다…)를 보면서 목표 문법을 사용해 말해 본다. 　㉡ 인물의 성격을 짐작할 수 있는 사진들을 보고 목표 문법을 사용해 대답해 본다. • 웃는 모습이 다정해 보이네요. • 표정이 무뚝뚝해 보여요. ② 유의적 연습 　㉠ 교사가 학습자들에게 다른 학습자의 성격에 대해 목표 문법을 사용해 짐작해서 대답해 보도록 유도한다. T: ___씨, ○○씨 성격이 어때 보여요? S: 아주 착해 보여요. T: 왜요? S: 평소에 다른 친구들을 많이 도와주거든요. ㉡ (짝 활동) 사전에 각각 가족이나 친구들의 사진을 준비하게 한 뒤, 서로 보여 주면서 성격에 대해서 그렇게 생각하는 이유와 함께 말해 본다.	구문 카드 인물 사진 자료 사진 자료	13~15분	▶ 학습자들이 활용에 익숙해지면, '-아/어 보이다'가 성격뿐만 아니라, 처해 있는 상황이나 건강, 지식과 능력의 정도 등 다양한 상태를 나타낼 때 사용된다는 것을 제시한다.

16회

※ '미래 계획'을 주제로 한 단원에서 '-(으)려고 하다'를 지도하려고 한다. 다음 내용을 참조하여 '-(으)려고 하다'의 제시와 연습 단계의 교수안을 작성하시오.

> ✓ **숙달도**: 초급
> ✓ **단원 주제**: 미래 계획
> ✓ **목표 문법**: -(으)려고 하다
> ✓ **수업 시간**: 20분

단계	교수-학습 활동	학습 자료	시간(분)	지도상의 유의점
설명 (제시)	① 의미제시 학습자들에게 교사가 '-(으)려고 하다'를 사용해서 묻고 대답을 통해 다시 한번 제시해 줌으로써 목표 문법의 의미를 이해시킨다. T: ___ 씨, 오늘 저녁에 뭘 먹어요? S: 오늘 저녁에 라면을 먹어요. T: 네, ___ 씨는 저녁에 라면을 먹으려고 해요. T: ___ 씨, 방학 계획이 있어요? S: 네, 있어요. 방학에 고향에 갈 거예요. T: 네, ___ 씨는 방학에 고향에 가려고 해요. 위의 대화 과정을 통해 학습자가 이해한 것을 바탕으로, '-(으)려고 하다'가 앞으로 어떠한 행동이나 일을 하고자 하는 계획과 의도를 나타낸다는 것을 설명한다. ② 형태제시 동사의 어간 뒤에 쓰인다는 것을 판서를 통해 보여 준다.		5~7분	▶ 뒤 절에 다양한 동사를 취할 수 있는 연결 어미로서의 '-(으)려고'가 아니므로, '-(으)려고 하다'를 분석하지 말고 하나의 문형으로 제시한다.

	〈판서〉 사다/오다/만나다/배우다 + -려고 하다 먹다/읽다/입다/듣다 + -으려고 하다 • 한국에 가서 한국어를 배우려고 합니다. • 책을 더 많이 읽으려고 해요.			
연습	① 기계적 연습 　㉠ 동사 카드를 보고 목표 문법을 사용해 말해 본다. 　㉡ 여러 명의 계획이 담겨 있는 그림 카드를 보고, 목표 문법을 사용해 문장을 만들어 말해 본다. 　• ___ 씨는 이번 주말에 운동을 하려고 해요. 　• ___ 씨는 다음 달부터 영어 수업을 들으려고 해요. ② 유의적 연습 　㉠ 교사가 구체적인 상황을 제시하여 학습자들이 목표 문법을 사용한 대답을 하도록 유도한다. 　T: ___ 씨는 이번 주말에 뭘 할 거예요? 　S: 저는 이번 주말에 백화점에 가서 옷을 사려고 해요. 　T: ___ 씨는 오늘 약속이 있습니까? 　S: 아니요, 오늘은 집에서 쉬려고 합니다. 　㉡ (짝 활동) 학습자들에게 '내일/다음 주/다음 달/내년'의 계획을 쓸 수 있는 계획표를 나누어 주고, 학습자들은 두 사람씩 짝을 이루어 상대방의 계획을 물어 보면서 활동지를 완성해 본다.	동사 카드 그림 카드 계획표	13~15분	▶ '-(으)려고 하다'를 '-(으)려고 했다'나 '-(으)려고 할 거예요' 등으로도 활용할 수 있지만, 현 단계에서는 현재 시점에서의 의도를 나타내는 '-(으)려고 해요/합니다'로만 연습한다. ▶ '내년에 고향에 돌아가면'과 같이 '가정'의 상황에서 계획과 의도를 말해 보게 해도 좋다.

17회

※ '하루 일과'를 주제로 한 단원에서 '-(으)ㄴ 후(에)'를 지도하려고 한다. 다음 내용을 참조하여 '-(으)ㄴ 후(에)'의 제시와 연습 단계의 교수안을 작성하시오.

- ✓ 숙달도: 초급
- ✓ 단원 주제: 하루 일과
- ✓ 목표 문법: -(으)ㄴ 후(에) (예 아침을 먹은 후에 운동을 해요.)
- ✓ 수업 시간: 20분

단계	교수-학습 활동	학습 자료	시간(분)	지도상의 유의점
설명 (제시)	① 의미제시 　학습자들에게 다음과 같이 물은 뒤, 교사가 '-(으)ㄴ 후(에)'를 사용해서 대답해 줌으로써 그 의미와 쓰임을 이해시킨다. T: 보통 어디에서 아침을 먹어요? S: 집에서 아침을 먹어요. T: 아침을 먹은 후에 학교에 와요. T: 오후에는 수업이 없지요? 　오후에는 무엇을 해요? S: 숙제도 하고 친구도 만나요. T: 수업을 들은 후에 숙제도 하고 친구도 만나요. 　위의 대화를 통해 학습자가 이해한 것을 바탕으로, '-(으)ㄴ 후(에)'가 앞 절의 행위가 일어난 다음에 뒤 절의 행위가 일어남을 나타낸다는 것을 설명한다. ② 형태제시 　동사의 어간 뒤에 쓰인다는 것을 판서를 통해 보여 준다.		5~7분	▶ 명사 뒤에 붙어서 쓰일 때는 'N 후(에)'와 같이 사용하며, 이때 명사는 대부분 동작성을 가지는 것이라는 점을 설명한다.

	〈판서〉 사다/오다/배우다/끝나다 +-ㄴ 후에 먹다/읽다/듣다/입다 +-은 후에 • 옷을 산 후에 영화를 봤습니다. • 책을 읽은 후에 친구한테 주었어요.			
연습	① 기계적 연습 　㉠ 동사 카드를 보고 목표 문법을 사용해 바꾼 뒤, 뒤 문장을 만들어 연결해서 말해 본다. 　㉡ 제시된 그림들 중 시간적인 순서로 나열될 수 있는 동작이나 상황이 담긴 그림을 두 장씩 골라, 목표 문법을 사용해 문장을 만들어 말해 본다. • 회사가 끝난 후에 운동을 합니다. • 옷을 입은 후에 화장을 해요. ② 유의적 연습 　㉠ 교사가 구체적인 상황을 제시하여 학습자들이 목표 문법을 사용한 대답을 하도록 유도한다. T: 청소하고 빨래를 매일 해요? S: 아니요, 일주일에 한 번쯤 해요. 보통 일요일에 청소를 한 후에 빨래를 해요. 　㉡ (개별 활동) 각자 고향에서와 한국에서의 하루 일과표를 만들고, 두 가지를 비교하면서 그 차이에 대해 목표 문법을 사용해 말해 본다.	동사 카드 그림 카드 하루 일과표	13~15분	▶ 전체 학습자를 대상으로 연습을 한 후 개별 학습자를 대상으로 확인한다.

18회

※ '경험'을 주제로 한 단원에서 '-(으)ㄴ 적이 있다/없다'를 지도하려고 한다. 다음 내용을 참조하여 '-(으)ㄴ 적이 있다/없다'의 제시 단계와 연습 단계의 교수안을 작성하시오. (이 문항은 2회에서 '여행'을 주제로 출제된 적이 있는 목표 문법입니다. 따라서 18회에서는 '경험'이라는 주제와 관련된 예문만 수정하였으니 참고 바랍니다.)

- ✓ 숙달도: 초급
- ✓ 단원 주제: 경험
- ✓ 목표 문법: -(으)ㄴ 적이 있다/없다
- ✓ 수업 시간: 20분

단계	교수-학습 활동	학습 자료	시간(분)	지도상의 유의점
설명 (제시)	① 의미제시 　학습자들에게 다음과 같이 물은 뒤, 교사가 '-(으)ㄴ 적이 있다/없다'를 사용해서 대답해 줌으로써 그 의미와 쓰임을 이해시킨다. T: 식당에서 혼자 밥을 먹어 봤어요? S: 네, 먹어 봤어요. T: 그렇군요. 식당에서 혼자 밥을 먹은 적이 있어요. T: 아르바이트를 해 봤어요? S: 아니요, 아직 안 해 봤어요. T: 그래요. 아르바이트를 해 본 적이 없어요. 　위의 대화를 통해 학습자가 이해한 것을 바탕으로, '-(으)ㄴ 적이 있다/없다'가 과거에 어떤 행위나 상황을 경험한 일이 있고 없음을 나타내는 말이라는 것을 설명한다.		5~7분	▶ '시도'의 의미를 나타내는 '-아/어 보다' 뒤에 붙어서 자주 사용됨을 설명한다.

	② 형태제시 　동사의 어간 뒤에 사용된다는 것을 설명하고, 자음으로 끝나는 동사의 어간 뒤에서는 '-은 적이 있다/없다'가, 모음이나 ㄹ로 끝나는 동사의 어간 뒤에서는 '-ㄴ 적이 있다/없다'가 사용된다는 것을 판서를 통해 보여 준다. 〈판서〉 먹다/읽다/받다/입다 + -은 적이 있다/없다 가다/마시다/여행하다 + -ㄴ 적이 있다/없다 • 저는 영어책 100권을 읽은 적이 있습니다. • 저는 엄마와 단둘이서 여행한 적이 없는 것 같아요.			
연습	① 기계적 연습 　㉠ 동사 카드를 보고 목표 문법을 사용해 형태를 바꿔서 말해 본다. 　㉡ 경험과 관련된 장면들을 사진으로 제시하고, 문장을 만들어 본다. • 꽃다발을 받은 적이 있습니다. • 수영을 배운 적이 없습니다. ② 유의적 연습 　㉠ 교사가 구체적인 상황을 제시하여 학습자들이 목표 문법을 사용한 대답을 하도록 유도한다. T: 한식을 먹은 적이 있어요? S: 네, 먹은 적이 있어요. T: 그럼 한복을 입어 본 적이 있어요? S: 아니요. 한복은 입어 본 적이 없어요. 　㉡ (짝 활동) 두 명씩 짝을 이루어 빙고 게임을 하면서 목표 문법을 사용해 묻고 대답해 본다.	동사 카드 사진 자료 빙고 게임 용지	13~15분	▶ '경험'에 관한 대화에서 질문을 할 때는 보통 행위의 시도 여부를 묻는 '-아/어 보다'를 많이 사용하고, 그에 대한 대답을 할 때는 '-아/어 보다'와 '-(으)ㄴ 적이 있다/없다' 중 화자의 의도에 따라 하나를 선택하거나 두 개를 모두 사용한다는 점을 학습자들이 연습을 통해 알 수 있도록 한다.

19회

※ '취미'를 주제로 한 단원에서 '-(으)ㄹ 수 있다/없다'를 지도하려고 한다. 다음 내용을 참조하여 '-(으)ㄹ 수 있다/없다'의 제시 단계와 연습 단계의 교수안을 작성하시오.

- ✓ 숙달도: 초급
- ✓ 단원 주제: 취미
- ✓ 목표 문법: -(으)ㄹ 수 있다/없다
- ✓ 수업 시간: 20분

단계	교수-학습 활동	학습 자료	시간(분)	지도상의 유의점
설명 (제시)	① 의미제시 　학습자들에게 목표 문법을 사용해서 묻고 대답을 유도하여 '-(으)ㄹ 수 있다/없다'의 의미를 이해하도록 한다. T: ___ 씨, 취미가 뭐예요? S: 저는 운동을 좋아해요. T: 그럼, 테니스를 쳐요? S: 네, 테니스를 쳐요. T: 그래요. ___ 씨는 테니스를 칠 수 있어요. 　수영도 해요? S: 아니요, 수영을 못 해요. T: 아, ___ 씨가 수영은 할 수 없어요. 　위의 대화를 통해 학습자가 이해한 것을 바탕으로, '-(으)ㄹ 수 있다/없다'가 어떤 일을 할 만한 능력의 유무나 가능 여부 나타낸다는 것을 설명한다. ② 형태제시 　동사 어간 뒤에 사용된다는 것을 판서를 통해 보여준다.		5~7분	▶ 학습자들이 '-(으)ㄹ 수(가) 없다'의 의미와 쓰임을 이해하고 나면, 실제 대화에서는 '-(으)ㄹ 수(가) 있어요?'라는 질문이 능력의 유무를 묻는 경우 부정적인 대답으로 '못 V'가 더 많이 사용된다는 것을 설명한다.

	〈판서〉 가다/쓰다/마시다/말하다 +-ㄹ 수 있다/없다 먹다/읽다/듣다/찾다 +-을 수 있다/없다 • 한국어로 이름을 쓸 수 있습니다. • 수업 시간에는 음악을 들을 수 없어요.		▶ 예문을 통해 '능력의 유무'라는 의미와 '가능 여부'라는 의미를 함께 제시하되, 단원의 주제를 전달하기 위해 현재 단계에서는 '능력의 유무'를 표현하는 데 더 초점을 맞추도록 한다.
연습	① 기계적 연습 　㉠ 여러 가지 취미 활동을 묘사한 그림에 ○ 또는 ×라고 표시한 뒤, 목표 문법을 사용해서 말해 본다. 　㉡ 그림을 보고 다른 사람과 목표 문법을 사용해서 질문하고 대답해 본다. T: 기타를 칠 수 있어요? S: 네, 칠 수 있어요. ② 유의적 연습 　㉠ 교사가 학습자들의 개별적인 상황에 맞게 '-(으)ㄹ 수 있어요?'로 질문하고 목표 문법을 사용해 대답하도록 한다. T: ___ 씨는 요리를 잘하니까 한국 음식도 만들 수 있지요? S: 아니요, 한국 음식은 만들 수 없어요. 　㉡ (짝 활동) 두 사람씩 짝을 이루어 취미와 관련된 질문지를 작성한 뒤, 상대방에게 물어보고 그 대답을 써 보게 한다.	취미 활동 그림 카드 13~15분 질문 용지	▶ 전체 학습자를 대상으로 하는 연습과 개별 학습자를 대상으로 하는 연습을 적절히 조화시키도록 한다.

03 교안 관련 기출문제

 교안은 그 수업이 포함된 전체 교육과정의 목표 및 구성을 비롯해서 세부적으로 교재, 교수요목, 언어의 각 내용별·기능별 교수법 등과 매우 긴밀히 연결되어 있다. 따라서 교안을 작성할 때는 그러한 점을 염두에 두어야만 하고, 직접적으로 교안을 작성하는 문제가 아니더라도 관련 분야의 기출문제들을 검토해 볼 필요가 있다. 여기에서는 교안 작성 문제가 출제된 2회부터 19회까지의 문제 중에, 교안 작성을 위한 지식이나 기술과 밀접한 관계를 맺고 있는 교수요목과 문법 교수 관련 기출문제를 간단하게 살펴보기로 한다.

2회

26 다음은 언어 수업의 기본 모형 중 하나인 PPP 모형을 활용한 수업 계획안이다. 단계에 따른 올바른 교육 내용을 모두 고른 것은?

제시 (Presentation)	㉠ 오늘 학습자들이 무엇을 해야 하는지 자세하게 설명한다. ㉡ 학습자들에게 해당 문법 항목이 들어간 지시문을 보여 준다.
연습 (Practice)	㉢ 오늘 배울 문법 항목을 상황과 분리시켜 정확성을 강조하며 연습시킨다. ㉣ 학습자들끼리 문법 항목을 넣어 질문하고 대답하게 한다.
활용 (Production)	㉤ 배운 문법이 들어간 문제를 풀어보게 한다. ㉥ 해당 문형을 이용할 수 있는 상황을 제시한 후에 역할극을 하게 한다.

① ㉠, ㉡, ㉢
② ㉡, ㉣, ㉥
③ ㉠, ㉡, ㉢, ㉣, ㉥
④ ㉡, ㉢, ㉣, ㉤, ㉥

해설
㉠ 수업 목표의 제시로 보았을 때 도입 단계에서 이루어지는 게 바람직함
㉢ 문법 항목을 상황과 분리시켜서 제시할 게 아니라, 유의미한 상황(문맥) 속에서 제시해야 함
㉤ 활용이 아닌, 연습 단계에서 이루어져야 함

②

83 다음은 한국어 초급 교재에 반영된 교수요목의 예이다. 항목의 연결이 알맞지 <u>않은</u> 것은?

	주제	기능	어휘	문법	과제 활동
①	소개	자기소개	나라 이름	은/는 입니다	학습자들끼리 정보 교환하기
②	음식	주문하기	음식 이름	하고 -(으)세요	메뉴 보고 주문하기
③	시간	하루 일과 말하기	고유어 수사	(으)로 -(으)니까	주말에 한 일 말하기
④	날씨	날씨 표현하기	날씨, 계절 관련 어휘	-고 -겠습니다	일기예보의 그림 보고 날씨 말하기

> **해설**
> ③ 교수요목의 다른 항목들과 관련지어 볼 때, 시간 뒤에 붙는 조사 '에'와 목적어를 나타내는 조사 '을/를' 등이 문법으로 다루어지는 게 적절함

③ **정답**

23 다음 중 연결 어미 '-(으)면서'에 대한 설명과 제시된 예문의 연결이 적절하지 <u>않은</u> 것은?

① 동시에 두 가지 자격을 겸함: 그는 훌륭한 경영인이면서 자선 사업가이다.
② 두 가지 상태를 나열함: 민호는 그 내용에 대해 잘 알면서 모른다고 말했다.
③ 서로 다른 두 가지 상태가 함께 존재함: 오후에는 날씨가 흐리면서 비가 오겠다.
④ 한 가지 동작을 하고 있는 동안 다른 동작을 함께 함: 음악을 들으면서 저녁을 먹었다.

> **해설**
> ② 앞 절의 동작이나 상태와 대조 또는 대응되는 동작이나 상태가 뒤 절에 옴을 의미하는 '-(으)면서도'에서 '도'가 생략되어 쓰이는 경우임

② **정답**

76 다음은 한국어 중급 교재에 반영된 교수요목의 예이다. 항목의 연결이 적절하지 <u>않은</u> 것은?

	주제	기능	어휘	문법과 표현	과제 활동
①	여행	관광지 추천하기	• 관광지 • 기념품	-(으)ㄹ 만하다 -(으)ㄴ/는데	가 볼 만한 관광지 추천하기
②	외모	외모 묘사하기	• 외모 • 복장	-(으)ㄴ 편이다 처럼	사람 찾는 대화 듣기
③	병	증상 말하기	• 증상 • 약	-도록 하다 -(으)ㄴ/는 데다가	병원에서 증상 말하기
④	사건과 사고	사건 전달하기	• 사건 • 사고	사동사 -게 하다	뉴스 내용 전달하기

> **해설**
> ④ 사건이나 뉴스 내용 등을 '전달하기'라는 기능을 수행하기 위해서는 '-다고 하다' 등의 간접 인용 문법이나, 중급 후반이라면 '-다던데(요)', '-더라' 등의 문법을 제시하는 게 적절함

④ 정답

4회

67 학습자의 오류에 대한 교사의 수정 내용으로 옳지 <u>않은</u> 것은?

① 저에게 전화를 <u>걸세요</u>.: 받침이 있으면 '-(으)세요'를 사용한다.
② 매일 <u>예쁘려고</u> 운동해요.: '-(으)려고'는 형용사와 결합하지 않는다.
③ 미끄러워서 <u>조심하세요</u>.: '-아서/어서'는 명령문에서 사용할 수 없다.
④ 영희는 <u>똑똑하지 않는다</u>.: '똑똑하다'는 형용사이므로 '-는다'를 붙일 수 없다.

> **해설**
> ① '걸다'와 같이 어간이 'ㄹ' 받침으로 끝나는 용언의 경우, 뒤에 'ㄴ, ㅂ, ㅅ'이 올 때 'ㄹ'이 탈락하여 결국 받침이 없는 용언과 마찬가지로 '-세요'가 붙게 됨

① 정답

68 문법 활동 후의 과제 활동으로 가장 적절하지 <u>않은</u> 것은?

① '-아/어 있다'를 배운 후에 자신의 방을 구체적으로 묘사한다.
② '-게 되다'를 배운 후에 자신이 과거에 비해 달라진 점을 말한다.
③ '-고 싶어 하다'를 배운 후에 현재 자신의 희망 사항을 발표한다.
④ '-다가'를 배운 후에 학교에 오는 도중에 있었던 일에 대하여 설명한다.

> **해설**
> ③ '-고 싶어 하다'는 1인칭 주어를 취하지 못하므로, 화자가 자신의 희망 사항을 말하는 데 사용할 수 없음

78 다음은 한국어 초급 교재에 반영된 교수요목의 예이다. 각 항목의 연결이 적절하지 <u>않은</u> 것은?

	주제	어휘	문법	과제 활동
①	가족	가족 호칭	• 수 관형사 • 께서	가족 소개하기
②	교통	대중교통 수단	• (으)로 • 까지	학교에 오는 방법 말하기
③	하루 일과	시간 관련 표현	• 에 • 을/를	하루 일과 말하기
④	물건 사기	물건 이름	• -기에 • -길래	물건 교환하기, 환불하기

> **해설**
> ④ 원인이나 근거를 나타내는 '-기에', '-길래'는 일반적으로 중급 후반에 제시되는 문법이므로, 초급의 교수요목에 포함시키는 것은 적절하지 않음

5회

11 다음은 한국어 초급 교재에 반영된 교수요목의 예이다. 항목의 연결이 적절하지 <u>않은</u> 것은?

	주제	과제 활동	어휘	문법
①	길 묻기	병원 위치 알아보기	• 장소 어휘 • 방향 어휘	• 에 있다 • (으)로
②	음식	음식 주문하기	• 음식 어휘 • 맛 어휘	• -(으)ㄹ래요 • -(으)세요
③	날씨	좋아하는 날씨 말하기	• 계절 어휘 • 날씨 어휘	• 'ㅂ'불규칙 • -(으)러
④	취미	취미 말하기	• 취미 어휘 • 빈도 부사	• -는 것 • 에

해설
③ '가다, 오다' 등의 동사 앞에 쓰여 이동하는 행위의 목적을 나타내는 '-(으)러'는 일반적으로 초급 교재들에서 '날씨'가 아니라 '계획'이나 '약속' 등의 주제와 관련된 문법으로 제시됨

③ **정답**

86 의도 혹은 목적을 나타내는 연결 어미 '-(으)려고'를 가르칠 때 학습자들에게 제시하여야 할 사항을 모두 고른 것은?

> ㄱ. 형용사와 결합할 수 없다.
> ㄴ. 인지 동사와 결합할 수 없다.
> ㄷ. 청유문, 명령문과 결합할 수 없다.
> ㄹ. 뒷문장의 서술어로 이동 동사만 올 수 있다.
> ㅁ. 선어말 어미 '-았/었-'과 결합할 수 없다.

① ㄱ, ㄴ, ㄹ
② ㄴ, ㄷ, ㅁ
③ ㄱ, ㄷ, ㅁ
④ ㄱ, ㄴ, ㄷ, ㅁ

해설
ㄴ. '한국에 대해서 많이 알려고 노력하고 있어요.'처럼 인지 동사 중 결합 가능한 것들이 있음
ㄹ. '그 사람에게 선물하려고 만들었어요.'와 같이 이동 동사 외에 다른 부류의 동사들도 뒤에 올 수 있음

③ **정답**

6회

35 문법 항목과 과제 활동의 연결이 옳은 것을 모두 고른 것은?

> ㄱ. 어미 '-았/었/였-': 지난주에 한 일을 이야기하기
> ㄴ. 조사 '보다': 서울과 학습자 모국의 수도를 비교하여 글쓰기
> ㄷ. 어미 '-더라': 10년 전에 자신이 한 일을 회상하여 이야기하기
> ㄹ. 어미 '-(으)니까': 한국에 온 후 새롭게 발견한 사실을 이야기하기

① ㄱ, ㄴ
② ㄷ, ㄹ
③ ㄱ, ㄴ, ㄹ
④ ㄱ, ㄷ, ㄹ

해설

ㄷ. '-더라'는 '어제 꿈에서는 내가 영어를 잘하더라.'와 같이 자신을 객관화시켜 이야기하는 몇몇 경우를 제외하고는 일반적으로 3인칭 주어를 취하므로, 자신이 한 일을 회상하여 이야기할 때 사용하는 것은 적절하지 않음

③ **정답**

36 문법 항목의 교육 단계를 낮은 것부터 순서대로 배열한 것은?

> ㄱ. 관형사형 '-ㄴ/는/은'
> ㄴ. 인용 표현 '-고 하다'
> ㄷ. 부정법 '안'
> ㄹ. 현재시제 종결어미 '-아/어/여요'

① ㄷ - ㄹ - ㄱ - ㄴ
② ㄷ - ㄹ - ㄴ - ㄱ
③ ㄹ - ㄷ - ㄱ - ㄴ
④ ㄹ - ㄷ - ㄴ - ㄱ

해설

③ 일반적으로 'ㄹ (초급 전반) – ㄷ (초급 전반) – ㄱ (초급 중반) – ㄴ (초급 후반)'과 같이 제시됨

③ **정답**

39 다음 중 연결 어미 '-ㄴ/는/은데'에 대한 설명과 제시된 예문의 연결이 옳지 <u>않은</u> 것은?

① 행동에 대한 이유를 제시함 – 점심 때 식사를 많이 했는데 왜 이리 배고프지?
② 대조되는 두 가지 사실을 제시함 – 동생은 노래를 잘하는데 나는 안 그래.
③ 질문하기에 앞서 배경을 제시함 – 내일이 수미 씨 생일인데 뭘 살 거예요?
④ 구체적인 내용 전개를 위해 앞선 상황을 제시함 – 거실에서 책을 보고 있는데 전화벨이 울렸어요.

> **해설**
> ① ①의 의미상 ③에서 제시하고 있는 용법에 해당함

① **정답**

41 진행을 나타내는 '-고 있다'를 배운 학습자에게 상태의 지속을 나타내는 '-아/어/여 있다'를 가르치고자 한다. 이때 학습자들에게 사용할 수 있는 문법 교수 방안으로 적절하지 <u>않은</u> 것은?

① 동사 카드와 '-아/어/여 있다' 카드를 활용하여 바꿔 말하는 연습을 시킨다.
② 교사가 행동으로 '가고 있다'와 '가 있다'의 의미 차이를 설명한다.
③ 칠판에 '자동사 + -아/어/여 있다'라고 쓰고 '-아/어/여 있다'는 타동사와 결합하지 않는다고 설명한다.
④ '걸리다, 놓이다, 열리다, 닫히다, 앉다, 서다' 등의 어휘와 '-아/어/여 있다'를 이용하여 교실 상황을 묘사하는 활동을 시킨다.

> **해설**
> ③ '-아/어/여 있다'는 타동사와 결합할 수 없다는 제약이 있을 뿐만 아니라, 자동사 중에서도 그 동작의 상태가 지속될 수 있는 일부 동사만이 '-아/어/여 있다'와 결합이 가능함

③ **정답**

7회

65 다음은 초급 한국어 교재의 교수요목이다. 교육 항목의 배열과 조직에 나타난 문제점을 지적한 것으로 옳지 <u>않은</u> 것은?

	주제	기능	어휘	문법	과제	문화
ㄱ	복장	묘사하기	탈착 동사	-(으)ㄴ (동사 과거 시제 관형형)	백화점 안내 방송 듣기	체형에 어울리는 복장
ㄴ	날씨	날씨 기술하기	계절 날씨	-겠-	자기 나라의 계절별 날씨 소개하기	계절별 음식
ㄷ	약속	약속하기	주말 활동	-(으)ㄹ까요?	최근에 한 약속에 대해 묻고 답하기	"다음에 또 봐요."
ㄹ	약국	증상 설명하기, 약국 이용하기	신체, 약의 종류	-(으)ㄴ/는 것 같다	약국에서 약 사기	한국의 감기 민간요법

① ㄱ – 문화 부분이 '복장'이라는 주제와는 관련이 있으나 한국의 문화를 교육할 수 있는 내용은 아니다.
② ㄴ – 계절별 날씨를 소개할 때 '-겠-'이라는 문법 항목이 활용될 가능성이 적다.
③ ㄷ – '-(으)ㄹ까요?'보다 약속을 할 때 자주 사용되는 '-(으)ㅂ시다'를 교육하는 것이 좋다.
④ ㄹ – 약국에서 약을 살 때 증상을 설명해야 하므로 약의 종류보다 증상 어휘를 교육하는 것이 필요하다.

해설
ㄷ. '-(으)ㄹ까요?'가 '-(으)ㅂ시다'에 비해 사용 빈도가 훨씬 높으므로 '-(으)ㅂ시다'로 대체하는 것은 적절하지 않으며, 최근에 이미 한 약속에 대해 묻고 답하기 보다는 어떤 일을 제안하는 과제를 주는 것이 적절하다.

③ **정답**

81 문법 항목과 활동의 연결이 <u>잘못된</u> 것은?

① -는 김에: 슈퍼마켓에 가는 친구에게 물건을 사 달라고 부탁하기
② -어 보다: 여행을 가려는 반 친구에게 자신이 가 본 곳 추천하기
③ -을 만하다: 자신의 한국어 능력을 다른 사람과 비교하여 말하기
④ -다가: 수업 시간에 늦은 이유에 대해 선생님께 설명하기

해설
③ '-을 만하다'는 앞에 오는 동작을 할 가치가 있음을 나타내는 문형으로서 '비교'라는 기능을 수행하는 데에는 적절하지 않음. 중급 수준의 한국어 교재들에서 비교를 위한 문형으로는 '-에 못지않다'나 '-만 못하다'와 같은 것들을 제시하고 있음

③ **정답**

83 다음 조사에 대한 의미와 제약, 예문의 연결이 옳은 것은?

	조사	의미	제약	예문
ㄱ	밖에	오직	'이다'와 호응	오늘 간식은 사과, 귤 그밖에 여러 가지 과일입니다.
ㄴ	마저	하나 남은 마지막	긍정적 상황에 주로 사용	오늘은 날씨도 추운데 바람마저 불고 있습니다.
ㄷ	만	강조	명사, 어미, 부사와 결합	그 아이는 방에서 말없이 울고만 있습니다.
ㄹ	이나	차선책	의문사와 결합	저는 무엇이나 잘 먹어요.

① ㄱ ② ㄴ
③ ㄷ ④ ㄹ

해설
ㄱ. '밖에'는 '이다, 아니다'와 호응할 수 없음
ㄴ. '마저'는 보통 부정적인 상황에 대해 사용함
ㄹ. 의문사와 결합하는 '이나'는 '차선책'을 의미하는 것이 아니라, '무엇, 누구, 어디 등을 가릴 것이 없이 모두'라는 의미를 나타내게 됨

③ **정답**

8회

55 초급 말하기 수업 모형에 관한 단계별 설명으로 옳지 <u>않은</u> 것은?

- 단원명: 길
- 기능: 길 찾기, 정보 구하기
- 문법: -(으)면
- 어휘: 방향 관련 어휘, 교통 관련 어휘

① 도입 단계 – 목표 문법을 사용해 특정 장소를 찾아가는 법을 말하게 한다.
② 제시 단계 – 문형 카드로 '-(으)면'의 형태와 의미 등에 대해 설명한다.
③ 연습 단계 – '-(으)면'을 사용하여 문장을 완성하도록 한다.
④ 활용 단계 – 상황에 따른 길 찾기 과제를 주고 역할극을 하도록 한다.

해설
① 학습자들이 목표 문법을 사용해서 말해 보는 것은 연습 단계에서부터 이루어지는 학습 활동에 해당하며, 도입 단계에서는 길 찾기나 교통과 관련된 정보를 어떻게 얻는지 이야기해 보거나 그와 관련된 어휘와 표현 등을 찾아보는 게 적절함

① **정답**

64 다음 문법 항목을 교육하기에 적합한 숙달도 등급과 주제 영역으로 옳은 것은?

	등급	주제/기능	문법 항목
①	초급	여행지 소개	• -군요 • -(으)러 가다
②	초급	인물 묘사	• -(으)ㄴ 후에 • -(으)세요
③	중급	생일 초대	• -에 비하면 • -(으)ㄴ 편이다
④	중급	교환 및 환불	• -아/어 보니 • -았/었으면 좋겠다

> **해설**
> ④ 각 교육 기관과 교재에 따라 차이는 있지만 보통 '-아/어 보니'는 중급에서, '-았/었으면 좋겠다'는 초급에서 교육하는 문법 항목임. 또한 '-아/어 보니'를 교육하기에 적합한 주제는 '한국 생활'이나 '직장 생활' 등이며, '-았/었으면 좋겠다'는 '계획'이나 '희망' 등의 주제와 관련되어 있음

④ 정답

67 문법 항목을 숙달도에 따라 낮은 등급에서 높은 등급으로 배열한 것은?

> ㄱ. -더니 ㄴ. -기 나름이다
> ㄷ. -고 싶어요 ㄹ. -아/어요(평서형)

① ㄷ - ㄹ - ㄱ - ㄴ
② ㄷ - ㄹ - ㄴ - ㄱ
③ ㄹ - ㄷ - ㄱ - ㄴ
④ ㄹ - ㄷ - ㄴ - ㄱ

> **해설**
> ③ 평서형의 '-아/어요'는 초급 전반에, '-고 싶다'는 초급 중반에, 그리고 '-더니'와 '-기 나름이다'는 각각 중급 중반과 후반에 교육이 이루어지는 문법 항목임

③ 정답

68 의도와 목적을 나타내는 연결 어미 '-(으)려고'에 관한 설명으로 옳은 것을 모두 고른 것은?

> ㄱ. 결합하는 용언에 제약이 없다.
> ㄴ. 명령문과 청유문에서는 사용할 수 없다.
> ㄷ. 앞 문장과 뒤 문장의 주어가 같아야 한다.
> ㄹ. 시제 선어말 어미 '-았/었-'과 함께 쓸 수 있다.

① ㄱ, ㄴ
② ㄱ, ㄹ
③ ㄴ, ㄷ
④ ㄷ, ㄹ

해설
ㄱ. '-(으)려고'는 용언 중 동사 뒤에서만 쓰일 수 있다는 제약이 있음
ㄹ. '먹었으려고', '갔으려고'와 같이 '-(으)려고' 앞에는 시제 선어말 어미가 올 수 없음

③ **정답**

70 다음 대화를 통해 한국어 학습자에게 의사소통 기능을 지도하려 한다. ㉠에 맞는 의사소통 기능과 문법 항목이 바르게 짝지어진 것은?

> 흐엉: 지나 엄마, 토요일 오전에 시간 있어요?
> 지나 엄마: 네. 그런데 왜요?
> 흐엉: 문화 센터에서 요리 강습을 해요.
>   ㉠ _____?
> 지나 엄마: 좋아요. 우리 같이 배워요. 저도 요리에 관심이 많거든요.

① 제안하기 - '-(으)ㄹ래요'
② 제안하기 - '-(으)면 돼요'
③ 허락 구하기 - '-(으)ㄹ까요'
④ 허락 구하기 - '-(으)ㄹ 수 있어요'

해설
① 문맥상 ㉠에는 상대방에게 요리를 함께 배우자고 제안하는 말이 들어가는 게 적당하며, 초급 수준의 대화에 사용 가능한 문법 항목으로는 '-(으)ㄹ래요?'나 '-(으)ㄹ까요?' 등을 제시할 수 있음

① **정답**

9회

27 한국어 수업의 도입 단계에 대한 설명으로 옳지 <u>않은</u> 것은?

① 의사소통 목표를 제시하여 학습자를 동기화시킨다.
② 해당 단원에서 학습할 항목들을 예와 함께 제시한다.
③ 해당 단원의 의사소통 상황으로 학습자를 자연스럽게 유도한다.
④ 학습자가 배경지식을 활성화할 수 있도록 주제와 관련된 사진을 제시한다.

> **해설**
> ② 학습자들에게 예문을 통해 목표 문법의 의미와 용법을 제시하는 것은 도입 이후 제시(설명) 단계에서 이루어지는 학습 활동임

②

55 다음은 중급 말하기 수업 내용이다. 각 단계별 활동으로 옳지 <u>않은</u> 것은?

> • 단원명: 교환
> • 과제: 옷 가게에서 산 물건 교환하기
> • 어휘: 착용감, 제품의 문제
> • 문법: -더라고요, -(으)ㄹ 수 있을까요?

① 말하기 전 단계 - 한국에서 물건을 교환해 본 적이 있는지 이야기해 보게 한다.
② 말하기 전 단계 - 옷을 교환할 때 필요한 표현을 말해 보게 한다.
③ 말하기 단계 - 옷을 샀다가 교환한 경험에 대해 서로 묻고 답하게 한다.
④ 말한 후 단계 - 인터넷 쇼핑 사이트에 교환을 요청하는 글을 쓰게 한다.

> **해설**
> ③ 말하기 단계에서는 학습자들이 실제로 옷을 교환하러 간 손님의 역할을 맡아 대화를 만들어 보고 과제를 수행하는 활동이 이루어져야 함. '교환 경험'에 대해 묻고 답하는 활동은 말하기 전 단계에서 이루어지는 것이 적절함. 학습자들이 말하기 활동에 앞서 그러한 경험들을 이야기해 보는 과정에서 필요한 어휘나 표현들을 습득할 수 있게 함

③

84 문법 항목을 숙달도에 따라 낮은 등급에서 높은 등급으로 배열한 것은?

> ㄱ. -(으)ㄹ 테니까
> ㄴ. 이/가 아니다
> ㄷ. -(으)ㄴ/는 마당에
> ㄹ. -(으)ㄴ 적이 있다/없다

① ㄴ - ㄷ - ㄹ - ㄱ
② ㄴ - ㄹ - ㄱ - ㄷ
③ ㄹ - ㄴ - ㄱ - ㄷ
④ ㄹ - ㄴ - ㄷ - ㄱ

해설
② '이/가 아니다'는 초급 전반에, '-(으)ㄴ 적이 있다/없다'는 초급 후반에 학습하게 되는 문법 항목이며, '-(으)ㄹ 테니까'와 '-(으)ㄴ/는 마당에'는 각각 중급 전반과 고급 후반에 교육이 이루어지는 문법 항목임

② 정답

85 '-아/어서'의 교육 내용으로 옳지 <u>않은</u> 것은?

① '-아/어서'는 '-았/었-'과 결합할 수 없다.
② '-아/어서'는 앞 문장에 인칭 제약이 있다.
③ 원인·이유의 '-아/어서'는 명령문과 청유문에 쓰일 수 없다.
④ 시간 순서의 '-아/어서'는 형용사와 결합할 수 없다.

해설
② '-아/어서'는 앞 문장에 제약 없이 1, 2, 3인칭의 모든 주어가 올 수 있음

② 정답

89 다음 연결 어미 교육에 관한 설명으로 옳은 것을 모두 고른 것은?

	연결 어미	주의사항
ㄱ	-다가	조사 '는'이 뒤에 오면 뒤 문장의 내용을 경계하라는 의미를 나타낸다.
ㄴ	-자마자	'자마자'는 '-자'와 달리 명령이나 권유를 나타내는 문장에 주로 쓰인다.
ㄷ	-느라고	앞에 결합하는 동사의 종류에 제약이 없고, '-았/었-'과 결합할 수 없다.
ㄹ	-더니	'-았/었-'이 결합하면 앞 문장에 1인칭 주어가 올 수 있다.

① ㄱ, ㄹ
② ㄴ, ㄷ
③ ㄱ, ㄴ, ㄷ
④ ㄱ, ㄷ, ㄹ

해설
ㄱ. '-다가' 뒤에는 그러한 행위를 반복하거나 지속하게 되면 부정적인 결과를 가져올 수 있다는 의미의 문장이 옴
ㄴ. '-자마자'는 명령이나 권유를 나타내는 문장 외에도 평서문이나 의문문, 감탄문에 두루 쓰일 수 있음
ㄷ. '-느라고' 앞에는 시간을 요하는 동사가 쓰인다는 제약이 있음
ㄹ. '-았/었더니' 문장에는 '내가 갔더니 이미 청소가 끝났더라고.'와 같이 1인칭의 주어가 올 수 있음

① **정답**

90 조사에 관한 설명과 제시된 예문의 연결이 옳지 <u>않은</u> 것은?

	조사	의미	예문
①	(이)나	객관적인 기준에서 수량이 많거나 정도가 높음을 나타냄	어제는 일곱 시간이나 잤다.
②	(이)라도	여러 가능성 중에 최선이 아닌 것을 선택함을 나타냄	밥이 없으면 라면이라도 주세요.
③	(이)야말로	앞말을 강조하여 확인하는 뜻을 나타냄	김 선생님이야말로 우리의 영웅이다.
④	은/는커녕	앞말과 뒷말을 비교하며, 앞말은 당연히 불가능하거나 어려움을 나타냄	택시는커녕 버스 타고 다닐 돈도 없어요.

해설
① '(이)나'는 객관적인 기준이 아닌 화자의 주관적인 기준에 근거한 표현으로, '어제는 일곱 시간이나 잤다'는 화자가 주관적으로 느끼는 수량에 차이가 남을 나타냄

①

100 중급 한국어 교재 교수요목의 빈칸에 들어갈 항목의 연결이 옳은 것은?

주제	기능	문법
문화 차이	(ㄱ)	-(으)ㄴ 반면에, 에 비해
(ㄴ)	이유 말하기	-는 바람에, -아/어 버리다
직장 생활	후회 표현하기	(ㄷ), -(으)ㄹ 텐데

① (ㄱ) 논증하기, (ㄴ) 환경오염, (ㄷ) -(으)ㄹ걸 그랬다
② (ㄱ) 비교하기, (ㄴ) 환경오염, (ㄷ) -(으)ㄹ지언정
③ (ㄱ) 논증하기, (ㄴ) 사건·사고, (ㄷ) -(으)ㄹ지언정
④ (ㄱ) 비교하기, (ㄴ) 사건·사고, (ㄷ) -(으)ㄹ걸 그랬다

> [해설]
> ④ '-(으)ㄴ 반면에'와 '에 비해'는 서로 다른 두 대상을 비교할 때 사용되는 문법임. 그리고 중급 단계에서라면 이유를 말하기 위한 주제로 '사건, 사고'가 적당하며, 후회를 표현하는 문법으로는 '-(으)ㄹ걸 그랬다'가 적절함. '환경오염'은 고급 단계의 주제로 적절하고, '-(으)ㄹ지언정'은 후회를 표현하는 데 쓰이는 문법이 아니라 어떤 사실을 인정하거나 가정하되, 뒤의 사실이 앞의 사실에 매이지 아니함을 나타내는 문법임

④

10회

84 다음 연습의 유형으로 옳은 것은?

> 교사: 어떤 과일을 좋아해요? "(　　)을/를 좋아해요."에서 괄호 안에 알맞은 말을 넣어 말해 보세요.
>
> 학습자1: 사과를 좋아해요.
> 학습자2: 감을 좋아해요.
> 학습자3: 포도를 좋아해요.
> 학습자4: 복숭아를 좋아해요.

① 반복 연습
② 대체 연습
③ 확대 연습
④ 연결 연습

> [해설]
> ② 'N을/를 좋아하다'라는 문장에서 명사 자리만을 비워 두고 거기에 학습자마다 다른 어휘를 넣어 보게 하는 것은 어휘 대체 연습에 해당함

② 정답

86 교사가 조사 '은/는'에 대해 교수하려고 한다. 다음 대화들로부터 설명할 수 <u>없는</u> 것은?

> A: 누가 옵니까?
> B: 유미 씨가 옵니다. 유미 씨는 제 친구입니다.
>
> A: 할머니, 재미있는 이야기를 해 주세요.
> B: 옛날에 한 호랑이가 살고 있었습니다. 그 호랑이는…
>
> A: 어느 나라 사람입니까?
> B: 저는 중국에서 왔습니다.

① 의문문에 대한 대답에서 초점이 되는 말에는 보통 '이/가'를 붙이고 그 말이 다음에 다시 나올 때는 '은/는'을 붙인다.
② 대화 장면에서 '이/가'는 새로운 정보를 전달해 주는 기능을 하고, '은/는'은 이미 알려진 정보를 전달해 주는 기능을 한다.
③ 자기를 소개하는 상황에서는 '제가' 보다는 '저는'으로 시작하는 것이 좋다. 관심의 초점이 서술어 쪽에 놓이기 때문이다.
④ 내포절의 주어 자리에는 '은/는'을 쓰는 것이 부자연스럽다.

> **해설**
> ④ '은/는'이 내포절에서 실현된 경우는 위의 대화에 나타나지 않았음. 또한 '그 누구보다 꿈이 큰 나는 어려서부터 유학을 가는 게 소원이었다.'처럼 내포절의 주어 자리에서도 '은/는'이 자연스럽게 쓰일 수 있음

④ **정답**

87 다음은 연결 어미를 잘못 사용한 예들이다. 오류 수정을 위한 설명으로 옳지 <u>않은</u> 것은?

	오류문	설명
①	나는 커피를 마시면서 친구는 이야기를 했어요.	'-(으)면서'('동시'의 용법)는 사람이 주어일 때 앞뒤 문장의 주어가 일치해야 하며 이 경우 뒤 문장의 주어는 생략된다.
②	기분이 좋으려고 노력했다.	'-(으)려고'('목적'의 용법)는 앞에 형용사가 결합될 수 없다.
③	더워서 창문을 열자.	'-아서/어서'('이유·원인'의 용법)는 뒤에 청유문이나 명령문이 올 수 없다.
④	그는 숙제를 하지 않느라고 잠을 잘 못 잤다.	'-느라고'('이유·원인'의 용법)는 뒤에 부정문이 올 수 없다.

> **해설**
> ④ '-느라고'는 앞에 부정문이 올 수 없으며, 앞 문장이 뒤 문장에 대한 원인이나 이유가 될 때 일반적으로 뒤 문장에는 핑계를 대거나 변명을 하는 부정적인 내용이 옴

④ **정답**

89 초급 단계에서 상대높임법에 관해 교수할 내용으로 옳지 <u>않은</u> 것은?

① 두루낮춤의 '해체'는 일상생활이나 비격식적 이야기 상황에서 주로 사용된다.
② '하게체'는 선생이 나이 많은 제자에게, 혹은 장인이나 장모가 사위에게 사용하는 표현으로 자신보다 나이가 어리지만 상대방을 예우하는 의미를 가진다.
③ '-(으)ㅂ시다'는 격식적인 자리에서 여러 사람에게 요청하거나 권유할 때 사용하고, 윗사람 개개인에게 말할 때는 사용할 수 없다.
④ 듣는 사람을 높이는 표현으로서 '-습니다'는 격식적인 상황에서 주로 쓰고 '-어요'는 비격식적 상황에서 주로 쓴다.

> **해설**
> ② 상대높임법 중 '하게체'는 초급 단계에서 교수할 대상이 아니며, 말하는 사람이 웬만큼 지위가 있거나 나이가 든 경우 자신보다 아래이거나 허물없는 사이인 상대방을 대접하면서 사용함

② **정답**

90 다음 밑줄 친 조사에 관한 교사의 설명으로 옳지 않은 것은?

	예문	의미와 특징
①	눈이 많이도 왔다.	어떤 대상이나 사태에 포함되거나 더함을 나타낸다.
②	민수마저 나를 떠났다.	그 상황 이상의 것이 더해짐 또는 어떤 것이 하나 남은 마지막 것임을 나타낸다.
③	숙제를 한 사람은 영미밖에 없다.	부정어와 함께 쓰여 다른 가능성이나 선택의 여지가 없다거나 그것이 유일하게 선택할 수 있는 경우임을 나타낸다.
④	물이나 한 잔 마시자.	만족스럽지는 않지만 괜찮은 정도의 차선임을 나타낸다.

해설
① 여기에서의 '도'는 일부 부사어나 연결 어미에 붙어 '강조'의 뜻을 나타내는 것임

① 정답

11회

84 과제와 문법 항목의 연결로 옳지 않은 것은?

① 잃어버린 아이의 옷차림 묘사하기: -아/어 있다
② 좋아하는 음식의 요리법 설명하기: -고 나서
③ 한국어를 배운 후 달라진 생활에 대해 이야기하기: -게 되다
④ 새해를 맞이하여 결심한 것에 대해 글쓰기: -기 위해서

해설
① 옷차림에 대해 묘사할 때에는 '입고 있다, 신고 있다, 쓰고 있다' 등 완료된 행위의 지속 상태를 나타내는 '-고 있다'를 사용하는 것이 적절함

① 정답

85 초급에서 장소의 '에서'를 제시하는 수업이다. 교사의 발화로 적절한 것을 모두 고른 것은?

> (부산행 기차 앞에 서 있는 남녀 사진을 보여 주며)
> ㄱ. 마이클 씨하고 나나 씨가 서울역에서 만나요.
> ㄴ. 두 사람은 서울역에서 기차를 타요.
> ㄷ. 기차는 서울에서 부산까지 가요.
> ㄹ. 두 사람은 부산에서 바다를 구경해요.

① ㄱ, ㄹ
② ㄴ, ㄷ
③ ㄴ, ㄷ, ㄹ
④ ㄱ, ㄴ, ㄹ

해설
④ 초급에서 학습하는 장소의 '에서'는 '어떤 장소에서 무엇을 하다'라는 의미의 문장을 구성하게 됨. 'ㄷ'의 '에서'는 출발점을 나타내는 '부터'에 상응하는 것임

④ **정답**

89 조사에 관한 설명과 예문의 연결로 옳지 않은 것은?

	조사	의미	예문
ㄱ	대로	앞에 오는 말에 근거함	어머니 말씀대로 대학에 가기로 했다.
ㄴ	치고	앞에 오는 말의 경우를 일반적으로 고려할 때 예외가 없음	내 친구는 외국인치고 한국말을 잘하는 편이다.
ㄷ	조차	어떠한 사실이 그와 비슷한 어떠한 사실에 더 보태짐	가까운 친구들조차 그를 떠났다.
ㄹ	더러	앞의 명사가 어떤 일을 하도록 시킴을 받는 대상임	엄마가 철수더러 콩나물을 사 오라고 했다.

① ㄱ
② ㄴ
③ ㄷ
④ ㄹ

해설
② 'ㄴ'과 같은 '치고'의 용법을 보여 주는 예문으로는 '어린아이치고 과자를 안 좋아하는 아이는 없다.'와 같은 것이 적절함

② **정답**

91 학습자 발화에 대한 교사의 오류 수정으로 옳지 <u>않은</u> 것은?

	학습자 발화	교사의 오류 수정
ㄱ	이번 주말에는 수영하려고 가자.	'-려고' 뒤에는 청유형이나 명령형은 쓸 수 없으므로 '-러'를 사용하여 '수영하러 가자'로 고치게 한다.
ㄴ	사무실으로 가세요.	받침이 있는 말 다음에는 '으로'가 붙지만 'ㄹ'로 끝나는 명사에는 예외적으로 '로'가 붙는다고 알려준다.
ㄷ	회사한테 연락을 했다.	'한테'는 구어에서 주로 사용되므로 문어에 사용되는 '에'를 사용하여 '회사에 연락을 했다'로 바꾸게 한다.
ㄹ	이미 도착하겠어요.	과거의 일에 대해 추측할 때는 '-았/었겠-'을 써서 '도착했겠어요'라고 말하게 한다.

① ㄱ
② ㄴ
③ ㄷ
④ ㄹ

[해설]
③ '한테'가 구어에서 주로 사용되기는 하지만, 제시된 문장이 비문인 이유는 '한테'가 사람이나 동물과 같은 유정물 뒤에서만 사용되기 때문임

③ **정답**

104 과제에 관한 설명으로 옳지 <u>않은</u> 것은?

① 과제는 단원의 목표 어휘와 표현, 문법을 활용할 수 있도록 구성한다.
② 과제에는 예문과 예시 상황을 포함하여 학습자의 이해를 돕는다.
③ 실제적 과제는 실제 의사소통 상황과 유사하게 언어 기능을 통합하여 구성한다.
④ 교육적 과제는 교육목표에 따라 구성되며 학습한 내용을 확인하도록 한다.

[해설]
② 예문이나 예시 상황을 통한 이해 활동은 '과제의 제시 및 수행' 단계가 아니라, '설명(제시)' 단계에서 이루어져야 함

② **정답**

12회

107 연역적 문법 교수 방법에 관한 설명으로 옳지 않은 것은?

① 문법 규칙에 대한 설명을 제시한 후 그 문법이 적용된 예를 보여 준다.
② 문법적 지식 기반이 약한 아동 학습자 대상의 수업에서 주로 활용된다.
③ 문법을 분명히 이해한 다음에 그 문법을 활용하기 원하는 학습자들이 선호한다.
④ 용법이 복잡한 문법 항목을 교수할 때 학습자가 잘못 이해할 가능성이 낮아진다.

> **해설**
> ② '연역적 문법 교수법'은 문법 항목에 대한 명시적인 설명과 이해를 바탕으로 언어를 학습하는 성인 학습자 대상의 수업에서 활용되는 경우가 많음

② 정답

108 다음 교사말의 기능은?

> 교사: 지금부터 환불을 요청하는 역할극을 할 거예요.
> 학생: 선생님, 잘 모르겠어요. 어떻게 하면 돼요?
> 교사: 환불을 원하는 물건은 뭐예요? 그리고 왜 환불을 하려고 해요? 친구들하고 이야기해 보세요.

① 정확성 제고
② 복잡성 조정
③ 재구조화 지시
④ 스캐폴딩 제공

> **해설**
> ④ 어떻게 말해야 할지 모르는 학생에게 교사가 환불하려는 물건과 그 이유에 대해 이야기해 보라고 함으로써 학생이 역할극을 전개해 나갈 수 있는 스캐폴딩(scaffolding), 즉 적절한 교수·학습적 도움을 제공함

④ 정답

109 문법 항목과 활동의 연결이 옳지 않은 것은?

① -(으)려고 하다: 인생 계획에 대하여 이야기하기
② -기 위해서: 한국에 온 목적 이야기하기
③ -(으)ㄹ걸 그랬다: 살면서 후회되는 일 말하기
④ -았/었다가: 학교에서 집까지 가는 방법 말하기

> **해설**
> ④ '-았/었다가'는 선행 동작이 완료된 이후에 후행 동작으로 전환됨을 나타냄. 예를 들면 학교에 간 후에 다른 일을 하는 것에 대해 말하도록 하는 것이 적절함

④ 정답

110 '-(으)면 안 되다'를 활용하여 금지 과제를 수행하도록 설계된 TTT 문법 수업에서 첫 T 단계의 내용으로 가장 적절한 것은?

① 학생들이 알고 있는 금지 표현을 반복 연습한다.
② 교사가 '-(으)면 안 되다'의 용법을 설명한다.
③ 교실에서 하면 안 되는 것을 짝 활동으로 말한다.
④ 교실에서 금지되는 것을 말하기 위해서 '-(으)면 안 되다'를 사용한다.

> **해설**
> ③ TTT 문법 수업, 즉 '과제(Task) – 교수(Teach) – 과제(Task)' 순으로 진행되는 문법 수업의 경우 첫 단계에서는, 학생들이 목표 문법을 사용해 볼 수 있도록 하는 짝 활동 등의 과제 수행이 이루어짐

③ **정답**

111 학습자가 범한 오류의 예이다. 오류 수정에 관한 설명으로 옳지 <u>않은</u> 것은?

> ㄱ. *나 서울으로 가.
> ㄴ. *눈이 나빠지는 가능성이 있다.
> ㄷ. *그 사람이 가거든 (그 사람이) 전화를 할 거예요.
> ㄹ. *저는 자기의 경험을 몇 가지 소개하겠습니다.

① ㄱ: 명사의 끝음절이 'ㄹ' 받침으로 끝나면 '로'를 붙인다.
② ㄴ: '가능성', '기회', '때' 등의 명사 앞에서는 관형사형 어미로 '-(으)ㄹ'이 온다.
③ ㄷ: '-거든'의 후행절에는 평서문, 의문문, 청유문이 올 수 없다.
④ ㄹ: 주어가 1인칭인 문장에서 주어를 다시 가리킬 때에는 재귀대명사 '자기'를 쓰지 않고 '나/저(이 경우에는 '저')'를 쓴다.

> **해설**
> ③ '-거든'은 선행절과 시간적인 계기성을 가진 후행절이 연결될 때 사용하는 연결 어미로서, 위 문장에서와 같이 후행절에 평서문이 오면 주로 1인칭 주어를 취하게 됨

③ **정답**

112 '-게 되다'와 '-아/어지다'를 가르치는 교사의 설명으로 옳지 않은 것은?

① '-아/어지다'는 형용사에 붙어 서서히 변화함을 나타낸다.
② '-아/어지다'는 형용사와 결합하면 동사로 사용된다.
③ '-게 되다'는 동사에 붙어 저절로 또는 외부의 상황에 의한 변화를 나타낸다.
④ '-게 되다'는 변화함을 나타낼 때 형용사와 결합할 수 없다.

> **해설**
> ④ '-게 되다'는 형용사와 결합하여, '청소를 했더니 사무실이 깨끗하게 됐어요.'와 같이 주로 어떤 노력이나 인위적인 요인에 의한 변화를 나타냄

④ **정답**

13회

96 '-더니'에 대한 교수·학습안의 일부이다. 교육 내용으로 옳지 않은 것은?

①	도입	T: 얼마 전에 한국어 시험이 있었는데, 친구 성적이 엉망이었어요. 왜 시험을 못 봤을까요? S: 공부를 안 했어요. 매일 놀기만 했어요. T: 네, 맞아요. 친구가 공부는 하지 않고 놀기만 했어요. 그래서 시험을 못 봤어요. 　친구가 공부는 하지 않고 놀기만 하더니 시험을 못 봤어요.
②	의미	다른 사람이 한 일과 그 일 때문에 생긴 결과를 말할 때 사용한다.
③	문법	1) 동사뿐만 아니라 형용사와도 결합한다. 2) 3인칭 주어를 쓸 수 없는 제약이 있다.
④	생산	현수가 수영을 오래하다. / 감기에 걸리다. → _____

> **해설**
> ③ '-더니'는 위 ②번, 의미에 대한 설명에서처럼 다른 사람이 한 일에 대해 이야기할 때 사용하므로 보통 문장의 주어로 2, 3인칭을 취하게 됨. 간혹 꿈에서 본 자기 자신의 모습을 객관화해서 말할 때와 같은 경우에는 1인칭 주어도 취할 수 있지만, 일반적으로는 2, 3인칭 주어가 오는 것이 자연스러움

③ **정답**

99 다음 보조사에 관한 설명으로 옳은 것은?

① 조차: '기대하지 않았거나 예상하지 못했던 것이 첨가됨'의 의미를 나타내고, 뒤에 명령형, 청유형을 잘 쓰지 않는다.
② 마저: 하나 남은 마지막 대상을 더 포함함을 나타내고, 뒤에는 주로 긍정적 상황이 나온다.
③ 만: '유일함' 혹은 '단독'의 의미를 나타내고, 뒤에 긍정을 나타내는 말을 쓰지 않는다.
④ 밖에: 가장 기본적인 대상을 포함함을 나타내고, 뒤에 긍정을 나타내는 말을 쓴다.

> 해설
> ② 마저: 뒤에는 주로 부정적 상황이 나옴
> ③ 만: 뒤에 긍정과 부정을 모두 쓸 수 있음
> ④ 밖에: '만'과 같이 '유일함, 단독'의 의미를 나타내지만, 뒤에 부정을 나타내는 말을 씀

① 정답

100 학습자의 오류에 대한 교사의 지도 내용으로 옳지 <u>않은</u> 것은?

① '건강하려고 친구들과 운동해요.'에 대해 '-(으)려고'는 그 앞에 동사가 와야 한다고 지도했다.
② '시험에 합격하거든 저녁을 샀다.'에 대해 '-거든'은 앞 절과 뒤 절의 주어가 같아야 한다고 설명했다.
③ '피곤했어서 숙제를 못 했어요.'에 대해 '-어서'에 '-었-'이 결합할 수 없음을 지도했다.
④ '회의가 끝나자 식당에 갑시다.'에 대해 '-자'는 뒤 절에 명령형이나 청유형이 올 수 없음을 설명했다.

> 해설
> ② '-거든'은 '-(으)면'과 같이 조건절을 형성하는 연결 어미인데, 뒤 절에 명령문이나 청유문이 온다는 특징이 있음

② 정답

102 '-느라고'의 교육 내용으로 옳은 것은?

① 뒤 절에 명령문이나 청유문을 사용할 수 있다.
② 앞 절과 뒤 절의 주어가 다를 수 있고, 주로 뒤 절의 주어는 생략한다.
③ 담화 상황으로 볼 때 단순한 이유를 말할 때보다는 주로 부정적 상황의 이유를 설명할 때 사용된다.
④ '-느라고' 앞에는 시제 형태소가 자유롭게 결합할 수 있다.

> 해설
> ① 뒤 절에 명령문이나 청유문을 사용할 수 없음
> ② 앞 절과 뒤 절의 주어가 일치해야 함
> ④ '-느라고' 앞에는 시제 형태소가 결합할 수 없음

③ 정답

103 PPP 교수 모형에 관한 설명으로 옳지 않은 것은?

① 반복 연습을 통한 문장 생성을 유도한다.
② 일반적으로 제시 → 연습 → 생성의 3단계로 진행되며 귀납적 방식으로 문법을 학습하게 한다.
③ 생성의 과정을 넣어 정확한 문법 사용을 통해 유창한 언어 사용을 유도하는 교수 방법이다.
④ 결과 중심의 문법 교육 방법이라고 할 수 있다.

> 해설
> ② PPP 교수 모형은 문법의 형태와 의미를 먼저 제시하고 이해시킨 뒤, 연습을 통해 생성을 유도하는 순서로 구성되므로 연역적 방식의 문법 학습이라고 할 수 있음

② 정답

14회

97 학습 단계, 문법 항목, 과제 활동의 연결이 옳은 것을 모두 고른 것은?

	학습 단계	문법 항목	과제 활동
ㄱ	초급	-고	두 가지 일 중에서 하고 싶은 일 선택하기
ㄴ	초급	-기로 하다	친구와 주말 약속하기
ㄷ	중급	-(으)려고	한국어를 공부하는 이유 말하기
ㄹ	중급	-다고 하다	뉴스에서 들은 사건을 친구에게 전하기
ㅁ	고급	-자마자	음악 감상과 함께 할 수 있는 것 말하기

① ㄱ, ㄷ
② ㄴ, ㄹ
③ ㄱ, ㄹ, ㅁ
④ ㄴ, ㄷ, ㅁ

> 해설
> ㄱ: '-고'는 초급에서 학습할 경우, 두 가지 일을 나열하는 활동이 적합하며, 이유나 목적을 나타냄
> ㄷ: '-(으)려고'는 초급에서 학습하는 것이 적절함
> ㅁ: '-자마자'는 중급에서 제시하며, 과제 활동으로는 함께 할 수 있는 것이 아니라 바로 이어서 할 수 있는 것을 말해 보도록 하는 것이 적절함

② 정답

98 오류에 관한 교사의 지도 방법으로 옳지 <u>않은</u> 것은?

① '*마리코 씨가 바쁘고 있어요.'에 대해 '-고 있다'는 동사와 결합한다고 설명한다.
② '*날씨가 춥길래 옷을 많이 입읍시다.'에 대해 '-길래'는 청유문에 사용되지 않는다고 설명한다.
③ '*미키 씨가 고향에 가고 싶어요.'에 대해 주어가 3인칭일 때는 '-고 싶어하다'를 사용한다고 설명한다.
④ '*미키 씨가 음악을 들으면서 마리코 씨가 노래를 합니다.'에 대해 '-(으)면서'는 앞 절과 뒤 절의 주어에 조사 '은/는'이 결합한다고 설명한다.

해설
④ 'V-(으)면서'는 앞 절과 뒤 절의 주어가 동일해야 한다는 제약이 있음. 따라서 '미키 씨가 음악을 들으면서 (미키 씨가) 노래를 합니다.'라는 문장으로 오류를 수정해 주는 것이 적절함

④ **정답**

99 다음 활동에 관한 설명으로 옳지 <u>않은</u> 것은?

> 교사: '-(으)ㄴ 후에'로 말 잇기 게임을 해 볼까요? 주말에 마리아 씨 생일이었지요? 마리아 씨는 주말에 무엇을 했을까요?
> 학습자1: 케이크를 만들었어요.
> 학습자2: 케이크를 만든 후에 맛있게 먹었어요.
> 학습자3: 케이크를 맛있게 먹은 후에 영화를 봤어요.
> 학습자4: 영화를 본 후에 음…….

① 학습자가 문장 확장 연습을 하는 데 유용하다.
② 학습자가 문법의 다양한 의미를 발견하게 하는 데 도움이 된다.
③ 학습자가 문법 항목에 알맞게 동사를 활용하는 연습을 할 수 있다.
④ 학습자가 문장을 구성하는 데 맥락 파악이 중요함을 인지할 수 있다.

해설
② 학습자들의 발화에 나타난 '-(으)ㄴ 후에'는 앞선 행위 다음에 일어나는 행위를 나타내고 있으므로, 위의 활동을 통해 목표 문법의 다양한 의미를 발견하도록 하는 것은 아님

② **정답**

101 능력의 '-(으)ㄹ 수 있다/없다'를 가르치기 위한 제시 단계의 교수 방안으로 옳은 것을 모두 고른 것은?

> ㄱ. 형용사나 '이다'와 결합할 수 없음을 설명한다.
> ㄴ. '-(으)ㄹ 수밖에 없다'와의 의미 차이를 알도록 한다.
> ㄷ. '듣다'와 결합할 때 '듣을 수 있다/없다'로 활용하지 않도록 한다.
> ㄹ. 선행 학습한 '못', '-지 못하다'를 활용하여 의미를 설명할 수 있다.
> ㅁ. '-(으)ㄹ 수 있다/없다'를 활용하여 반 친구에게 취미를 소개하도록 한다.

① ㄱ, ㄴ, ㄷ
② ㄱ, ㄴ, ㅁ
③ ㄱ, ㄷ, ㄹ
④ ㄷ, ㄹ, ㅁ

해설
③ 제시 단계에서는 학습자들이 선행 학습을 통해 이미 알고 있는 문법이나 표현을 이용해, 목표 문법의 기본적인 용법과 형태를 보여 주고 이해하도록 하는 과정이 주가 되어야 함. 따라서 목표 문법과 형태적 유사성은 있으나 훨씬 더 나중에 배우게 되는 문법인 '-(으)ㄹ 수밖에 없다'를 비교한다거나, 또는 목표 문법을 활용하여 말하기 활동을 하는 것은 적절하지 않음

③ **정답**

102 문법 오류 수정 유형에 관한 설명으로 옳지 않은 것은?

① **반복**
  학생: 버스보다 기차가 빠라요.
  교사: 버스보다 기차가 빨라요?

② **유도**
  학생: 학생들이 운동장에 축구합니다.
  교사: 학생들이 운동장?

③ **명료화 요구**
  학생: 친구와 피아노를 놀아요.
  교사: 네? 무슨 말이에요? 다시 말해 주세요.

④ **메타언어적 피드백**
  학생: 어제 책을 읽습니다.
  교사: '어제'는 과거입니다. 그래서 '읽다'에 과거 '-았/었-'을 씁니다.

해설
① 학생이 오류를 보인 부분인 '빠라요'를 교사가 맞게 수정해서 '빨라요'라고 되물어주는 것은, 반복이 아니라 '고쳐 말하기'를 통해 피드백을 제공하는 것임

① **정답**

103 다음 문법 항목을 국제 통용 한국어 표준 교육과정(2017)에 따라 낮은 등급에서 높은 등급으로 배열한 것은?

> ㄱ. 치고
> ㄴ. 한테
> ㄷ. 이/가
> ㄹ. 에 대하여
> ㅁ. 을/를 막론하고

① ㄴ - ㄷ - ㄹ - ㅁ - ㄱ
② ㄴ - ㄹ - ㄷ - ㄱ - ㅁ
③ ㄷ - ㄴ - ㄹ - ㄱ - ㅁ
④ ㄷ - ㄹ - ㅁ - ㄴ - ㄱ

해설

'국제 통용 한국어 표준 교육과정(2017)'의 문법 항목 등급

ㄱ. 치고: 4급
ㄴ. 한테: 1급
ㄷ. 이/가: 1급
ㄹ. 에 대하여: 3급
ㅁ. 을/를 막론하고: 6급

③

15회

86 연결 어미를 지도하는 방법에 관한 설명으로 옳지 않은 것은?

	예문	지도 방법
①	시간이 없어서 연락을 못 했어요.	예문을 제시할 때 시간적 순서를 나타내는 '-아서/어서'와 구별되도록 한다.
②	친구가 놀러 가길래 나도 따라갔어요.	'-길래'의 후행절에는 상태를 나타내는 형용사가 쓰일 수 없다는 것을 설명한다.
③	시험공부를 하느라고 잠을 못 잤다.	'-느라고'의 선행절과 후행절 주어가 같아야 함을 강조한다.
④	아까는 비가 오다가 이제는 눈이 온다.	'-다가'는 어떤 행위나 상태가 중단되고 다른 행위나 상태로 바뀜을 나타낸다고 지도한다.

해설

② '-길래'는 뒤에 오는 문장의 원인이나 이유, 근거를 나타내는 연결 어미로서, 주로 구어(입말)에서 많이 사용됨. '-길래'는 선행절의 행위나 상태가 이유가 되어 후행절에서 말하는 사람이 어떤 행위를 했음을 나타냄. 따라서 후행절에는 형용사가 쓰일 수 없다는 데에 지도의 초점이 있는 것은 아님

②

87 학습자의 오류 표현에 대한 교사의 피드백 내용으로 옳지 않은 것은?

	오류 표현	피드백 내용
①	비가 안 오자마자 바람이 불어요.	교사: '자마자' 앞에는 형용사가 와야 되지 않아요?
②	요즘 야근을 계속 하더니 피곤해요.	교사: '하더니'요? '하더니'가 맞아요? '했더니'가 맞아요?
③	그 친구 때문에 영화표를 살 수 있었어요.	교사: 그 친구 '덕분에' 아닐까요?
④	선생님, 고기가 맛있으니까 많이 먹으세요.	교사: '먹으세요'? 윗사람에게는 '드세요'라고 말해요.

> **해설**
> ① '-자마자'는 동사 뒤에 붙어 어떤 상황이 일어나고 바로 그 다음에 이어서 또 다른 상황이 일어남을 나타냄. 또한 '-자마자'로 연결되는 문장에는 부정의 표현이 올 수 없음

① **정답**

88 언어 교수법에 따른 문법 지도 방법의 연결이 옳지 않은 것은?

① 문법 번역식 교수법: "다음 한국어 예문을 중국어로 번역해 보세요."라고 요구한다.
② 청각 구두식 교수법: "빵을 먹어요.", "밥을 먹어요.", "치킨을 먹어요." 등의 문장을 이용해 대체 연습을 시킨다.
③ 공동체 언어 학습법: 교사가 피델 차트의 노란색 부분을 가리키면 학생들은 '아'라고 발음하고 그 다음에 빨간색 부분을 가리키면 '오'라고 발음한다.
④ 형태 초점 교수법: "오늘 공부할 문법은 '-(으)려고 해요'예요."라고 크게 말하고 굵은 글씨로 판서하여 학습자가 주목하게 한다.

> **해설**
> ③ '피델 차트'는 모음과 자음을 나타내는 5~6개의 색깔 블록(block)으로 이루어진 것으로서, 침묵식 교수법(The Silent Way)의 보통 첫 수업에서 많이 제시됨. 침묵식 교수법에 근거한 수업에서는 교사가 먼저 각각의 색깔 블록을 가리키며 그것이 나타내는 발음을 들려주고, 이후 말 없이 사물과 블록을 가리키는 것만으로 학습자들로 하여금 문장을 만들어 가도록 유도하는 방식으로 학습이 이루어짐

③ **정답**

89 국제 통용 한국어 교육 표준 모형(2017년)에 따른 조사의 의미와 예문의 연결이 옳은 것은?

	학습 단계	조사	의미	예문
①	초급	마다	시간에 따라 특정 상황이 반복됨	나라마다 인사하는 방법이 다릅니다.
②		처럼	어떤 대상의 정도나 모양이 앞말과 유사함	친구가 농구선수처럼 농구를 잘합니다.
③	중급	은/는커녕	앞말은 물론이고 그것보다 더한 것도 가능함	너무 바빠서 밥은커녕 물도 못 마셨습니다.
④		대로	앞말에 따라 어떤 행위를 함	겨울옷은 겨울옷대로 여름옷은 여름옷대로 정리합니다.

> **해설**
> ① 이 예문에서 '마다'는 함께 제시한 의미가 아니라, '낱낱이 모두'라는 의미임
> ③ '은/는커녕'은 앞말은 물론이고 그것보다 훨씬 더 기본적인 것도 힘든 상황임을 나타내는 말임
> ④ 이 예문에서 '대로'는 함께 제시한 의미가 아니라, '서로 따로따로 구별됨'을 나타내는 의미로 쓰였음

② **정답**

90 후회의 '-(으)ㄹ 걸 그랬다'를 제시하는 단계의 판서 내용 (ㄱ)~(ㄹ) 중 옳은 것을 모두 고른 것은?

> 교사: "어젯밤에 배고파서 자기 전에 친구와 라면을 먹었어요."
> 자기 전에 라면을 먹으면 아침에 얼굴이 어때요?
> 학생: 얼굴이 부어요. 슬퍼요.
> 교사: 그래요. 라면을 안 먹었어야 해요. 이걸 어떻게 표현하면 좋아요?
> (교사가 다음 내용을 판서한다.)
>
> [판서]
> 1. (ㄱ) 동사 + (으)ㄹ 걸 그랬다
>   → (ㄴ) 과거에 어떤 일을 하지 않아서 후회될 때
> 2. (ㄷ) 동사 + 지 말 걸 그랬다 〈부정형〉
>   → 과거에 어떤 일을 해서 후회될 때
>   (ㄹ) '-었-', '-겠-'과 결합하기 어려움

① ㄱ, ㄷ
② ㄱ, ㄴ, ㄹ
③ ㄴ, ㄷ, ㄹ
④ ㄱ, ㄴ, ㄷ, ㄹ

해설

④ '-(으)ㄹ 걸 그랬다'와 '-지 말 걸 그랬다'는 말하는 사람 자신이 하지 않은 일이나 반대로 이미 한 일에 대한 후회나 아쉬움을 나타내는 말임. 네 개의 설명이 모두 적합함

④ **정답**

93 오류 문장에 대한 교사의 설명으로 옳지 <u>않은</u> 것은?

	오류 문장	설명 내용
①	할머니께 생일 선물을 주었다.	윗사람에게는 '생일'의 높임말 '생신'과 '주다'의 높임말 '드리다'를 사용한다.
②	빠르고 손이 쉬운 방법이 있어요.	'-고'의 선행절에도 주어가 있어야 하므로 '빠르고' 앞에 '손이'를 넣어야 한다.
③	이번 겨울에는 눈이 많이 오구나.	'-구나'는 형용사와 결합하고 동사 다음에는 '-는구나'가 와야 한다.
④	영희는 대강 그 일을 완벽하게 끝냈다.	'대강'과 '완벽하게'의 의미가 충돌해서 어색하다.

> **해설**
> ② 이 문장에서 오류가 발생한 부분은 '어떤 것을 다루거나 처리하기가 어렵지 않다'라는 의미의 관용 표현인 '손쉽다'를 '손이 쉽다'라는 통사적인 구조로 바꾸어 잘못 쓴 것임

②

102 행동 진술 방식으로 수업 목표를 기술한 것이 <u>아닌</u> 것은?

① 도서관에서 사용할 수 있는 표현을 활용하여 책을 빌릴 수 있다.
② 마트에서 물건을 찾을 때 사용하는 표현 '-이/가 어디에 있어요?'를 알 수 있다.
③ '얼마예요?'라는 표현을 사용하여 음식 값을 계산할 수 있다.
④ '휴일에는 무엇을 해요?'라는 질문을 듣고 자신의 계획을 3개 이상 말할 수 있다.

> **해설**
> ② 타일러(Tyler)는 학습의 결과로서 학습자에게 기대되는 구체적인 행동을 진술하는 방식으로 수업 목표가 기술되어야 한다고 제안하였는데, '무엇을 알 수 있다'는 식의 기술은 행동이 아니라 지식의 유무 또는 범위를 진술한 것임

②

16회

57 다음 말하기 수업의 유의적 연습으로 옳은 것은?

> • 단원명: 성격
> • 기능: 성격 묘사하기
> • 문법: -(으)ㄴ 편이다
> • 어휘: 성격 관련 표현

① 성격 관련 표현을 칠판에 쓰고 학생에게 그 의미를 설명한다.
② '-(으)ㄴ 편이다'의 형태에 익숙해지도록 예문을 제시하고 따라 읽게 한다.
③ '-(으)ㄴ 편이다'를 활용해 가족의 성격을 묻고 대답하는 짝 활동을 한다.
④ 학생들이 알고 있는 성격 관련 표현을 말해 보게 한다.

해설
유의적 연습: 실제 발화와 같은 상황에서 목표 어휘와 문법을 사용해 봄으로써 학습 내용을 내재화하는 단계임
① 학습 목표가 되는 어휘나 표현, 문법을 판서 등을 통해 보여 주고 그 의미를 설명하는 것은 말하기 수업 과정에서 '제시 단계'에 속함
② 목표 문법의 형태를 익히기 위한 예문 낭독 등의 활동은 수업 중 유의적 연습의 전 단계인 '기계적 연습'에서 이루어짐
④ 주제와 관련된 질문을 하거나 학습자들의 발화를 유도함으로써 학습 목표를 자연스럽게 노출하고 학습자들의 배경지식을 활성화하는 활동은 '도입 단계'에서 이루어짐

③ **정답**

84 형태 초점 교수법(Focus on Form)에 관한 설명으로 옳지 <u>않은</u> 것은?

① 언어의 형태, 의미, 기능에 대한 학습이 균형적으로 이루어지도록 한다.
② 언어 사용의 정확성과 유창성을 동시에 높이고자 한다.
③ 의사소통 과제를 수행하는 과정에서 형태에 초점을 맞춘다.
④ 문법적 형태에 중심을 두며 명시적인 교사의 설명이 중시된다.

해설
④ 형태 초점 교수법(Focus on Form)은 의사소통 중심으로 교수하면서 언어 형태에 대해서도 주목하게 하여, 유창성과 정확성을 함께 추구하는 교수법임. 이를 위해 시각적·청각적 방법으로 언어 자질을 강조함으로써 명시적 설명 없이 학습자 스스로 알아차리도록 하는 교수 방법을 사용함

④ **정답**

85 문법 교육에서 귀납적 방법에 관한 설명으로 옳지 않은 것은?

① 언어 자료로부터 문법 규칙을 추출하게 한다.
② 잘못된 추론으로 시행착오 과정을 거칠 수 있다.
③ 자연스러운 언어 습득 과정을 거치므로 학습 내용이 오랫동안 보존된다.
④ 교사가 중심적 역할을 하는 학습으로 목표 문법에 더 집중할 수 있다.

> **해설**
> ④ 형태 초점 교수법(Focus on Form)은 의사소통 중심으로 교수하면서 언어 형태에 대해서도 주목하게 하여, 유창성과 정확성을 함께 추구하는 교수법임. 이를 위해 시각적·청각적 방법으로 언어 자질을 강조함으로써 명시적 설명 없이 학습자 스스로 알아차리도록 하는 '입력 고양(Input enhancement)' 등의 교수 방법을 사용함
>
> ④ **정답**

86 '-(으)ㄴ 후에'를 가르치는 수업에서 제시 단계의 활동을 모두 고른 것은?

> ㄱ. '듣다'와 결합할 때 '들은 후에'로 사용할 수 있도록 예문을 판서한다.
> ㄴ. 그림 카드를 활용하여 두 문장을 연결하는 연습을 한다.
> ㄷ. 동사와 함께 결합하여 사용된다는 것을 가르친다.
> ㄹ. 친구와 함께 오늘 하루 계획에 대해 이야기한다.
> ㅁ. '명사 + 후에'를 선행 학습했다면 이를 활용하여 설명한다.

① ㄱ, ㄹ
② ㄴ, ㅁ
③ ㄱ, ㄷ, ㅁ
④ ㄴ, ㄷ, ㄹ

> **해설**
> ㄴ: 그림 카드 등을 이용한 목표 문법의 제한된 활용 연습은 '기계적 연습 단계'에서 이루어짐
> ㄹ: 단편적인 연습을 종합하여 실제적인 상황에서 과제를 수행하도록 하는 것으로서 '활용 단계'에서 이루어짐
>
> ③ **정답**

87 문법 항목과 과제 활동의 연결이 옳지 않은 것은?

① '-(으)ㄹ게요' - 친구의 생일 파티 준비를 위해 역할 분담하기
② '-기로 해요' - 친구와 함께 주말에 할 일을 계획하고 약속하기
③ '-(으)ㄴ/는 척해요' - 친구들이 교실에서 지켜야 할 규칙 정하기
④ '-더라고요' - 친구에게 자신의 가장 좋았던 여행 경험 이야기하기

> **해설**
> ③ '-(으)ㄴ/는 척해요'는 앞말이 뜻하는 행동이나 상태를 거짓으로 그럴듯하게 꾸밈을 나타내는 말임. 친구들이 교실에서 지켜야 할 규칙을 정하는 과제는 '-아/어야 돼요'나 '-(으)면 안 돼요' 등 의무나 금지를 나타내는 문법 학습 시 과제로 제시하는 것이 바람직함
>
> ③ **정답**

88 문법 교육에서 예문을 제시할 때 유의할 점으로 옳지 <u>않은</u> 것은?

① 예문은 이미 학습한 어휘를 활용하여 제시한다.
② 문법 항목이 가지고 있는 의미의 전형성을 반영한다.
③ 학습자의 이해를 점진적으로 높이기 위해 쉬운 예문부터 배열한다.
④ '-ㄴ/은/인가요?'처럼 활용 형태가 다른 경우 대표적인 예문 하나만 제시한다.

> **해설**
> ④ 한국어 모어 화자라면 한국어에 대한 언어적 직관에 따라 자연스럽게 활용 형태를 선택해서 사용할 수 있지만, 한국어에 대해서 언어적 직관이나 의사소통 능력을 지니지 못한 학습자들의 경우에는 그러한 선택 과정이 학습을 통해 내재화되도록 해야 하므로, 예문도 활용 형태별로 각각 제시해 주어야 함

④ **정답**

89 문법 오류 수정 방법과 그 예로 옳은 것은?

①	유도하기	학생: 적성에 맞은 일을 찾고 싶어요. 교사: 동사는 '-는'과 함께 사용해요.
②	명료화 요구하기	학생: 선생님이 되려면 착해요. 교사: 네? 무슨 뜻이에요?
③	반복하기	학생: 저는 운전이 못해요. 교사: 운전이 못해요. 아니에요. 운전을 못해요.
④	고쳐 말하기	학생: 주말에 친구를 영화를 봤어요. 교사: 주말에 친구를 영화를 봤어요?

> **해설**
> ① 학습자의 오류를 식별하여 문법 용어를 사용한 설명을 통해 피드백을 제공하는 '메타언어적 설명'의 예
> ③ 학습자의 오류 부분을 지적하고 수정하여 다시 말해 주는 '명시적 수정'의 예
> ④ 학습자의 발화를 그대로 다시 들려주면서 오류를 수정하도록 유도하는 '모방'의 예

② **정답**

90 다음 문법 항목을 국제 통용 한국어 표준 교육과정(2017)에 따라 낮은 등급에서 높은 등급의 순서대로 나열한 것은?

> ㄱ. -(으)면서
> ㄴ. -기로서니
> ㄷ. -(으)니까
> ㄹ. -(으)ㄴ/는 편이다
> ㅁ. -기 나름이다

① ㄱ - ㄷ - ㄴ - ㅁ - ㄹ
② ㄱ - ㄷ - ㄹ - ㄴ - ㅁ
③ ㄷ - ㄱ - ㄴ - ㄹ - ㅁ
④ ㄷ - ㄱ - ㄹ - ㅁ - ㄴ

해설

④ 국제 통용 한국어 표준 교육과정(2017)에서는 각 문법 항목의 등급을 다음의 순서로 규정하고 있음
-(으)니까(1급, 연결 어미) → -(으)면서(2급, 연결 어미) → -(으)ㄴ/는 편이다(3급, 표현) → -기 나름이다(5급, 표현) → -기로서니(6급, 연결 어미)

④ **정답**

17회

32 의사소통 중심 언어 교수법에 관한 설명으로 옳은 것을 모두 고른 것은?

> ㄱ. 언어 학습의 초점을 의사소통 능력의 신장에 둔다.
> ㄴ. 학습자가 문법 규칙을 추론하거나 발견할 수 있도록 한다.
> ㄷ. 의사소통 중심 활동 중 발생한 학습자 오류에 대해 관대한 태도를 취한다.
> ㄹ. 실생활에서의 의사소통을 반영하여 말하기, 읽기, 듣기와 같은 서로 다른 기술을 연계해서 가르친다.

① ㄷ, ㄹ
② ㄱ, ㄴ, ㄷ
③ ㄱ, ㄴ, ㄹ
④ ㄱ, ㄴ, ㄷ, ㄹ

해설

④ 의사소통 중심 언어 교수법(Communicative Language Teaching): 1960년대 후반 등장한 이래로 의사소통 능력의 향상을 목표로 학습자들의 의미 있는 상호 작용을 강조하는 교수법으로서, 청각구두식 교수법이나 침묵식 교수법 등 이전의 교수법들이 구조에 입각하여 교수요목을 구성한 반면, 의사소통 중심 언어 교수법에서는 실제 사회생활에서 많이 사용되는 개념과 기능을 중심으로 '개념-기능 교수요목(Notional-Functional Syllabus)'을 구성하여 사용함. 이 교수법에서는 의사소통을 위해서라면 학습자들의 모국어 사용이나 문법적인 설명도 허용될 수 있으며, 유창성이 정확성보다 강조됨. 또한 학습자들의 오류는 언어 습득 과정의 자연스러운 일부로 인정됨

④ **정답**

35 형태 초점 교수법에 관한 내용으로 옳지 않은 것은?

① 의사소통 중 발생한 언어적 문제에 학습자의 주의를 끌기 위해 다양한 교수 절차를 사용한다.
② 선행적(proactive) 유형의 예로 수정적 피드백을 들 수 있다.
③ 입력 홍수(input flood) 기법은 의사소통을 거의 방해하지 않는 것으로 알려져 있다.
④ 고의적 오류 유도(garden path) 기법은 의사소통을 방해하는 정도가 큰 편이다.

> **해설**
>
> ② 형태 초점 교수법(Focus on Form): 형태 초점 교수법 혹은 형태 초점 의사소통 접근법은 언어 형태를 의미와 분리하여 가르치던 전통적인 문법 지도와는 구별되는 개념으로, 의미와 기능을 다루는 수업 과정에서 학습자들이 언어의 형태에 우연히 관심을 갖도록 하는 지도 방법임. 여기에서 '선행적 유형(형태)'은 교사가 미리 의사소통 과정에서 발생할 가능성 있는 오류를 예측해서, 적절한 과제를 부여하는 것임

② **정답**

52 언어 교수법과 그에 따른 말하기 교육의 특징으로 옳은 것을 모두 고른 것은?

> ㄱ. 직접 교수법은 교사가 학습자 모어를 사용해 자세히 설명해 주는 것을 권장한다.
> ㄴ. 청각 구두식 교수법은 실제 맥락에 근거한 말하기 연습을 반복하는 것이 중요하다고 본다.
> ㄷ. 의사소통 중심 교수법은 상호 작용을 위한 말하기를 지향하며 필요한 경우 학습자 모어를 사용하는 것도 용인한다.
> ㄹ. 내용 중심 교수법은 학습자가 목표어로 특정 교과를 배우는 과정에서 토론, 발표 등을 하게 함으로써 내용 학습과 언어 학습을 촉진한다.

① ㄱ, ㄴ
② ㄱ, ㄹ
③ ㄴ, ㄷ
④ ㄷ, ㄹ

> **해설**
>
> ㄱ: 직접 교수법에서는 모국어의 습득과정과 유사한 자연적인 의사소통의 환경에서 직접적으로 목표 언어인 외국어를 사용함으로써 의사소통 능력을 향상시키고자 함
> ㄴ: 청각 구두식 교수법에서는 대조 분석을 통하여 학습자에게 가르칠 내용을 선정하고 그것들을 대화문으로 구성하여 제시한 후, 학습자가 대화문을 거의 암기할 정도로 반복해서 연습하도록 함

④ **정답**

55 다음의 말하기 수업 자료에 관한 설명으로 옳지 <u>않은</u> 것은?

---

1. 두 모델이 어떤 점에서 다른지 말해 보세요.

구분		가격	무게	화면
A 모델		160,000원	160g	6.2인치
B 모델		1,200,000원	270g	7.8인치

2. 주어진 표현을 활용해 말해 보세요.

"두 모델이 마음에 드는데 어느 게 나은지 모르겠어요. A는 가격이 (   ) 화면이 작아요. 저는 화면이 큰 게 좋거든요. (   ) B는 화면이 크지만 가격이 비싸고 더 무거워요."

[표현] –은/는 반면에, –은/는 데 비해서(–에 비해서)

3. 다음 주제에 대해 짝과 함께 장점과 단점을 말해 보세요.

1) 휴가 때 집에서 쉬는 것과 여행 가는 것
2) 졸업 후 취직하는 것과 대학원에 진학하는 것

4. 짝과 함께 말한 내용을 정리해서 발표해 보세요.

---

① 중급 수준 이상의 수업에 적용할 수 있다.
② 비교하기 기능 수행을 위한 말하기 활동에 적합하다.
③ 문법 형태 학습에 초점을 맞춘 말하기 활동 자료이다.
④ 짝 활동 이후 전체를 대상으로 하는 말하기에 활용할 수 있다.

해설
③ 주어진 표현을 사용하도록 했지만, 형태 학습보다는 그것을 사용해 '두 모델을 비교하기'라는 기능을 원활하게 수행하도록 하는 데 초점이 맞추어져 있으며, 이러한 점은 주제를 바꾸어 다른 대상들을 비교해 보도록 한 이후 활동에서도 확인할 수 있음

③ **정답**

58 대화에서 밑줄 친 부분의 학습자 오류와 교사 피드백에 관한 설명으로 옳지 <u>않은</u> 것은?

> 교사: 지난 주말에 뭐 했어요?
> 학생: 강아지를 <u>때리고</u> <u>공원에</u> 산책했어요.
> 교사: 강아지를 때리고? (틀렸다는 제스처를 취하면서) <u>강아지를 데리고</u>.
> 학생: 네, 강아지를 데리고.
> 교사: 네, 강아지를 데리고, <u>공원…?</u> (학생의 대답을 기다린다.)
> 학생: 공원에서 산책했어요.

① 학생이 '때리고'라고 한 것은 어휘 오류에 해당한다.
② 학생이 '공원에'라고 한 것은 문법 오류에 해당한다.
③ 교사가 '강아지를 데리고'라고 수정한 것은 명시적 피드백이다.
④ 교사가 '공원…?'이라 말하고 기다린 것은 유도 방식의 피드백이다.

해설
① 학습자가 대화 상황에서 '데리고'를 '때리고'라고 발화한 것은 발음 오류에 해당함

① **정답**

---

84 다음 과제 활동에 관한 설명으로 옳지 <u>않은</u> 것은?

제시 내용과 목표 문법	〈보기〉와 같이 '자신의 소원이 이루어진다면 하고 싶은 것'을 메모하고 대화해 보십시오. 목표 문법: -(ㄴ/는)다면 〈보기〉 | 소원	소원이 이루어진다면….
돈을 많이 벌고 싶다.	세계 여행을 하고 싶다.
병이 낫고 싶다.	운동을 열심히 하고 싶다. | 학생 1: 소원이 뭐예요? 학생 2: 돈을 많이 <u>벌고 싶어요</u>. 학생 1: 돈을 많이 <u>번다면</u> 뭘 하고 싶어요? 학생 2: 돈을 많이 <u>번다면</u> 세계 여행을 하고 싶어요.
준비물	활동지
활동 방법	2인 1조로 구성한다.

① 짝 활동을 통한 상호 작용이 가능하게 구성하였다.
② 행동을 지시할 때 목표 문법을 사용하도록 계획하였다.
③ '-는다면'의 이형태도 이해하고 활용할 수 있도록 설계하였다.
④ 학습자의 생각을 표현할 때 목표 문법을 발화할 수 있도록 구성하였다.

> **해설**
> ② 학습자들이 취해야 할 행동을 지시하는 데 있어 '자신의 소원이 이루어진다면 하고 싶은 것', 즉 희망하는 바에 대해서만 메모하고 대화해 보라고 했고, '목표 문법을 사용해서~'와 같은 구체적인 지시는 없었음

② 정답

85. 연결 어미 '-아서/어서'에 관한 설명과 예문의 연결이 옳지 <u>않은</u> 것은?

①	앞의 내용이 뒤의 내용의 이유나 원인이 됨을 제시함	-	비가 올 것 같아서 우산을 가지고 갔어요.
②	시간적 선후 관계를 나타냄	-	여름에는 물을 끓여서 마셔야 해요.
③	이유를 나타낼 때 후행절에 청유문이 올 수 없음을 제시함	-	*날씨가 더워서 에어컨을 켭시다.
④	선행절의 행동이 후행절의 목적임을 나타냄	-	20세기에 들어와서 환경 문제는 세계의 관심사가 되었어요.

> **해설**
> ④ 예문에 쓰인 '들어오다'에 결합된 '-아서'는 선행절의 내용이 후행절의 사건에 대한 시간적이거나 공간적인 배경임을 나타냄. 선행절의 행동이 후행절의 목적임을 나타내는 '-아서'가 쓰인 예로는 '우리는 보물을 찾아서 먼 길을 떠났습니다.'와 같은 문장이 있음

④ 정답

86. 다음 연습 유형에 따른 설명으로 옳지 <u>않은</u> 것은?

①	____에 ____이/가 있습니다. (교실/텔레비전, 교실/창문) → 교실에 텔레비전이 있습니다. → _____	교체 연습으로 대표 예문을 보여 주고 학습자가 따라하게 한다.
②	____ 아/어서 ____. (길을 건너다/왼쪽으로 가세요) → 길을 건너서 왼쪽으로 가세요.	연결 연습으로 학습자는 나열, 순서, 대조 등 선행절과 후행절의 관계에 대해 이해할 수 있다.
③	가: 사진을 찍으려고 합니까? 나: _____	응답 연습으로 문형을 이용하여 학습자의 생각을 표현하는 연습이다.
④	가: 만약에 상품으로 자동차를 받는다면 뭘 하고 싶어요? 나: _____	변형 연습으로 교사의 정보에 학습자의 생각을 더해 완전한 문장으로 표현하게 한다.

> **해설**
> ④ 변형 연습은 같은 의미를 가진 문형으로 변형하는 연습이며, 제시된 대화는 ③과 마찬가지로 응답 연습에 해당하는 것임. 응답 연습은 목표 문형의 습득 여부를 확인하기 위해 교사-학생, 학생-학생 간에 이루어지는 응답 방식의 연습으로, 판정의문문(네, 아니요 의문문)과 설명의문문(의문사 의문문)을 모두 활용함

④ **정답**

87 한국어 교육 문법에 관한 설명으로 옳지 <u>않은</u> 것은?

① 교육을 목적으로 문법을 체계화하여 구성한 것이다.
② 문법 기술에서 규범 문법의 표기 기준을 따르며 규범 문법의 지식 습득을 강조한다.
③ 한국어를 정확하고 유창하게 사용하기 위해 필요한 정보가 폭넓게 포함된다.
④ 학문 문법의 연구 결과를 바탕으로 교육에 필요한 정보를 선정하여 기술한 것이다.

> **해설**
> ② 규범 문법(표준 문법)은 2000년 이후 국립국어원에서 한국어 교육 문법의 표준화에 나서면서 제시된 것으로서, 이후 한국어 교육 분야에서 문법 기술의 골격이 되어 왔음. 그런데 이러한 문법 기술에서는 규범 문법의 지식 습득이 아니라, 문법 사용 능력의 향상을 강조하고 있음

② **정답**

88 '–고 싶어 하다'의 교육 내용으로 옳지 <u>않은</u> 것은?

① 동사와 결합하고, 어떤 동사가 와도 형태가 변하지 않는다.
② '–고 싶어 하다'는 문장을 만들 때 주어 제약이 없다.
③ 추측의 '–겠–'과 함께 쓸 때, 현재나 미래 사실에 대한 추측은 '–고 싶어 하겠다', 과거 사실에 대한 추측은 '–고 싶어 했겠다'로 쓴다.
④ 부정문은 주로 '–지 않고 싶어 하다', '–고 싶어 하지 않다'로 쓴다.

> **해설**
> ② 문장을 만들 때 주어가 1인칭(나, 저, 우리…)이나 2인칭(너, 당신, 자네…)일 때는 '–고 싶다'를 사용하고, 3인칭일 때는 '–고 싶어 하다'를 사용해야 한다는 제약이 있음

② **정답**

18회

84 문법 항목과 과제의 연결이 옳은 것은?

	문법 항목	과제
①	-아/어 주세요	정보 채우기 – 짝과 함께 그림 속 물건의 위치를 묻고 대답한다.
②	-(으)면 안 돼요	의견 표현하기 – 제시된 장소에서 허용되지 않는 행동에 대해 말한다.
③	-(으)려고 해요	행동 지시하기 – 상대방에게 행동을 지시하고 상대방은 지시대로 동작을 수행한다.
④	-아/어 있어요	의견 묻기 – 주말 활동 계획을 친구와 함께 이야기한다.

해설

① -아/어 주세요: 다른 사람에게 어떤 것을 부탁하거나 요청할 때 사용하는 표현임
③ -(으)려고 해요: 어떤 일이나 행위를 할 의도가 있음을 나타낼 때 사용하는 표현임
④ -아/어 있어요: 어떤 행위나 변화가 끝난 후 그 상태나 결과가 지속됨을 나타낼 때 사용하는 표현임

② **정답**

85 문법 항목 선정 및 배열의 원칙에 관한 설명으로 옳은 것을 모두 고른 것은?

ㄱ. 용이한 학습을 위해 추상적인 개념부터 배열한다.
ㄴ. 학습자가 필요로 하는 활용성 높은 문법 항목을 선정한다.
ㄷ. 한국어 교육용 자료들에서 중복 사용되는 문법 항목은 선정에서 제외한다.
ㄹ. 규칙적 형태이고 통사적 제약이 적은 문법 항목을 먼저 배열한다.

① ㄱ, ㄷ
② ㄴ, ㄹ
③ ㄱ, ㄴ, ㄹ
④ ㄴ, ㄷ, ㄹ

해설

ㄱ: 문법 범주의 전통적인 배열 방법은 문법이 간단한 것에서 복잡한 것으로, 쉬운 것에서 어려운 것으로, 사용 빈도가 높은 것에서 낮은 것으로 배열하는 것임. 개념적인 측면에서도 추상적인 것이 구체적인 것에 비해 복잡하고 어려우므로 구체적인 개념부터 추상적인 개념으로 발전해 갈 수 있도록 문법 항목을 배열해야 함
ㄷ: 문법 항목을 선정하거나 배열할 때 적용하는 기준으로 사용 빈도, 난이도, 일반화 가능성, 학습자의 기대, 대표성, 학습의 용이성, 유용성 등이 자주 논의되어 왔음. 한국어 교육용 자료들에서 중복 사용되는 문법 항목들은 그만큼 사용 빈도가 높고 대표성을 띄는 것이므로 문법 항목 선정 시 우선적으로 고려되어야 함

② **정답**

86 문법 수업의 '제시' 단계에서 사용하는 대표 예문에 관한 설명으로 옳지 않은 것은?

① 문법의 다양한 의미가 한 문장에 반영된 예문
② 학습자의 수준에 적합한 이해 가능한 예문
③ 문법의 전형적인 의미가 반영된 예문
④ 이형태 사용 규칙을 설명하는 데 적합한 예문

> 해설
> ① 하나의 문법이 여러 의미를 가지고 있는 경우, 각각의 의미가 실현되는 의사소통 상황의 난이도에 따라 그 의미들은 서로 다른 학습 수준에서 순차적으로 다루어지게 됨. 즉 다양한 의미를 가진 문법이라고 해도 학습 수준에 부합하는 하나의 의미만 반영된 예문을 제시해야 함

① **정답**

87 '이유'의 의미를 가진 '-아서/어서'와 '-(으)니까'를 변별해서 설명할 때 주의할 점으로 옳지 않은 것은?

① 후행절에 사용할 수 있는 문장의 형태를 설명한다.
② 연결어미와 시제의 결합 가능성에 대해서 설명한다.
③ 선행절과 후행절의 주어가 동일함을 설명한다.
④ 사용 맥락의 차이에 따른 의미 차이를 설명한다.

> 해설
> ③ '-아서/어서'와 '-(으)니까' 모두 선행절과 후행절의 주어 제약이 없으므로 '동일 주어 제약'은 두 문법 항목의 변별 자질로서 의미가 없음

③ **정답**

88 다음 과제 기반 수업 모형(TTT)에 관한 설명으로 옳은 것은?

과제 1	→	교수	→	과제 2
친구와 함께 하루 일과 이야기하기		'-(으)ㄴ 후에'에 대한 문법 설명 및 연습		'나의 하루 일과' 그룹 활동 및 발표

① 수업 초기 단계에 연역적으로 문법이 제시된다.
② '과제 1' 단계에서 정확한 문법을 사용해서 하루 일과를 이야기한다.
③ '교수' 단계에서 유창성 향상을 목적으로 '-(으)ㄴ 후에'의 문법 오류 점검에 집중한다.
④ '과제 2' 단계는 '-(으)ㄴ 후에'를 사용해서 '나의 하루 일과'를 발표한다.

해설
④ 과제 기반 수업 모형(TTT)의 수업 초기 '첫 번째 과제 단계(과제 1)'에서는 학습자들이 자신이 가지고 있는 언어 지식을 활용해 유의미한 언어 수행을 시도하게 됨. 이를 통해 학습자들은 자신에게 필요한 어휘와 문법을 인식하여 학습 활동이 동기화되며, 이 과정에서 도출되는 오류나 불완전한 언어 수행은 이어지는 '교수 단계'의 학습 내용이 됨. 교수 단계에서 교사는 학습자가 표현하고자 하는 의미를 정확하고 분명하게 전달할 수 있도록 필요한 언어 지식을 교육하거나 학습자의 오류를 수정해 줌. 또한 문법을 연역적이고 명시적으로 교수하기보다는 가급적 암시적 방법이나 형태 초점 접근법(focus on form)으로 교수함

④ **정답**

89 다음 문법 수업의 '연습' 단계에서 학습할 수 있는 내용으로 옳지 <u>않은</u> 것은?

- '-(으)ㄴ 지'를 사용해서 한 문장으로 만드십시오.

  1. 점심을 먹다 / 3시간이 되다
  2. 한국어를 배우다 / 1년이 되다
  3. 고등학교를 졸업하다 / 3년이 되다
  4. 저는 서울에 살다 / 10년이 되다

① 용언 어간의 받침 유무에 따른 사용 규칙을 학습할 수 있다.
② 동사와 형용사의 차이에 따른 활용 규칙을 학습할 수 있다.
③ 문법 항목의 의미와 용법이 맞는지 확인할 수 있다.
④ '제시' 단계의 예문과 함께 다양한 예문을 추가로 학습할 수 있다.

해설
② '-(으)ㄴ 지'는 선행 용언으로 동사만을 취할 수 있는 문법임. 따라서 연습 단계에서 동사와 형용사의 차이로 인한 학습이 진행되지는 않으며, 연습 문장이 위와 같이 제시되었을 경우, 4번의 '살다'가 '산 지'로 바뀌는 것을 통해 'ㄹ 탈락'에 대한 학습이 이루어질 수 있음

② **정답**

90 문법 수업을 '도입-제시-연습-사용-마무리'의 5단계로 구성할 경우 '사용' 단계에 관한 설명으로 옳은 것은?

① 의사소통에 중점을 둔 실제 적용 활동을 한다.
② 기계적인 반복을 통한 정확성에 초점을 맞춘다.
③ 해당 수업에서 배운 문법 항목의 의미와 기능을 정리한다.
④ 학습자의 배경 지식을 활용하여 학습 내용에 대한 흥미를 유발한다.

> **해설**
> ① 한국어 문법 수업은 목표 문법에 따라 여러 방법으로 교수·학습할 수 있지만 일반적으로 '도입 → 제시 → 연습 → 사용 → 마무리'의 5단계로 구성됨. 이 수업 방식은 '제시-연습-사용(PPP)' 모형을 5단계로 확대한 모형으로서 단계별로 다음과 같은 활동이 이루어짐
> - 도입: 주제와 관련된 질문으로 학습 목표를 자연스럽게 노출시키면서, 학습자를 동기화시킴
> - 제시: 학습 목표가 되는 문법 항목이나 표현을 포함하는 간단하고 전형적인 대화 예문으로 목표 문법의 의미와 형태, 기능 등을 설명함
> - 연습: 제시 단계에서 학습한 내용을 학습자가 내재화해서 능숙하게 사용할 수 있도록 하는 단계로서, 연습은 단순한 것에서 복합적인 순서로 구성함
> - 사용: 연습 단계에서 익숙해진 문장 표현을 한 단계 발전시켜 실제 언어 상황에서 사용할 수 있도록 하는 단계로서, 학습자들은 목표 문법을 활용하는 과제를 수행하면서 완전한 담화를 구성해 봄
> - 마무리: 해당 차시 수업에서 학습한 내용을 학습자들이 이해했는지 최종적으로 확인하고 정리함

① **정답**

19회

28 문법 항목과 의미 기능에 관한 설명으로 옳지 <u>않은</u> 것은?

① -(으)시-: 목적어로 나타나는 대상을 존대할 때 사용한다.
② -고 있다: 어떤 동작이 끝나지 않고 진행되고 있음을 나타낼 때 사용한다.
③ -겠-: 말하는 사람의 의지를 나타낼 때 사용한다.
④ -었-: 과거에 발생한 상황이나 사건을 나타낼 때 사용한다.

> **해설**
> ① '-(으)시-'는 문장의 주어(행위의 주체)로 나타나는 대상을 존대할 때 사용함. '-(으)시-'가 쓰인 예로는 '어머니가 저녁 식사를 준비하셨다'와 같은 문장이 있음

① **정답**

33 다음에서 설명하는 교수요목의 내용 조직 유형은?

> 목표 문형 '-아/어서'의 의미·기능을 '이유 → 순서 → 방법·수단'의 순서로 시간차를 두고 가르치되, 이전에 배운 내용을 다시 학습할 수 있도록 교수요목을 구성한다.

① 선형(linear type)
② 나선형(spiral type)
③ 조립형(modular type)
④ 기본 내용 제시형(matrix type)

해설
① 선형: 문법 항목을 위계에 따라 순서를 정해서 가르치되, 나선형과 같이 의도적으로 이전에 학습한 내용이 반복되도록 구성하는 것은 아님
③ 조립형: 문법 항목이 아닌 주제나 상황을 중심으로 자료들을 융통성 있게 조합하여 교수요목을 구성함
④ 기본 내용 제시형: 과제 및 여러 가지 상황을 사용자(학습자)가 선택하도록 하고 그에 맞게 교수요목을 구성함

②

85 문법 교육에서 예문 제시 및 활용 방법으로 옳지 않은 것은?

① 문법의 의미와 기능이 잘 드러나는 대표적인 예문을 사용한다.
② 학습자 수준보다 높은 어휘가 포함된 예문으로 어휘 확장의 효과를 더한다.
③ 학습자의 이해를 점진적으로 높이기 위해 쉬운 예문부터 어려운 예문으로 배열한다.
④ '-ㄴ가요/은가요/인가요?'처럼 활용 형태가 다른 경우는 형태에 따라 예문을 제시해 이해를 돕는다.

해설
② 문법 교육에서 예문은 학습자들이 목표 문법의 의미와 용법을 이해할 수 있도록 쉽고 명확한 맥락으로 제시되어야 함. 즉 예문 제시의 목적이 문법 이해에 맞추어져 있기 때문에 어휘 확장을 고려한 높은 수준의 어휘를 제시하는 것은 적절하지 않음

②

86 과제 활동과 목표 문법 항목의 연결로 옳지 <u>않은</u> 것은?

① 한국에 온 목적 말하기: -기 위해서
② 좋아하는 음식의 요리법 설명하기: -고 나서
③ 한국에 와서 달라진 생활 이야기하기: -게 되다
④ 뉴스에서 들은 사건을 친구에게 전하기: -기로 하다

> **해설**
> ④ '-기로 하다'는 어떤 행위에 대하여 그렇게 할 것을 계획하거나 결정함을 나타내는 문법으로서, 상대에게 제안하거나 약속을 할 때 또는 자신의 결심이나 결정을 이야기할 때 사용함. 뉴스에서 들은 사건을 친구에게 전하는 유형의 과제 활동을 위해서는 '에 의하면, 에 따르면'과 '-다고 하다, -라고 하다' 등 인용이나 전달을 위한 문법을 제시하는 것이 적절함

④ **정답**

88 한국어 문법 교육에 관한 설명으로 옳지 <u>않은</u> 것은?

① 한국어의 특징적인 요소로서 조사 교육을 중시한다.
② 문장 구성과 문법의 기본 형태로서 어미 교육이 다루어진다.
③ 문법에 대한 이해뿐 아니라 자유로운 의사소통까지를 목표로 한다.
④ 문법의 의미와 기능을 제외한 문법 체계 중심으로 교육이 이루어진다.

> **해설**
> ④ 한국어 문법 교육은 문법 요소의 의미와 기능, 형태적인 특성을 함께 고려하여 교육 항목을 제시하며, 그러한 항목들로 구성된 문장을 이해하고 표현할 수 있도록 하는 것을 목표로 함

④ **정답**

89 문법 교육에서 연역적 설명 방법의 단점을 모두 고른 것은?

> ㄱ. 문법 용어를 알고 있지 않으면 설명을 이해하기 어렵다.
> ㄴ. 스스로 문법 규칙을 찾는 데 많은 시간과 노력이 필요하다.
> ㄷ. 언어 학습은 곧 문법 학습이라는 잘못된 믿음을 줄 수 있다.
> ㄹ. 제시된 자료에 대한 해석 오류로 잘못된 문법 규칙을 세울 수 있다.

① ㄱ, ㄷ
② ㄴ, ㄹ
③ ㄱ, ㄴ, ㄷ
④ ㄴ, ㄷ, ㄹ

해설

연역적 설명에서는 문법 규칙이나 지식이 교사로부터 미리 제시되기 때문에 빠르고 정확한 습득이 가능하며(ㄴ), 학습자들은 그것을 분석하고 요약하여 자신이 수용하기에 적합한 방식으로 재구성하는 역할을 수행하게 됨(ㄹ)

① **정답**

90 PPP 모형으로 문법 수업을 진행하는 순서로 옳은 것은?

> ㄱ. 목표 문법의 형태적 특징과 제약을 설명한다.
> ㄴ. 다양한 연습으로 목표 문법의 이해를 확인한다.
> ㄷ. 그림이나 사진 등의 자료로 목표 문법을 노출한다.
> ㄹ. 예시를 통해 목표 문법의 의미와 사용 상황을 제시한다.

① ㄷ – ㄱ – ㄴ – ㄹ
② ㄷ – ㄹ – ㄱ – ㄴ
③ ㄹ – ㄷ – ㄴ – ㄱ
④ ㄹ – ㄴ – ㄱ – ㄷ

해설

PPP(Presentation-Practice-Produce) 모형을 5단계로 확대하면 '도입(Warm-up) → 제시(Presentation) → 연습(Practice) → 사용(Produce) → 마무리(Follow-up)'로 구성됨
- 도입: 학습 목표를 자연스럽게 도입하여 학습자가 학습 항목을 인지하게 함으로써 학습자를 동기화시키는 단계임
- 제시: 학습자가 도입 단계에서 유추를 통해 짐작한 내용을 교사가 설명을 통해 분명하게 이해시키고 인지시키는 단계로서, 어휘 및 표현, 문법에 대한 설명이 이루어짐
- 연습: 설명 단계를 통해 학습자가 이해한 의미나 규칙을 반복 연습하면서 학습자의 것으로 내재화시키는 단계로서, 이 단계에서는 주로 형태에 초점을 맞춘 통제된 반복 연습이 이루어짐
- 사용: 연습 단계에서 학습한 언어 내용을 의미 전달이나 기능 수행에 중점을 두고 사용하는 의사소통적 단계임. 즉 과제(task)를 수행하는 단계로, 앞서 학습한 어휘와 문법 형태들을 이용하여 실생활에서의 과제를 교실에서 연습해 보게 함
- 마무리: 교육 내용을 정리하고, 교육 내용과 관련해 학습자들을 격려하고 용기를 북돋우는 단계이며 또한 학습자들이 교실 밖에 나가 할 수 있는 활동을 숙제로 제시하는 단계이기도 함

② **정답**

참고문헌

- 박영순(2003), 한국어 교재의 개발 현황과 발전 방향, 한국어 교육 14, 국제한국어교육학회

- Brown, H. D.(1994), Teaching by Principles, Prentice Hall Regents

- Robert M. Gagné(1987), Instructional technology: foundations, Hillsdale, N.J.: L. Erlbaum Associates

- Underwood, M.(1989), Teaching Listening, London & New York: Longman. 67

- 『한국어를 만나다 문법1』, 『한국어와 놀다 문법2』, 『한국어와 놀다 활동2』(2013), 홍익대학교 국제언어교육원 이화진 · 정은화 · 김정아 공저, 잉글리쉬앤북스

- 『Hi! KOREAN 2B』(2023), 다락원

수험번호	
성명	
감독확인	

20○○년도 제○○회
한국어교육능력검정 1차 시험 주관식 답안지

(총   부 중   번째)

[답안 작성시 유의사항]

1. 답안지를 교부받는 즉시 쪽 번호 등 정상여부를 확인하고, 분리하거나 훼손해서는 안 됩니다.
2. 답안지 작성은 반드시 검은색 필기구만을 계속하여 사용하여야 합니다.(그 외 연필류, 유색 필기구 및 지워지는 펜 등을 사용한 답안은 채점하지 않으며 0점 처리됩니다.)
3. 수험번호 및 성명은 좌측 상단 인적사항 기재란에만 작성하여야 하며, 답안지의 인적사항 기재란 외 부분에 특정인임을 암시하거나 답안과 관련 없는 특수한 표시를 하는 경우 답안지 전체를 채점하지 않으며 0점 처리합니다.
4. 답안 정정 시에는 두 줄(=)을 긋고 다시 기재 또는 수정테이프 사용이 가능하며, 수정액을 사용할 경우 채점상의 불이익을 받을 수 있으므로 사용하지 마시기 바랍니다.
5. 기 작성한 답안 전체를 삭제하고자 할 경우 반드시 해당 답안에 명확하게 ×표시하시기 바랍니다. (×표시 한 답안은 채점대상에서 제외)
6. 문제번호 및 문제를 기재(긴 경우 요약기재 가능)하고 해당 답안을 기재하여야 합니다.
7. 수험자는 시험시간이 종료되면 즉시 답안 작성을 멈춰야 하며, 종료시간 이후 계속 답안을 작성하거나 감독위원의 답안지 제출지시에 불응할 때에는 당회 시험을 무효처리 합니다.
8. 답안지가 부족할 경우 추가 지급하며, 이 경우 먼저 작성한 답안지의 1쪽 우측 상단(총 부 중 번째)에는 답안지 총 부수, 현재 부수를 기재하여야 합니다.(예시: 총 2부 중 1번째)

※ 채점 기준 및 답안은 공개하지 않습니다.

점수:

답안 기재

문제번호:

답안 기재

답안 기재

답안 기재

답안 기재

답안 기재

채점 기준 및 답안은 「공공기관의 정보공개에 관한 법률 제9조 제1항 제5호」에 따라 공개하지 않습니다.

좋은 책을 만드는 길, 독자님과 함께하겠습니다.

2025 시대에듀 한국어교육능력검정시험 교안작성연습

개정12판1쇄 발행	2025년 01월 10일 (인쇄 2024년 11월 27일)
초 판 발 행	2013년 09월 05일 (인쇄 2013년 08월 13일)
발 행 인	박영일
책 임 편 집	이해욱
편 저	정은화
편 집 진 행	구설희 · 김지수
표지디자인	김지수
본문디자인	홍영란 · 김휘주
발 행 처	(주)시대고시기획
출 판 등 록	제10-1521호
주 소	서울시 마포구 큰우물로 75 [도화동 538 성지 B/D] 9F
전 화	1600-3600
팩 스	02-701-8823
홈 페 이 지	www.sdedu.co.kr
I S B N	979-11-383-8228-1 (13710)
정 가	21,000원

※ 이 책은 저작권법의 보호를 받는 저작물이므로 동영상 제작 및 무단전재와 배포를 금합니다.
※ 잘못된 책은 구입하신 서점에서 바꾸어 드립니다.

시대에듀 합격프로젝트

초보 한국어 선생님과 한국어 선생님을 준비하는 분들께 추천하는
한국어교육능력검정시험 시리즈

이론의 기본기를 다지는
30일 안에 다잡기
- 시험 출제 경향에 맞춘 문제 구성
- 영역별로 실제 기출 복원 문제 수록
- 전문·학술 용어에 대한 자세한 설명 제공

기출문제 분석으로 총정리하는
5년간 기출문제해설
- 자세한 문제 해설 수록
- 개별 회차 e-book 출시
- 문제와 관련된 참고문헌 수록

46개의 초·중급 문법이 수록된
교안작성연습
- 교안작성의 기본 개념 수록
- 한국어 교육 과정을 바탕으로 한 모범 교안
- 출제 가능성이 높은 문법 항목으로 문제 구성

실제 면접 현장의 경험을 녹인
2차 면접시험
- 합격생들의 생생한 면접 후기
- 면접 기출문제 전 회차 복원 수록
- 기출 중심의 예시 문제와 답변 TIP 수록

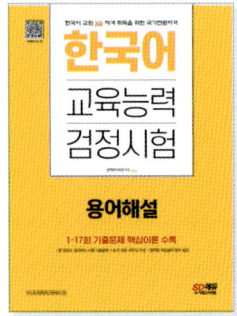

시험의 완벽 대비를 위한
용어해설
- 편리한 사전식 구성
- 영역별 핵심 용어 완벽 정리
- 이해도를 높이는 그림과 도표 수록

※ 도서의 이미지 및 구성은 변경될 수 있습니다.

시대에듀 합격프로젝트

외국인과 재외동포를 위한 한국어능력시험(TOPIK)의 지침서

기초부터 차근차근 공부하고 싶어요.

짧은 시간 동안 핵심만 볼래요.

실전 연습을 하고 싶어요.

문제풀이 연습을 하고 싶어요.

영역별로 꼼꼼하게 공부하고 싶어요.

한국어 어휘 공부를 하고 싶어요.

한국어 문법 공부를 하고 싶어요.

※ 도서의 이미지 및 구성은 변경될 수 있습니다.

대한민국 모든 시험 일정 및 최신 출제 경향·신유형 문제

꼭 필요한 자격증·시험 일정과 최신 출제 경향·신유형 문제를 확인하세요!

출제 경향·신유형 문제

시험 일정 안내

◀ 시험 일정 안내 / 최신 출제 경향·신유형 문제 ▲

- 한국산업인력공단 국가기술자격 검정 일정
- 자격증 시험 일정
- 공무원·공기업·대기업 시험 일정

합격의 공식
시대에듀